Tabea Bach

L'Isola delle Camelie

Traduzione di
Rachele Salerno

GIUNTI

Titolo originale:
Die Kamelieninsel

Realizzazione editoriale: Studio Editoriale Littera, Rescaldina (MI)
Traduzione di: Rachele Salerno per Studio Editoriale Littera

www.giunti.it

Via Bolognese 165 – 50139 Firenze – Italia
Piazza Virgilio 4 – 20123 Milano – Italia

Prima edizione: maggio 2018

A mia madre,
che mi ha insegnato cosa significa
amare incondizionatamente.

Una goccia d'amore vale più di un oceano di intelligenza.
Blaise Pascal

1

L'eredità

I bagliori infuocati del cielo si riflettevano sulla carrozzeria delle auto imbottigliate nel traffico della superstrada. Seduta in un taxi, Sylvia proprio non riusciva a godersi lo spettacolo di quel caleidoscopio di sfumature giallo-arancione che colorava le nuvole. Guardò l'orologio per la centesima volta, consapevole dell'implacabile scorrere dei minuti: ormai era impossibile riuscire ad arrivare a casa in tempo.

Sospirò. Era *quel* venerdì, quello di cui da giorni suo marito Holger non faceva altro che parlare. Quello dell'importantissimo evento sul lago di Starnberg al quale non avrebbero dovuto tardare per niente al mondo. Sylvia aveva anticipato il volo, liquidato in maniera sbrigativa il committente con cui si era incontrata ed era corsa in aeroporto, salvo poi, una volta a bordo, dover aspettare oltre un'ora insieme agli altri passeggeri con le cinture di sicurezza già allacciate. Il comandante li aveva informati a intervalli regolari di essere in attesa dell'autorizzazione per il decollo. E adesso era bloccata sulla strada che portava al centro di Monaco.

Si sentì l'ululato di una sirena, poi una seconda e una terza. La doppia colonna di automobili aprì a fatica un varco per lasciar passare due volanti della polizia e un'ambulanza.

«Che ne dice, riesce ad accodarsi?» chiese Sylvia. Il tassista fece una brusca sterzata e schiacciò l'acceleratore così forte da farla sbalzare all'indietro e seguì l'ambulanza come se facesse parte anche lui del convoglio. Finalmente si viaggiava a velocità sostenuta. Superarono il luogo dell'incidente percorrendo la corsia d'emergenza e dieci minuti dopo il taxi si fermò in Königinstraße. «Grazie mille, mi ha salvato la vita» disse Sylvia. Pagò la corsa aggiungendo una generosa mancia e prenotò lo stesso tassista per l'indomani alle sette e un quarto del mattino.

«Destinazione?»

«Di nuovo l'aeroporto» rispose lei, sorridendo all'espressione stupefatta dell'uomo.

La cassetta della posta era piena, quindi immaginò che suo marito non fosse ancora tornato, deduzione che le strappò un sospiro di sollievo. In ascensore diede una rapida occhiata alle lettere. Tra la monotonia grigiastra delle buste spiccava una cartolina di Venezia con una veduta del ponte dei Sospiri. Sylvia la girò e sorrise.

Carissima Sylvia, c'era scritto in una svolazzante calligrafia femminile, *pentiti pure di non essere venuta con me. Berrò uno spritz alla tua salute. Baci, Veronika.*

L'ascensore raggiunse il piano con un lieve segnale sonoro. Veronika la prendeva in giro, ma facendo la traduttrice di testi tecnici non aveva grandi difficoltà a distribuire il lavoro tra le sue colleghe quando voleva prendersi una pausa. Per questo dava di continuo il tormento a Sylvia, cercando di coinvolgerla nelle sue folli proposte: «Andiamo a Venezia a divertirci, dai! Soltanto per un weekend lungo!».

Il fatto che anche lei avesse la possibilità di gestirsi i propri orari di lavoro, come Veronika non si stancava mai di sottolineare, era vero soltanto in teoria. In realtà erano quasi due anni che non riusciva a prendersi una sola settimana libera.

Mentre apriva la porta del suo appartamento, uno splendido attico affacciato sull'Englischer Garten, le venne in mente che, per fortuna, aveva chiesto a Sandra di passare. Erano cresciute nello stesso palazzo ed erano amiche fin dall'asilo. Sandra era una visagista e la aiutava sempre volentieri a prepararsi per i party e i ricevimenti ai quali doveva partecipare insieme a suo marito, un agente immobiliare di successo. L'amica aveva una copia delle chiavi, perciò le andò incontro nell'ingresso quando la sentì entrare.

«Ce l'hai fatta, finalmente!» gridò. «Fammi indovinare, il volo era in ritardo? Poverina!»

«E poi c'era un traffico infernale...» Sylvia sospirò, lasciò la ventiquattrore nello studio, appese il cappotto nel guardaroba e si sfilò le scarpe con il tacco. «D'altronde è venerdì sera.»

«Un massaggio ti farà bene» ribatté Sandra. «Ho già preparato tutto. Che olio preferisci: rosa o limetta?»

La luce del tramonto, ormai quasi violacea, filtrava attraverso le enormi vetrate del salotto dove Sandra aveva già sistemato il lettino per i massaggi e la sua valigetta porta trucchi. Sui tetti del quartiere Schwabing splendeva ancora il sole, mentre le cime degli alberi gettavano già qualche ombra sull'Englischer Garten. Sylvia però non poteva indugiare a godersi la bellezza del paesaggio.

«Purtroppo non ho tempo per un massaggio, Sandra. Tra mezz'ora devo essere pronta per uscire, l'ho promesso a Holger. Mi dai una mano?»

Venti minuti dopo Sylvia era uscita dalla doccia, e l'amica l'aveva truccata e le aveva sistemato i capelli biondo scuro in un'elegante acconciatura.

«Cosa ti metti?» le chiese.

Sylvia si avvicinò all'armadio e rimase un attimo a fissarlo. Poi prese un abito blu di seta e glielo mostrò. «Che ne pensi di questo?»

Sandra aprì la cerniera e la aiutò a infilarlo. «Un taglio molto raffinato» commentò, entusiasta, richiudendo piano la zip. «Hai un fisico mozzafiato, lasciatelo dire. E il colore ti mette in risalto gli occhi. Questo vestito sembra fatto su misura per te.»

«Guarda questi, si abbinano bene, no?»

Sylvia aveva tirato fuori da un cassetto del comodino un piccolo scrigno di gioielli, scegliendo due splendidi orecchini pendenti con diamanti.

«Oh, sono perfetti! Sono quelli che ti ha regalato Holger per il vostro decimo anniversario di matrimonio, vero? Sei la donna più fortunata che conosco!»

Sylvia rimase in silenzio, a disagio, mentre Sandra trafficava con il gancetto degli orecchini. Sapeva che la sua amica, separata da un anno, la invidiava. Tra lei e Martin – il suo ex – era in corso una vera e propria guerra per accaparrarsi la villetta a schiera di Ismaning, dove avevano vissuto insieme, e per ogni singolo euro del loro conto. Mentre lui se la spassava in giro per il mondo con la sua nuova, giovanissima compagna, Sandra faticava a sbarcare il lunario. Lavorava in proprio e gli affari non andavano molto bene.

Anche per questo Sylvia cercava di chiamarla più spesso che poteva, pur non avendo mai molto tempo da dedicare ai trattamenti di bellezza. Sapeva per esperienza cosa significava dover stare sempre attenti al centesimo. Il benessere di cui godevano lei e Holger non era piovuto dal cielo: lei stessa, in altri tempi, aveva affrontato momenti difficili ed era stata costretta a vivere alla giornata, con il terrore che una decisione lavorativa sbagliata potesse rovinarle la vita. Ritrovarsi priva di mezzi era l'ultima cosa che Sylvia avrebbe voluto. Per questo aiutava più che volentieri la sua amica.

«E anche queste feste» continuò Sandra, in estasi. «Mio Dio, quanto le invidio! Tutti i vip che incontri. E tutti che vogliono tuo marito come agente immobiliare quando devono acquistare le loro ville da favola...»

Come se si fosse sentito chiamare in causa, Holger entrò nell'appartamento.

«Sylvia, sei pronta?» le chiese, annodandosi la cravatta. Stava benissimo, come sempre, il suo fisico scolpito era messo in risalto da un completo nero sartoriale.

«Direi di sì» rispose lei. «Ma... non mi saluti nemmeno?»

Holger si guardò allo specchio, fece un rapido cenno di saluto a Sandra e si voltò verso la moglie per la prima volta.

«Scusami, tesoro» disse, dandole un bacio sulla guancia. «Sei incantevole. Possiamo andare?»

Cinque minuti dopo Sylvia sedeva accanto al marito nella loro Porsche Spyder. Holger si lasciò la città alle spalle e imboccò la E533 in direzione Starnberg. Qualche chilometro più in là, vicino a Bernried, l'attore Sebastian Schnell aveva invitato svariate celebrità del cinema e della tv all'inaugurazione della villa sul lago che aveva acquistato tramite l'agenzia di Holger. A parte il padrone di casa, Holger e Sylvia, nessuno sapeva che dare quella festa rientrava tra le clausole del contratto di compravendita, e che l'unico scopo del party era procurare nuovi potenziali clienti all'agenzia immobiliare. Gli invitati non immaginavano nemmeno che fosse Holger a finanziare la festa.

«Durante la serata devi trovare almeno tre nuovi clienti» gli aveva detto Sylvia una domenica mattina a colazione, uno dei pochi pasti che consumavano insieme, «altrimenti andrai in perdita.» Non per niente era una consulente aziendale. La infastidiva che suo marito non tenesse nel giusto conto il suo parere professionale, ma forse era normale così. Probabilmente quasi nessun uomo sarebbe stato disposto ad accettare consigli dalla moglie in campo lavorativo. E in più loro avevano deciso così fin dall'inizio: non si sarebbero immischiati l'uno nel lavoro dell'altra, se non su esplicita richiesta. O «assistenza», come Holger definiva la partecipazione di Sylvia agli eventi mondani dei suoi clienti.

Nelle ore successive Sylvia rimase con aria raggiante accanto a suo marito, salutando persone che fino a quel momento aveva visto soltanto al cinema o in tv e scambiando con loro banalità fintamente personali. In quelle occasioni Holger la voleva al suo fianco per un motivo ben preciso: Sylvia parlava correntemente inglese, francese e italiano e possedeva la dote innata di mettere a proprio agio le persone, anche dei perfetti sconosciuti, riuscendo a coinvolgere persino i più introversi. Sapeva far ridere gli ospiti al momento giusto o, quando necessario, rendersi invisibile. Non era mai in imbarazzo davanti alle star del grande schermo: trattava tutti con la stessa cordiale naturalezza e per questo motivo faceva sempre un'ottima impressione.

Neanche quella serata fece eccezione, e tutto si svolse secondo i piani. L'ospite ufficiale, Sebastian Schnell, si pavoneggiava nella sua nuova villa con tanto di spiaggia privata e rimessa per le barche, mentre Holger distribuiva un biglietto da visita dopo l'altro, accennando a spettacolari tenute in Toscana, nel Canton Ticino, in Cornovaglia, nella Loira o sull'isola di Sylt, perle uniche, impossibili da trovare sul mercato e riservate solo a clienti molto particolari.

Più tardi, quando suo marito non aveva più bisogno di lei e

gli ospiti rimasti sedevano soddisfatti in piccoli gruppi, Sylvia seguì il suo istinto e lasciò la festa senza farsi notare. Attraversò la terrazza vuota, si sfilò le scarpe e proseguì a piedi nudi fino alla fine del piccolo molo. Una barchetta a remi galleggiava dolcemente sul pelo dell'acqua, che colpiva le assi di legno con un leggero sciabordio. Sulla riva opposta si intravedeva lo sfolgorio delle luci di Ambach. Poi all'improvviso, come se qualcuno avesse acceso una lanterna, la luna piena emerse da una nuvola avvolgendo il lago con il suo chiarore argentato.

Sylvia trattenne il respiro. Erano momenti come quello a infonderle la forza per affrontare la frenesia delle giornate lavorative e gli impegni che esigevano la sua costante attenzione. Ma non si lamentava. Mentre il riflesso della luna tremolava sulle onde increspate del lago, inspirò a fondo, crogiolandosi in quella sensazione. A trentacinque anni aveva raggiunto tutto quello che aveva sempre sognato. Un uomo straordinario e un lavoro ben pagato che la teneva al riparo da ogni preoccupazione finanziaria...

«Sylvia!» La voce di Holger riecheggiò dalla terrazza.

Lei trasalì, si rimise le scarpe e si affrettò a tornare alla villa. Lì trovò suo marito impegnato in un'infervorata discussione con Thomas Waldner, suo caro amico, avvocato e consulente fiscale.

«Eccomi» esclamò, avvicinandosi.

Vedendola arrivare, Holger si interruppe a metà di una frase. «Dov'eri finita?» le chiese in tono brusco.

«Ero sul molo a godermi la luna. Non è...»

Ma lui non si girò nemmeno a guardare.

«Sylvia! Dobbiamo prendere quanto prima un appuntamento» s'intromise Thomas. «Tutti e tre.»

«Volentieri. Anzi, avremmo dovuto farlo già da tempo» rispose lei. Poi notò l'espressione seria di Thomas e aggiunse: «C'è qualche problema?».

«No. Cosa te lo fa pensare?» ribatté subito Holger, afferrandole il braccio. «Thomas ha tutto sotto controllo, come al solito. Andiamo. Facciamo un giro di saluti.» E la trascinò di nuovo nella villa.

Sebastian Schnell aveva alzato un po' troppo il gomito e, proprio quando stavano per congedarsi, propose un bagno di mezzanotte nel lago. «Nudi, tipo Adamo ed Eva, proprio come Dio, il grande regista dell'universo, ci ha fatti.»

Holger impiegò un'ora per riuscire a dissuaderlo. Era nel suo interesse che Schnell non mandasse all'aria la serata, così si offrì di accompagnarlo nelle sue stanze private e lo mise a letto. L'attore desistette, come ripeté a Holger almeno duecento volte, soltanto per Sylvia, che era un angelo e si meritava di meglio di una sanguisuga come lui.

Alla fine erano quasi le due quando Sylvia mise in moto la Porsche per riportare a casa suo marito, che in serate come quella doveva brindare con troppe persone per potersi mettere al volante, e quasi le tre quando finalmente poté struccarsi e togliersi tutte le forcine dai capelli. Preparò la ventiquattrore e una valigia per il fine settimana di training al quale uno dei suoi migliori clienti, il manager di una grande azienda, aveva obbligato i suoi collaboratori, e impostò la sveglia alle sei e mezza. Poi sprofondò la testa nel cuscino e si addormentò seduta stante.

«Sai cos'hai ereditato?» le chiese Holger due domeniche dopo, a colazione. Stava picchiettando il guscio del suo uovo alla coque con un'accuratezza che Sylvia trovava quasi irritante.

«Io? Mi prendi in giro?»

Holger cosparse l'uovo con un pizzico di sale e affondò il suo cucchiaino di madreperla nel tuorlo. «Non mi avevi mai parlato di Lucie Hofstetter.»

Sylvia lasciò cadere la tazza. «Cos'è successo a zia Lucie?»

Holger sollevò lo sguardo, inarcando le sopracciglia. «È morta, e tu sei la sua erede.»

«È morta?»

«Così pare. Ma, insomma, ci conosciamo da un'eternità, siamo sposati da dieci anni e abbiamo ancora dei segreti... Che rapporto di parentela avevate?»

«Era la sorella minore di mia madre.»

«Ma al nostro matrimonio non c'era, dico bene? E comunque non mi hai mai parlato di lei.»

Sylvia tacque, turbata. Holger aveva ragione. Non aveva contatti con sua zia da anni. Era ancora una bambina l'ultima volta che l'aveva vista. C'era stata una tremenda lite in famiglia, e da quel momento nessuno l'aveva più neanche nominata. Ricordava un'occasione in cui qualcuno aveva osato farlo e suo nonno si era arrabbiato così tanto che per poco non gli era venuto un infarto.

Si era sempre chiesta quale potesse essere stata la causa di quello scandalo familiare.

«Ehi, mi stai ascoltando?»

Sylvia alzò lo sguardo, ritrovandosi a fissare gli occhi scuri e accigliati di Holger.

«Ehm, scusami» balbettò, «è solo che... non me l'aspettavo. Come l'hai saputo?»

«Da un documento di un tribunale francese. Tua zia ti ha lasciato un mucchio di rovine, in un posto dimenticato da Dio.»

«Rovine?»

«Un vivaio. In pessime condizioni. Sono andato a dargli un'occhiata la scorsa settimana, visto che ero in Francia per lavoro. La sorella di tua madre sarà stata una donna incantevole, ma non si può dire che avesse fiuto per gli affari. Di sicuro non hai ereditato da lei il tuo talento nella gestione aziendale. Era sul lastrico, e ti ha lasciato anche una montagna di debiti.»

Sylvia era frastornata. Entrambi viaggiavano molto, quindi era normale che chi era a casa si occupasse di ritirare la posta. Di solito, però, le notizie importanti se le comunicavano subito. «Ci sei anche già stato? E perché io vengo a saperlo soltanto adesso?»

«Eri ad Amburgo, praticamente irraggiungibile. Poi, te l'ho detto, ero già sul posto. Pensavo di farti un favore. La lettera sembrava ufficiale, l'ho fatto in buona fede. Volevo toglierti un peso. Mi dispiace se ci sei rimasta male.»

«No, affatto» Sylvia cambiò tono. «È stato molto gentile da parte tua, Holger. È solo che... era mia zia. Anche se non ci sentivamo da anni, dopo la morte di mia madre era l'ultima parente che mi era rimasta.»

«Se n'è accorto anche il tribunale. Ma ce ne ha messo di tempo: tua zia è scomparsa mesi fa.»

Zia Lucie. Di colpo le tornò in mente un ricordo, fresco come quella mattina al mare. Lei avrà avuto cinque o sei anni, ma la scena era vivida come se si fosse trattato solo del giorno prima. Il vestito a fiori color malva, cucito con la stessa stoffa di quello di Lucie. La zia era ancora giovane, avrà avuto vent'anni o poco più, e correvano insieme sulla spiaggia, ridendo e inseguendosi. Lucie aveva i capelli biondo scuro e gli occhi di un blu fiordaliso, come lei, e lo stesso modo di sorridere. All'improvviso Sylvia realizzò che all'epoca, da piccola, era molto legata a sua zia. Le sembrava quasi di sentirne la voce – *Dai, Sylvie, corri, più veloce!* – o l'odore della pelle, il braccio di lei che sfiorava il suo per vedere chi delle due fosse più abbronzata. Poi la zia che la prendeva tra le braccia, lei che gridava dalla gioia e pregava la zia di lanciarla in aria ancora una volta.

«Sylvia» Holger la strappò ai suoi sogni a occhi aperti, «ti senti bene?»

Lei si strofinò gli occhi con il dorso della mano. «Come? Sì, sto bene» gli assicurò. «Grazie per aver preso in mano tutto quanto. Cosa... cosa facciamo con i debiti?»

Holger bevve un sorso di caffè e si asciugò le labbra con il tovagliolo. «Per fortuna, oltre al vivaio ti ha lasciato un terreno piuttosto esteso. Avrei già un possibile acquirente. Uno dei miei clienti cerca da tempo un posto simile e sono certo che ne resterà estasiato. Se è interessato, e se tu sei d'accordo, quel terreno potrebbe rivelarsi una buona occasione. Ne ricaveresti abbastanza da saldare il debito e ti resterebbe comunque una bella sommetta. Come dire, in memoria di tua zia Lucie.»

Un vivaio: sembrava proprio una cosa da Lucie. Sylvia ricordava la sua passione per le piante e i fiori. Peccato che non avesse avuto successo. La madre di Sylvia aveva sempre storto il naso quando si parlava della sorella minore e si era sempre rifiutata di spendere una sola parola sul misterioso scandalo. Così, con il passare del tempo, Sylvia si era dimenticata di zia Lucie. Non aveva mai risposto alle lettere ricevute negli anni dopo il suo allontanamento. Non perché non volesse riallacciare un rapporto con lei, ma perché era stata prima troppo giovane e poi troppo impegnata per farlo. La maturità, l'università... Aveva studiato economia aziendale e frequentato al tempo stesso una scuola per traduttori. E adesso lavorava sia come consulente aziendale sia come traduttrice certificata per il francese, l'inglese e l'italiano. Era inevitabile che avesse dovuto lasciare indietro molte cose.

Sylvia era ancora una bambina quando suo padre era morto

e la madre non era in grado di mantenerla. Si era sempre guadagnata da vivere da sola, riuscendo al tempo stesso a ottenere ottimi voti. Poi si era trasferita negli Stati Uniti per il master e aveva iniziato a lavorare presso importanti società di consulenza. Durante una festa a Los Angeles aveva incontrato Holger, che le aveva fatto una corte spietata, finendo per conquistarla. Così, aveva deciso di rifiutare un'allettante offerta da parte di una società di consulenza di fama internazionale per trasferirsi a Monaco e mettersi in proprio. Nella sua vita dominata dagli impegni lavorativi non aveva più trovato posto per la zia.

E adesso era troppo tardi. Lucie era morta. Sylvia non avrebbe mai scoperto perché la famiglia Hofstetter l'avesse ripudiata.

«Allora, sei d'accordo?» Sylvia alzò la testa e rivolse a Holger uno sguardo confuso. «Voglio dire, vuoi che mi occupi della vendita a tuo nome, se riesco a convincere il mio cliente?»

«Sì» rispose. Di colpo le sembrò che le stesse sfuggendo tutto di mano: i ricordi infantili della giovane Lucie, il rimorso per le occasioni sprecate. «Credo sia la cosa migliore. Grazie, Holger, davvero.»

Quando, dopo colazione, il marito le porse i documenti per la procura, Sylvia li firmò senza esitazione.

Le successive due settimane volarono via in un baleno. L'agenda di Sylvia era una continua sfida logistica. Da un training in una società di assicurazioni di Francoforte volò dritta a Berlino, dove la aspettava la valutazione del personale di un giornale. Tra due appuntamenti a Stoccarda riuscì a inserire persino un «SOS», come chiamava scherzosamente le riunioni di emergenza convocate all'ultimo minuto. Un imprenditore e suo figlio erano in difficoltà da mesi con il passaggio delle consegne e avevano urgente bisogno di una consulenza professionale.

Quando rientrò a casa, esausta dopo quest'ultimo incontro, trovò Holger ad aspettarla. Era una sorpresa.

«Mettiti qualcosa di carino» le disse, abbracciandola. «Stasera usciamo.»

Sylvia scoppiò a ridere. «Lasciami almeno entrare. Sono stravolta. Di che cliente si tratta questa volta?»

«Nessun cliente» rispose lui, serio. «Abbiamo qualcosa da festeggiare.»

Sbalordita, Sylvia guardò suo marito. Era a dir poco euforico, e non lo vedeva così da tempo. Qualcosa da festeggiare. Un tempo era un rituale fisso: significava uscire insieme non per lavoro.

«Dammi mezz'ora e sarò pronta a tutto!» esclamò, entusiasta.

Più tardi, seduta di fronte al marito, nel ristorante che di solito Holger riservava ai suoi clienti migliori, mentre il cameriere illustrava i piatti del giorno, Sylvia avvertì tutta la stanchezza delle settimane passate. Era così esausta che per un attimo il viso del giovane cameriere le sembrò tremolare alla luce delle candele e non capì una parola di quello che diceva. Poi il ragazzo rimase in silenzio e la guardò, in attesa dell'ordinazione, ma a quel punto la temporanea défaillance era passata.

«Prenderei il pesce» disse con voce ferma, sicura che ci fosse almeno una portata di pesce tra i piatti che aveva elencato.

«La spigola o il luccio?» chiese lui, in tono gentile.

«La spigola.»

Mentre veniva servito l'amuse-bouche della casa – una piccola omelette a forma di cuore guarnita con caviale Beluga – e il sommelier versava loro il vino, Sylvia cercò di calarsi nella versione giovane di se stessa e di provare la medesima gioia ed eccitazione che quelle occasioni le scatenavano nei primi anni di matrimonio. Prese il calice e annusò il delicato profumo dell'eccellente Chardonnay. Cercò gli occhi di Holger, ma suo marito si era voltato.

«Per favore, ci porti un'altra bottiglia» disse al sommelier. «Questo vino sa di tappo.»

L'uomo si inchinò leggermente, prese lo Chardonnay e si allontanò. Tornò poco dopo con due calici puliti e mostrò la nuova etichetta a Holger, che annuì. Dunque aprì la bottiglia e gli versò il vino per l'assaggio. Holger prese il calice, fece roteare il liquido, lo annusò a lungo e infine ne bevve un piccolo sorso, tenendolo per un po' sulla lingua. Sylvia si sentiva sempre più a disagio. L'atmosfera romantica si stava dissipando.

«Va bene» sentenziò alla fine. Il sommelier gli riempì il calice, poi passò a quello di Sylvia.

«Grazie» sussurrò lei.

L'altro non rispose, si limitò a un altro breve inchino e si ritirò.

Holger la guardò come se si aspettasse un elogio.

Era ottimo, non sapeva di tappo, avrebbe voluto dire lei. Ma, come tutte le altre volte, preferì tacere. Sua madre le diceva sempre che il segreto di un buon matrimonio sta nell'autocontrollo della moglie. Una donna troppo petulante e sicura di sé non doveva stupirsi se veniva lasciata. Da ragazzina Sylvia alzava gli occhi al cielo, convinta che lei si sarebbe comportata in modo diverso e avrebbe sempre detto quello che pensava. Adesso doveva ammettere di aver interiorizzato del tutto il mantra di sua madre.

Probabilmente era colpa sua se dopo quel piccolo incidente la serata sembrava aver perso di slancio. I silenzi tra una portata e l'altra dipendevano da lei, perché non le veniva in mente nulla di cui parlare con suo marito. Forse era troppo stanca e non era riuscita a rilassarsi nemmeno più tardi quando, contravvenendo alle loro abitudini, non si erano ritirati ognuno nella propria camera da letto ma avevano iniziato a spogliarsi a vicenda, con Holger che si sforzava di non sembrare affrettato. Forse era ancora troppo tesa per abbandonarsi alle sue carezze con la stessa passione di una volta, quando si avvinghiavano senza concedersi nemmeno il tempo di togliersi i vestiti. Quella sera le sembrò tutto sbrigativo. Non era ancora pronta quando Holger la penetrò, cercò di soddisfare il desiderio di lui e poi tutto finì, troppo in fretta.

Forse avrei bisogno di una pausa, pensò Sylvia, mentre il marito dormiva profondamente al suo fianco con un braccio posato sul suo petto, un gesto che lei trovava possessivo e al quale al tempo stesso non osava sottrarsi per paura di svegliarlo.

Le mie amiche mi invidiano per mio marito, si disse ancora. *Cos'ho che non va?* Holger era un uomo bellissimo e di successo, anche se a volte un po' brusco. Eppure erano d'accordo su tutte le cose importanti, come sulla scelta di non avere figli o di mettere la carriera al primo posto. «Ti amo» le aveva ripetuto poco prima Holger tra i gemiti, in un amplesso così impetuoso da attestare senz'altro grande passione. O forse no?

Cos'ho che non va? si chiese di nuovo Sylvia, e tirò un sospiro di sollievo quando Holger si girò nel sonno, liberandola dal suo braccio.

2

Il viaggio

La settimana seguente passò in un lampo. Una sera, rientrando a casa da un viaggio di lavoro, Sylvia trovò in segreteria telefonica il messaggio del suo amico Thomas che le chiedeva di richiamarlo il prima possibile. Holger era partito in cerca di immobili di lusso chissà dove e lei si sforzò invano di ricordare in quale angolo d'Europa si trovasse.

Fece una doccia e accese il computer per controllare le mail. A quel punto fu costretta a constatare che erano già le sette di sera, troppo tardi per telefonare allo studio legale di Thomas Waldner. *Domani mattina presto*, si disse. Un'occhiata all'agenda le ricordò che doveva essere sul volo delle due per Zurigo per incontrare un nuovo cliente che l'aveva ingaggiata per tutto maggio dopo un primo incontro quattro mesi prima.

Sylvia si abbandonò contro lo schienale della sedia e chiuse gli occhi. Sentiva il bisogno di fermarsi un po', ma tutte le volte che cercava di pianificare un paio di settimane di vacanza riceveva una nuova richiesta e non poteva ancora permettersi di irritare i suoi committenti con un rifiuto. O almeno ne era convinta.

Veronika sembrava pensarla in modo diverso. Fin dai tempi dell'università l'amica – con la sua gioia di vivere, le lentiggini e i riccioli rossi – si prendeva bonariamente gioco di lei e dei mille impegni a cui i suoi studi la obbligavano. Adesso era preoccupata. Ma Veronika aveva avuto una vita più semplice della sua. Quando si era iscritta all'università il padre le aveva regalato un trilocale in un vecchio palazzo a Lehel, che all'epoca ancora non era un quartiere tanto alla moda. Sylvia invece, per ragioni economiche, abitava con sua madre. E mentre lei si impegnava anima e corpo per costruirsi una posizione, la sua amica si accontentava di quello che guadagnava come traduttrice. Aveva tenuto l'appartamento, guidava una Mini Cooper e non vedeva alcun motivo per lavorare più del necessario. Lei sì che sapeva godersi la vita.

Sylvia sospirò e iniziò a preparare i documenti per il suo appuntamento a Zurigo. Era mezzanotte quando riuscì a chiudere la valigia. Poi andò finalmente a dormire.

Controllando le mail la mattina dopo, Sylvia trovò un messaggio del suo cliente di Zurigo. *Purtroppo, per ragioni interne all'azienda, siamo costretti a revocare tutte le prestazioni con lei concordate*, lesse con sgomento. Non le succedeva da tempo. Per fortuna si era premurata di far inserire nel contratto una penale, in caso di recesso dall'accordo, quindi, a meno che la società fosse in bancarotta, avrebbe ricevuto se non altro quel pagamento. Sylvia fissò i documenti a cui aveva lavorato fino a tardi la sera prima, poi le cadde l'occhio sul biglietto aereo: soltanto allora realizzò di avere del tempo libero. Per il mese successivo non aveva preso altri impegni. Quel pensiero le diede quasi le vertigini.

Disfece la valigia e riordinò la scrivania. Poi andò in cucina e aprì il frigo, trovandolo vuoto. *Cosa fa la gente quando non deve lavorare?* Un attimo dopo era al telefono con Veronika.

«Pensa un po'» esordì. «Non ho niente da fare per le prossime quattro settimane.»

«Sei sicura che non ci sia un errore?» rispose la voce squillante della sua amica. «Voglio dire: tu libera. Ho capito bene? Sei malata, per caso?»

«No!» Sylvia rise. «Sono sana come un pesce. Un cliente mi ha scaricata all'ultimo momento. Non riesco ancora a crederci. Cosa faccio adesso?»

Dall'altro lato della linea ci fu un'esplosione di gioia. «Prima di tutto andiamo a fare colazione» propose Veronika. «Poi ti do qualche ripetizione sul tempo libero, che ne pensi?»

Un quarto d'ora dopo sedevano entrambe al XII Apostel, il locale preferito di Veronika, davanti a caffè e croissant.

«Quindi questo è il primo giorno che sei disoccupata dopo quanto tempo?» indagò l'amica.

«Ma dai...» si schermì Sylvia. «Non lavoro proprio sempre. Due domeniche fa...»

«Ah» sogghignò l'altra, «certo, due domeniche fa. Fantastico. E da domani?»

«È questo il punto» rispose lei, contemplando assorta la sua brioche. «Ho l'intero mese libero. Pensa, tutto maggio.»

Per poco a Veronika non andò il caffè di traverso. «Santo cielo» esclamò. «Non avrai mica paura di non farcela economicamente?»

«No.» Sylvia scoppiò a ridere. «Certo che no. È soltanto che non so... Volevo prendermi una pausa da tempo, ma non ci sono mai riuscita. E adesso all'improvviso... Sarei dovuta essere su un volo per Zurigo tra due ore, capisci? Sono frastornata.»

Veronika sogghignò. «Credimi, non c'è proprio niente di male nell'avere del tempo per te. Possiamo andare insieme in una spa, con sauna, bagno turco, massaggi, insomma, il pacchetto completo. Poi dormi per tre giorni: visto quanto sei stressata non potrà che farti bene, te lo assicuro. Se ti va possiamo andare a Baden-Baden: terme di giorno e casinò di sera. Oppure andiamo a fare shopping a Parigi. O preferisci New York? Cavolo, Sylvia, finalmente hai del tempo per spendere i soldi che guadagni!»

Sylvia sorrise e si rilassò. Veronika aveva ragione. Eppure non era ciò che desiderava, in quel momento. Non voleva andare a Parigi né a New York. Chiuse gli occhi e immaginò una distesa d'acqua. Onde. Il mare. Il cielo. Una coppia di gabbiani che volava all'orizzonte. Forse sarebbe dovuta andare al mare. Il Baltico. O l'Atlantico, chissà.

«Se hai tutto il mese libero» continuava a blaterare Veronika, che non aveva notato il cambiamento d'umore dell'amica, «non devi decidere per forza oggi. Segui l'istinto. La tua vita è fin troppo pianificata. Io ci sono, se hai voglia di fare qualcosa devi soltanto chiamarmi.» Poi passò a raccontarle del suo viaggio a Venezia e dell'eccitante avvocato di Monaco incontrato per caso proprio mentre stava scrivendo la cartolina per lei. «Voleva sapere perché avessi ordinato due spritz, se uno fosse per lui. E sai una cosa? Mi sono innamorata all'istante.»

Sylvia scoppiò a ridere. Veronika aveva sempre un corteggiatore, un amico o un amante. «Nessun uomo pianta le tende in casa mia» scherzava sempre.

La piacevole colazione si trasformò in un lungo brunch, poi Veronika la convinse a fare una passeggiata nell'Englischer Garten. Sylvia, però, rifiutò l'invito ad andare a teatro insieme a lei e alla sua nuova fiamma.

«Lo conoscerò in un'altra occasione, sempre che duri» si giustificò. D'un tratto si sentiva spossata. «Il tempo libero è faticoso» sbuffò. «Sono più stanca oggi che dopo un'intera giornata di lavoro.»

Veronika scoppiò a ridere. «Forza, vedrai che ti abitui! Allora, sai già tutto. Quando vuoi compagnia chiamami.»

Quella sera Sylvia andò a letto presto. Iniziò un libro che voleva leggere da settimane, ma già dopo la prima pagina sentì le palpebre pesanti. Si risvegliò la mattina dopo alle nove e mezza. Aveva dormito tredici ore di fila e si sentiva rinata.

Nel pomeriggio Holger rientrò dal suo viaggio di pessimo umore. Sylvia ci era abituata, ma non le sembrava di averlo mai visto così furioso.

«Ha fatto saltare all'ultimo momento l'appuntamento con il notaio» sbraitò, sparendo nel suo studio senza offrirle altre spiegazioni.

Soltanto a cena scoprì che era stata la vendita del terreno di zia Lucie a ridurlo in quello stato. A causa di un contrattempo, il compratore aveva chiesto di rimandare la firma del contratto, ma secondo Holger non sarebbe stato possibile fissare un altro incontro prima di quattro o sei settimane. Sylvia tirò un sospiro di sollievo. Per lei quel ritardo era un dono.

«Sai una cosa?» disse con naturalezza. «Magari prima di venderlo potrei andarci.»

Holger la fissò come se fosse impazzita.

«*Dove* vorresti andare?»

«In Francia. Al vivaio di zia Lucie.»

«Ma come ti salta in mente?» replicò lui, brusco. «È solo una perdita di tempo. E poi pensavo che fossi impegnata.» Sylvia si sentì invadere dalla rabbia, sebbene la sua parte razionale cercasse di ricordarle che litigare con Holger sarebbe stato del tutto inutile. Anche se le si rivolgeva sempre in un modo oggettivamente fastidioso, sapeva che non lo faceva con cattiveria. Quella sera, però, non riuscì a trattenersi. «Non hai tempo» proseguì Holger in tono più conciliante, come se si fosse accorto di aver superato il limite. «E poi, credimi, non ne vale la pena. Cosa ne è stato del nuovo cliente a Zurigo?»

«Mi ha sollevata dall'incarico» si limitò a dire.

Quando Holger era di quell'umore, discutere non serviva a nulla.

Inghiottì la rabbia, ma non si diede per vinta. Non aveva alcuna intenzione di cambiare idea: che a suo marito piacesse o meno, sarebbe andata al vivaio di zia Lucie.

Il giorno dopo Sylvia attese che Holger uscisse, poi entrò nel suo studio e cercò la copia della procura con cui lo aveva autorizzato alla vendita della sua eredità. Trovò l'indirizzo della tenuta, accese il computer e digitò il nome della località nel motore di ricerca. Si aspettava di veder comparire un puntino nel cuore della provincia francese, nel bel mezzo del nulla, invece si stupì quando si materializzò sullo schermo la punta nord-occidentale della Francia.

«La Bretagna?» sussurrò tra sé. A quanto pareva il vivaio era proprio sul mare.

Per un attimo rimase immobile, persa nei suoi pensieri. Quindi Lucie aveva vissuto lì, a oltre mille chilometri di distanza. Mentre lei inseguiva la sua carriera, sua zia aveva passato gli ultimi anni a coltivare piante, o forse ortaggi. Cavoli, rape, carciofi: la Bretagna era famosa per i carciofi.

Sylvia calcolò la distanza da Monaco sulla mappa. Non aveva una macchina, perché in città le era più comodo muoversi in taxi e per gli spostamenti più lunghi preferiva affidarsi a treni e aerei. Lo scalo più vicino era quello di Brest. Da lì avrebbe potuto noleggiare un'automobile...

Di colpo esitò. Una vocina dentro di lei le suggerì che quel viaggio sarebbe dovuto essere diverso da una qualsiasi trasferta di lavoro. Da tempo sognava di andare in Francia. *Perché non noleggiare la macchina già qui?* pensò. Aveva davanti quattro settimane tutte per sé e al solo pensiero di guidare attraverso il Paese e fino alla costa sentì il suo cuore accelerare i battiti.

Poco dopo telefonò al concessionario dal quale Holger comprava le sue auto. Il proprietario era un loro amico.

«Certo che posso affittartene una per quattro settimane, Sylvia» esclamò subito. «Nessun problema. Mi è appena arrivata una bella Porsche Boxster, un usato di qualità. È tutta tua, se la vuoi. Quando parti?»

«Domani» rispose lei, stupendosi delle sue stesse parole.

«D'accordo. Posso fartela portare adesso. Per te va bene?»

«Perfetto, grazie mille! Sei veramente gentile.»

«Alle cinque sarà parcheggiata davanti casa tua. Faccio lasciare chiavi e documenti nella cassetta della posta. Buon viaggio, Sylvia! E vacci piano con l'acceleratore, la piccola ha un motore da 265 cavalli.»

Sylvia rise, lo ringraziò ancora una volta e riattaccò. Che fortuna sfacciata.

Come faccio a dirlo a Holger? continuava a chiedersi mentre preparava la valigia. A differenza delle altre volte, poteva lasciare i tailleur eleganti appesi nell'armadio. Scelse un paio di jeans comodi, camicie larghe di lino, due vestiti - anche se non credeva che le sarebbero serviti –, dei maglioni e un paio di foulard di seta.

Continuava a ripensare alla discussione che era riuscita a evitare la sera prima. Detestava litigare, ma doveva davvero giustificare il suo desiderio di visitare il luogo in cui sua zia aveva vissuto prima di venderlo? Era ridicolo.

Si sentì ancora più sollevata quando il marito le inviò un messaggio. *Devo partire, mi fermerò tre giorni in Toscana. Potresti prepararmi la valigia? Solo per questa volta! Il mio volo è alle tre, passerà Lena a prenderla. Sei un tesoro, H.* Sylvia si mise subito all'opera e quando la segretaria di Holger, Lena Weinhalter – una paffuta cinquantenne con lenti spesse come vetro antiproiettile –, bussò alla porta, il bagaglio era pronto. Anche volendo, non avrebbe potuto informare il marito dei suoi piani.

Alle cinque in punto Sylvia vide un ragazzo parcheggiare la Porsche davanti al suo palazzo. La macchina era di un rosso fiammante e Sylvia sorrise all'idea di attraversare la Francia a bordo di un simile bolide. Poco dopo scese a recuperare le chiavi e i documenti nella cassetta della posta. La sua valigia era pronta in corridoio e aveva già prenotato un albergo per fermarsi una notte a metà strada.

Le sarebbe piaciuto partire subito, ma era venerdì sera, quindi resistette all'impulso di montare sulla Porsche e partire a tutto gas in direzione ovest. Sarebbe rimasta imbottigliata nel traffico, un pessimo inizio per la sua vacanza-indagine.

Indagine? Cosa si aspettava da quel viaggio? Sylvia era abituata ad analizzare a fondo le motivazioni dei suoi clienti. Forse era il caso di iniziare a farlo con le proprie. Perché stava andando al vivaio abbandonato di zia Lucie?

Per un momento restò immobile, abbandonandosi ai suoi pensieri. Poi entrò nello studio e scorse i titoli dei libri sulle mensole. Alla fine prese qualcosa da molto in alto, dove non arrivava quasi mai: un vecchio album di fotografie rilegato in lino. Si versò un bicchiere di vino, si accomodò sul divano in salotto, accese la lampada e lo aprì. Conosceva bene quelle foto, ma erano anni che non le guardava. Quella sera stava cercando il viso di una persona in particolare, sua zia Lucie, e fu delusa di trovare soltanto pochi scatti che la ritraevano. Risalivano tutti alla vacanza al mare che ricordava.

Lucie, con il suo fisico slanciato e il sorriso dolcissimo, era semplicemente incantevole. Accanto a lei la madre di Sylvia, Annie, che pure era stata una bella donna, sembrava quasi tozza.

Forse era a causa di una relazione scandalosa che i suoi familiari avevano smesso di rivolgerle la parola, pensò. A giudicare da quelle foto, Lucie avrebbe potuto far perdere la testa a qualsiasi uomo.

Sylvia notò, con sorpresa, di assomigliare molto alla zia. Sembrava figlia sua, e non della sorella. *Non che io sia altrettanto bella*, si disse, continuando a sfogliare. Seguiva qualche fotografia con suo nonno, un uomo dai capelli bianchi e lo sguardo cupo. Aveva pochi bei ricordi di lui, quindi si affrettò a voltare pagina. Stava per chiudere l'album e rimetterlo al suo posto quando le cadde l'occhio su una foto di gruppo scattata a un matrimonio, proprio davanti all'ingresso della chiesa. Riconobbe una versione più piccola di se stessa, con un vestitino di pizzo, calzini e scarpe di vernice, tutto rigorosamente bianco, e un mazzo di fiori. Sua madre era in piedi dietro di lei e le teneva le mani sulle spalle. A Sylvia sembrava di avvertire ancora quella sensazione di peso e oppressione, la stessa che provava quando Holger la teneva abbracciata nel sonno.

Quale matrimonio era? Sylvia non si ricordava affatto di quella festa.

Osservò lo sposo, senza riconoscerlo. Ma quando passò a studiare il volto della sposa per poco non le cadde l'album di mano: era zia Lucie.

Sylvia andò rapidamente alle ultime pagine, senza trovare altra traccia di lei. Sembrava quasi che il suo matrimonio fosse stato il punto di rottura. Era così? Ma allora perché tutta la famiglia, compreso suo nonno, era riunita alla festa? Sylvia mise da parte l'album e bevve un sorso di vino.

D'un tratto le fu chiaro perché stesse partendo per la Bretagna. Non era il vivaio a interessarle e nemmeno la palese incapacità di Lucie come amministratrice. Sylvia era curiosa di scoprire cosa fosse successo a sua zia dopo le nozze. In quella proprietà che le aveva lasciato in eredità sperava di trovare degli indizi su che tipo di persona Lucie era diventata. Forse parte di lei sperava di poter recuperare un po' del tempo perduto, di ritrovare un pezzo delle sue radici. Proprio adesso che non le era più rimasto nessuno a cui domandare. E ovviamente anche la prospettiva di trascorrere qualche giorno al mare era allettante.

La mattina dopo la sveglia suonò alle cinque. Sylvia era abituata ad alzarsi presto, quindi non fece fatica a uscire dal letto. Un'ora dopo stava partendo. Raggiunse in fretta l'autostrada, divertendosi a far rombare la due posti sportiva. Tra Ulma e Stoccarda c'erano i soliti lavori in corso, ma essendo un sabato mattina lontano dalle ferie il traffico era sopportabile. Verso le dieci superò il confine tra Germania e Francia, e da quel momento in poi continuò in autostrada. Intorno a mezzogiorno si era fermata a pranzare, nei pressi di Metz, quando il suo cellulare squillò. Era Veronika.

«Che fine hai fatto?» le riecheggiò nelle orecchie la voce allegra della sua amica. «Hai visto che bella giornata? Ti va di andare in montagna? Quanto tempo è passato dall'ultima volta che hai fatto trekking?»

Sylvia scoppiò a ridere. «Sono in Francia, vicino a Metz.»

Veronika sbuffò. «Un nuovo cliente?»

«No» si affrettò a rispondere Sylvia. «Sto soltanto facendo un viaggetto.»

«Soltanto?» indagò Veronika. «Non ci credo. Dove stai andando?»

«In Bretagna. In vacanza.»

Per un po' ci fu silenzio dall'altro lato della linea. Non era nello stile di Veronika. «Forza, dimmi la verità» insistette.

«Niente...» rispose Sylvia, a disagio nel mentire alla sua unica vera amica. «Sai, una mia zia è morta e mi ha lasciato un'eredità. In Francia.»

«Figo. E di cosa si tratta? Di una casetta abbandonata su una scogliera affacciata sull'Atlantico?»

«No» rispose Sylvia, «di un vivaio. Holger lo ha visto e sostiene che dovremmo venderlo. Ha anche già trovato un compratore interessato.»

Un nuovo silenzio sospettoso all'altro capo della linea. «Allora perché ci stai andando?»

Sylvia si innervosì. Perché all'improvviso la sua amica aveva iniziato a parlare come Holger? «Perché il terreno apparteneva a mia zia e vorrei vederlo prima di liberarmene. E perché ho tempo e soldi per andarci. È abbastanza?»

«Scusa!» Veronika sembrava davvero dispiaciuta. «È solo che... normalmente non attraversi mezza Europa in macchina senza un valido motivo.»

Sylvia rise. «Hai ragione, ma è bello poterti sorprendere per una volta. Come va con l'avvocato di Venezia?» si informò, per cambiare argomento.

«Be', ci siamo resi conto di avere idee politiche divergenti.»

«E da quando ti interessa la politica?» la punzecchiò Sylvia.

«Non mi interessa per niente» ribatté l'altra. «Ma nel mio cuore non può esserci posto per uno che sostiene che dovremmo sbrigarci a rendere più restrittive le nostre leggi in fatto di diritto di asilo.»

Sylvia sorrise. «Non preoccuparti, presto ne troverai uno migliore» la consolò.

«Lo spero proprio. Tu tienimi aggiornata, okay?»

Sylvia promise che lo avrebbe fatto.

Raggiunse la sua prima meta, non lontano da Reims, nel pomeriggio. L'albergo dove avrebbe pernottato sorgeva in una cornice idillica, con un castello circondato dall'acqua che a Holger sarebbe piaciuto di sicuro. Sylvia fece una lunga passeggiata, contenta di potersi sgranchire un po' le gambe. E schiarirsi le idee. La consapevolezza che nessuno al mondo a parte Veronika avesse idea di dove si trovava la inebriava. Si sentiva adrenalinica.

L'hotel La Châtelaine, prenotato per un colpo di fortuna, era bellissimo. Le stanze erano state ristrutturate da poco senza perdere nulla dello charme della vecchia *auberge* che era stato un tempo. Chiacchierando con la proprietaria scoprì che in passato l'edificio era una dépendance del castello e ospitava la sede dell'associazione di caccia.

«Risale al Diciassettesimo secolo» spiegò Madame Bertrand con orgoglio, allungando a Sylvia una brochure con la storia del posto. «Il castello al momento appartiene a un privato» continuò, «e stasera ospitiamo un ricevimento di nozze. Il matrimonio della nipote dello *châtelain*. Ovviamente si consideri invitata, se le fa piacere.» La donna sorrise dell'espressione sbalordita di Sylvia. «Da noi si usa così» aggiunse, ammiccando. «Si unisca a noi, tanto non riuscirebbe comunque a chiudere occhio prima della fine della festa.»

Sylvia tornò in camera, combattuta. Forse non era stata una grande idea alloggiare lì. Un ricevimento fino a notte fonda non era proprio quello che si aspettava per la tappa intermedia del suo lungo viaggio in auto. E doveva andarci davvero? Sola in mezzo a una marea di sconosciuti? Non le sembrava il massimo.

Si svestì, rimanendo in biancheria intima, si infilò nel letto e si tirò la coperta su fino alle orecchie. In ogni caso non le avrebbe fatto male qualche ora di riposo dopo quella giornata stancante.

Sylvia fu svegliata all'improvviso dal baccano di spari a salve. Balzò a sedere sul letto, spaventata. Non sapeva dov'era. Si era fatto buio e i profili indistinti della stanza la confondevano.

Poi ricordò. Il matrimonio. Era in Francia e al piano di sotto era in corso il ricevimento di cui le aveva parlato Madame Bertrand. Si lasciò ricadere tra i cuscini e sospirò. Che ora poteva essere?

Cercò l'orologio a tentoni. Erano soltanto le sette. Aveva dormito di sasso per due ore. Si sforzò di non cedere di nuovo alla stanchezza. Anche se fosse riuscita a riaddormentarsi nonostante il chiasso, si sarebbe risvegliata nel giro di sei ore al massimo. Ovvero all'una di notte. Forse era meglio alzarsi.

Si tirò su dal letto sbadigliando e stiracchiandosi, poi si fece una doccia fredda e realizzò di avere fame. *Visto che mi hanno invitata, tanto vale andarci*, pensò. Dopo essersi rifocillata sarebbe tornata nella sua stanza.

Prese dalla valigia il più elegante dei due vestiti, quello in seta blu. Durante gli studi Sylvia aveva vissuto per qualche tempo in Francia e sapeva che in quel Paese non c'era il rischio di essere troppo eleganti, perché le donne curavano molto il loro look.

Appena entrò nella sala, Madame Bertrand le andò incontro. «Sono felice di vederla, l'ho già annunciata a tutti. Posso presentarle gli sposi e i genitori?»

Prima di rendersene conto Sylvia aveva baciato innumerevoli guance e ascoltato centinaia di esclamazioni di benvenuto. La sposa era un'incantevole brunetta dagli occhi grandi e brillanti. Indossava un abito decisamente audace, con uno scollo profondo sulla schiena, mentre lo sposo faceva la sua figura in uniforme.

«Frédéric è appena diventato maestro di caccia» spiegò la padrona di casa a Sylvia, assegnandole un posto a sedere. «E quella è l'uniforme fin dal 1689.»

Sylvia si ritrovò tra una vivace donna grossomodo sua coetanea e un uomo dall'aria cupa e furba che avrebbe potuto essere suo padre.

«Sono Margot» si presentò la donna, con il torace stretto in un abito con corpetto senza spalline. «Chantal, la sposa, è mia nipote. E il signore burbero qui accanto è mio marito Albert.»

«*Enchantée*» disse Sylvia.

Albert scoppiò improvvisamente a ridere. «Non creda a una parola» disse tra le risate. «Divento scontroso soltanto quando non c'è niente da mangiare. Ma a quanto ho sentito stasera ci vizieranno. Le piace la cacciagione, cara?»

Albert aveva ragione e, anche a prescindere dal cibo, che era in effetti buonissimo, Sylvia passò una delle serate più piacevoli che ricordasse. Tra una portata e l'altra c'erano stati i discorsi. Di solito era un'usanza che le dava i brividi, ma in quell'occasione dovette ricredersi. Ce n'erano stati di divertenti, da far fatica a trattenere le risate, altri più filosofici che riuscivano nella difficile impresa di non risultare né pedanti né noiosi. Ma fu quello dello sposo a commuovere Sylvia al punto che le si riempirono gli occhi di lacrime. Aveva dichiarato il suo amore per la neomoglie in un modo che l'aveva colpita dritta al cuore e sperò che i due fossero così felici e innamorati per sempre.

Poi, mentre tutti applaudivano e brindavano ai novelli sposi e qualcuno intonava un coretto di auguri, Sylvia si sentì sopraffare dalla malinconia. Ripensò al suo matrimonio, che non sarebbe potuto essere più sfarzoso, al vestito ricamato di perle che le era costato una fortuna, e ricordò con chiarezza la sensazione quasi spiacevole che aveva provato in chiesa, quando il prete le aveva posato la mano su quella di Holger e li aveva benedetti. Le tornò in mente il viso di sua madre, così orgogliosa di lei, fiera che sua figlia fosse riuscita ad «accaparrarsi» un uomo come Holger, il sogno di ogni suocera. Ripensò ai suoi desideri per il futuro, ormai quasi tutti realizzati. Sandra aveva ragione: lei e Holger ce l'avevano fatta, avevano guadagnato un patrimonio e insieme erano una grande squadra.

Ma essere una grande squadra era abbastanza? Fare una bella figura quando c'erano mani da stringere e convenevoli da scambiare? Bastava potersi permettere un lussuoso appartamento nel quartiere più elegante di tutta la Germania e possedere una macchina di un valore pari a quello di una villa? Era sufficiente a controbilanciare i rimproveri freddi che Holger le rivolgeva, quasi senza accorgersene? Era abbastanza fare l'amore due volte al mese e dormire in stanze separate il resto delle notti, perché uno dei due doveva svegliarsi prestissimo per prendere un aereo o rientrava a orari impossibili, o perché erano in giro per il mondo entrambi presissimi dalle rispettive carriere?

Sylvia osservò Chantal alzarsi per il lento, tenendosi il vestito. Qualcuno aveva unito due tavoli e, tra grida di giubilo, Frédéric tirò su sua moglie, salì un attimo dopo sul tavolo e iniziarono a volteggiare su quella pista da ballo improvvisata. Poco dopo la sala fu sgomberata dai tavoli e le sedie furono sistemate lungo la parete per chi non voleva ballare o aveva bisogno di riposarsi di tanto in tanto.

«Permette?» chiese una voce alle spalle di Sylvia, che si ritrovò tra le braccia di Albert. «È una musetta, una specie di valzer» le spiegò.

A Holger non piaceva ballare, infatti a lei sembrava passata un'eternità dall'ultima volta che lo aveva fatto, ma sotto la guida esperta di Albert i suoi piedi trovarono il ritmo quasi da soli.

«Dov'è Margot?» chiese Sylvia, ma Albert scoppiò a ridere e fece un cenno con la testa indicando sua moglie, che era sulla pista con il padre della sposa.

La serata volò. Sylvia aveva l'impressione di aver conosciuto ogni singolo invitato al matrimonio. Passando da un parente all'altro, aveva ascoltato svariate versioni dei più bizzarri aneddoti familiari, che tutti continuavano a raccontarle. Quando fu servito un altro piatto, un consommé di starna, Sylvia si rese conto che era già passata la mezzanotte da un pezzo e i primi invitati iniziavano a lasciare la festa.

«Quali sono i vostri piani per il futuro, Chantal?» chiese alla sposa, quando le si avvicinò per brindare con lei.

«I nostri piani? Molto semplici. Frédéric amministrerà la nostra azienda agricola, produciamo soprattutto girasoli e mais. E io sono maestra elementare. Vivremo al castello, come i nostri antenati.» La ragazza scoppiò a ridere. «Suona molto noioso?»

Sylvia scosse la testa. «L'importante» disse con franchezza «è che siate sempre così felici.»

«*Mais bien sûr*» le assicurò la sposa, con un sorriso smagliante.

La mattina dopo Sylvia dormì fino a tardi. In fondo era in vacanza e in Bretagna non c'era nessuno ad aspettarla. A colazione incontrò qualche altro invitato del matrimonio. Anche i suoi vicini di tavolo inzuppavano i croissant nel caffellatte con aria stanca e al tempo stesso soddisfatta.

«Dov'è diretta?» le chiese Margot.

Prima che Sylvia potesse rispondere gli sposi entrarono in sala, scatenando un forte baccano. Salutarono tutti con gesti teatrali, e alla fine si avviarono verso l'ingresso, dove era parcheggiata una Citroën 2CV color azzurro cielo con dei palloncini colorati legati al tubo di scappamento.

«Partono per la loro *lune de miel*» esclamò Albert, eccitato. «Venga, andiamo a salutarli come si deve.»

Metà paese si riversò nella piazza prima che i novelli sposi potessero partire tra colpi di clacson e grida di amici e parenti.

Quando anche Sylvia lasciò il paese a bordo della sua Porsche, un'ora dopo, ripensò alla giovane coppia. Chantal, quasi senza riflettere, le aveva risposto che sì, lei e Frédéric sarebbero stati felici per sempre. Sylvia sperava di non esserle sembrata cinica, o peggio ancora, amareggiata. Forse la ragazza aveva ragione: per le altre persone l'amore e la felicità erano cose semplici.

Era pomeriggio inoltrato quando raggiunse Quimper. Da lì in avanti avrebbe dovuto fare affidamento solo sul navigatore, perché non aveva individuato su nessuna cartina il posto dove si trovava il vivaio. Viaggiò verso ovest lungo strade di campagna fiancheggiate da platani, finché non vide il mare per la prima volta. Il sole già basso all'orizzonte rischiava di accecarla, e la costrinse a rallentare per recuperare gli occhiali scuri dalla borsa e inforcarli. Si ritrovò in un minuscolo villaggio di casette in pietra strette l'una all'altra. Sylvia lo attraversò senza accelerare. Dei bambini si fermarono sul ciglio della strada, poi tra risate e urla si lanciarono all'inseguimento dell'auto sportiva rosso fiammante.

Di colpo Sylvia si ritrovò a pensare che avrebbe preferito guidare una macchina meno appariscente. Una Renault, per esempio, meglio ancora se un po' ammaccata come quelle che incrociava lungo la strada.

Aveva preso la direzione giusta? Aveva quasi raggiunto il mare, ma non vedeva alcun vivaio. Holger non aveva parlato di un vasto terreno?

Giunse a un incrocio, dove trovò un cartello. Si fermò e lesse: JARDIN AUX CAMÉLIAS. Accanto alla scritta era stato disegnato un fiore stilizzato, mentre una freccia indicava in direzione del mare. La seguì con lo sguardo, trattenendo il fiato. Solo in quel momento notò una passerella che collegava la terraferma a una piccola isola. Il vivaio si trovava forse lì? Ma no, era impossibile che quel giardino fosse la sua eredità. Guardò il navigatore. La freccia puntava senza alcun dubbio allo stretto ponticello.

Sylvia rimise in moto e si avviò nella direzione indicata. Avvertì come un brivido. Non le capitava spesso, e di solito significava che stava per succedere un fatto straordinario. Era una sorta di presentimento, l'attesa di qualcosa che era impossibile spiegare con la ragione. E adesso quella sensazione si stava diffondendo nel suo corpo, sempre più forte man mano che si avvicinava. Quella passerella era poco più che una diga, e sopra ci passavano le auto. Sylvia vide un altro cartello con un fiore. E ancora una volta indicava la strada che sembrava fluttuare sulle onde dell'Atlantico.

Sylvia sbuffò. Pur essendo abbastanza larga da poter essere percorsa in macchina, il fatto che fosse praticamente sospesa sull'acqua la turbava. Alla fine si diede una scossa e si diresse verso il ponticello.

Il sole splendeva, abbacinandola malgrado le lenti scure. Avanzava piano e con la massima concentrazione per non rischiare di uscire fuori strada. Non guardava né a destra né a sinistra, dove le onde si infrangevano vicine al limite della strada. Dopo quella che le sembrò un'eternità, la traversata si concluse. La Porsche toccò di nuovo terra, e Sylvia sospirò sollevata. Si accorse di essersi aggrappata al volante per tutto il breve tragitto. Scuotendo la testa per riprendersi, spense il motore e scese dalla macchina. Una folata di vento le sollevò i capelli, sferzandole il viso.

Grazie per l'accoglienza, pensò divertita, spostando i capelli dagli occhi. Era su un'isola. Davanti a lei si stagliava un edificio imponente, costruito con la stessa pietra grigia del villaggio che aveva attraversato sulla terraferma. Sembrava un misto tra una casa signorile e una fortificazione, circondata da alte mura di cinta nelle quali si apriva un portone. I vecchi battenti di legno sbiancati dalla salsedine erano aperti. In cima si intravedeva ancora l'iscrizione: JARDIN AUX CAMÉLIAS - BIENVENUS.

Sylvia avvertì di nuovo quello strano brivido. Il vento le toglieva il fiato, dandole le vertigini. Lottando contro le raffiche, attraversò il portone.

All'interno delle alte mura tutto era tranquillo e ombreggiato. Si tolse gli occhiali da sole e i suoi occhi impiegarono qualche istante ad abituarsi alla scarsa luce, ma alla fine riuscì a mettere a fuoco lo spettacolo che la circondava. Davanti a lei si apriva un paesaggio molto diverso da quello arido della costa: su un ampio terreno in pendenza, si sviluppava un parco rigoglioso, percorso da luccicanti sentieri bianchi di ghiaia. A pochi passi dal portone, piccoli arbusti nodosi distendevano verso il cielo azzurro i rami carichi di lucide foglie verde scuro, tra cui Sylvia intravedeva fiori bianchi, rosa e rossi, simili a rose in pieno rigoglio.

«Camelie» sussurrò.

La luce della sera si infrangeva dorata sui rami, riflettendosi sulle foglie e immergendo il giardino in un soffuso, irreale splendore. All'orizzonte, in lontananza, Sylvia scorse una striscia di azzurro scintillante: il mare.

Per un attimo rimase immobile a godersi lo spettacolo. Doveva aver sbagliato strada, quello non poteva certo essere il vivaio di sua zia... Ma ne era valsa la pena. Dopotutto non aveva alcuna fretta: perché non concedersi una passeggiata in quel luogo magico?

Si guardò intorno, ma non vide anima viva. Senza pensare iniziò a camminare davanti a sé, attraversando un tappeto di petali e immergendosi nel verde lussureggiante.

A quanto pareva le prime camelie erano state piantate alle spalle della casa, poi il giardino era stato ampliato un po' alla volta. Dietro le fronde, le stradine erano fiancheggiate da altri arbusti, che diventavano più bassi man mano che avanzava. Le piante erano divise in gruppi, come Sylvia dedusse dai cartelli sistemati ai lati dei sentieri. CAMELLIA ROSIFLORA, lesse per esempio, e CAMELLIA JAPONICA SHUCHUKA, accanto a una qualità particolarmente bella di fiori bianco-rosato. Continuò a procedere, con gli occhi pieni di stupore, e si fermò, quasi dimentica di sé, ad annusare un fiore, accarezzandone i petali delicati. Le sembrava di non aver mai visto niente di così bello in vita sua. Era incredibile che la natura offrisse tante varietà della stessa pianta. E tutte le volte che pensava non potesse esistere un fiore più bello, un paio di metri dopo vedeva un'altra camelia mozzafiato.

Alla fine raggiunse la parte più bassa del giardino, dove si trovavano gli arbusti più piccoli. Più giovani, probabilmente. Lì vide un uomo chino su una siepe. Sembrava assorto nel suo lavoro, mentre i raggi del sole facevano luccicare qualcosa tra le sue mani. Cesoie da giardinaggio. Lo sconosciuto si alzò, mettendosi le mani sui fianchi. Per qualche motivo il cuore di Sylvia prese a battere all'impazzata.

Era forse vietato entrare?

Senza staccare lo sguardo dalla sagoma in piedi davanti a lei, avvertì di nuovo lo strano sfarfallio allo stomaco. L'uomo guardò in direzione del mare, come in attesa. Poi si voltò verso di lei. La luce del tramonto conferiva una sfumatura dorata al suo viso e ai suoi capelli.

Farei meglio a tornare indietro, pensò Sylvia. Si sentiva un'intrusa, non aveva alcun diritto di stare in quel posto tanto speciale. Ma ormai il giardiniere l'aveva vista e sollevò una mano in segno di saluto. Lei ricambiò, imbarazzata. Lui sorrise e le si avvicinò a passo svelto.

«*Bonjour, madame*» disse, raggiante.

«*Bonjour*» gli fece eco lei, avvertendo con sorpresa un'ondata di calore sulle guance. «Mi scusi se mi sono intrufolata. Non c'era nessuno all'ingresso.»

L'uomo scoppiò a ridere, mostrando una dentatura bianchissima. La pelle era scurita dal sole, mentre i suoi occhi erano dello stesso verde-azzurro del mare.

«Ha fatto bene» disse. «Solenn è andata in paese, sulla terraferma. Ed essendo domenica tutti gli altri collaboratori hanno il giorno libero.»

«Allora lei è il proprietario di questo meraviglioso giardino?» chiese Sylvia.

L'uomo scosse la testa, passandosi una mano tra i capelli. Il suo sguardo vagò sulla tenuta e Sylvia notò che la luce nei suoi occhi sembrava essersi spenta.

«No» rispose. «Ma ho costruito io tutto quello che vede.»

«È incredibile» commentò lei. «Non ho mai visto niente di così bello prima.»

L'uomo le rivolse un sorriso gentile. Proprio in quel momento il sole scomparve dietro le mura. Sembrava che qualcuno avesse spento la luce. Sylvia rabbrividì.

«Venga, torniamo indietro» la esortò lui. «Tra poco farà troppo freddo per restare fuori.»

Percorsero la strada in salita verso la casa in silenzio. Sylvia continuava a sentire il battito accelerato. *Cosa mi succede?* si chiese. Le sembrava così naturale camminare accanto a lui, come se lo avesse fatto per tutta la vita. Il suo corpo emanava un calore che la attraeva e al tempo stesso la faceva sentire al sicuro.

Basta, Sylvia, si richiamò all'ordine. *È uno sconosciuto. Un giardiniere!*

Ma il suo cuore sembrava pensarla diversamente. Continuava a pulsare con veemenza, come se volesse comunicarle qualcosa.

«Dovrei andare» disse lei quando raggiunsero il portone.

L'uomo la fissò con sguardo divertito. «Dove è diretta?»

«Devo trovarmi un posto dove pernottare» rispose, raccogliendo il coraggio di fissarlo dritto nei suoi occhi di quell'intenso verde-azzurro. «Forse può consigliarmi un albergo.»

«Qui sull'isola ci siamo solo noi» disse, sorridendo.

«Allora dovrò tornare sulla terraferma» osservò Sylvia.

«Non credo sia possibile.»

«Perché?»

L'uomo le fece cenno di seguirla e si avviò oltre la porta. Sylvia obbedì, e per poco non ebbe un mancamento. Dove prima c'era la strada non vide altro che onde. Come se la passerella non fosse mai esistita.

«Le conviene spostare la macchina più in alto, nel parcheggio» le consigliò il giardiniere con un ghigno. «Altrimenti stanotte si ritroverà con i cerchioni in ammollo.»

Sylvia lo fissò perplessa. «Non è possibile» le sfuggì. «E io dove dormo?»

«*Pas de problème*» la rassicurò lui. «Abbiamo delle stanze per i nostri clienti. Chi ce la fa ad arrivare fin qui di solito si ferma anche per la notte.»

Sylvia sospirò sollevata. Poi le venne in mente una cosa. «Ma sua moglie, Solenn. Come farà a tornare?»

L'uomo rise. «Solenn non è mia moglie» le spiegò, divertito. «Lei... Be', dirige il vivaio. E stasera è andata a trovare sua sorella. Tornerà domattina.»

Sylvia si sentì ridicola. Era ovvio che, a differenza sua, fossero abituati alle maree. Si vergognava di avergli chiesto di sua moglie. Gli lanciò un'occhiata imbarazzata, ma lui continuava a guardarla con aria benevola.

«Io mi chiamo Maël, comunque» le disse. «Benvenuta all'Isola delle Camelie! Posso invitarla a condividere la mia modesta cena?»

Mezz'ora dopo Sylvia sedeva nell'accogliente cucina della villa, e osservava Maël che estraeva una grossa casseruola dal frigo e la sistemava sui fornelli. Lavò due sgombri sotto l'acqua corrente, li tagliò in pezzi di tre centimetri e li gettò nella padella insieme a una manciata di cozze.

«Oh» esclamò Sylvia, annusando l'aria, «il profumo è delizioso!»

«Una semplice *godaille*» rispose Maël, servendole poco dopo la zuppa di pesce con patate, carote e porri. «Un tempo si preparava con quello che restava ai pescatori dopo la vendita al mercato. Riportavano il pesce invenduto a casa e le mogli lo usavano per arricchire delle zuppe di verdure: un abramide, un paio di aringhe, sgombri o frutti di mare. Le piace?»

«Molto!»

Il pasto fu completato da una baguette con un ottimo Pont-l'Évêque. Dopo due bicchieri di sidro Sylvia si sentiva già assonnata.

Aveva apprezzato che nel corso della cena Maël fosse passato a darle del tu. Si sentiva a suo agio in presenza di quell'uomo, e la consapevolezza che avrebbero dormito sotto lo stesso tetto le provocava una certa eccitazione, che la mise in imbarazzo. *Sei felicemente sposata, Sylvia*, ricordò a se stessa, senza che al suo cuore la cosa paresse interessare. Continuava a battere all'impazzata, mentre il formicolio allo stomaco aveva lasciato posto a una tenue pulsazione nel suo basso ventre. Era attratta da quell'uomo?

Decisamente sì. Sylvia era atterrita. Quel desiderio così ardente... Cosa le stava succedendo? Le loro mani si erano sfiorate per caso e aveva avvertito una piccola scossa elettrica, calda e piacevole. Maël le lanciò un'occhiata e Sylvia si sentì avvampare.

Se n'era accorto? Esisteva davvero il colpo di fulmine?

«Credo...» disse dopo un momento di silenzio «credo che farei meglio ad andare a letto.»

«Ti mostro la tua stanza» ribatté lui, con voce stranamente roca. Si alzò e prese la valigia che Sylvia aveva lasciato in corridoio.

«Da questa parte» la guidò. «Prima siamo passati dalla porta sul retro, qui c'è l'ingresso principale.»

Sylvia lo seguì in un'ampia entrata, osservando l'imponente portone, le scale in legno che conducevano al piano superiore e un camino in muratura incastonato nella parete in pietra. Davanti al camino erano sistemate alcune poltroncine.

«Quanti anni ha questa casa?» chiese.

«Risale al Diciottesimo secolo» rispose Maël. «Ma è stata completamente ristrutturata quando Lucie l'ha rilevata.»

A Sylvia mancò il respiro. Le orecchie le rimbombavano. Aveva sentito male?

Proprio in quel momento il suo sguardo si posò sul dipinto a olio appeso sopra il camino, e si irrigidì. Non c'erano dubbi. Il viso sorridente del quadro era quello di sua zia Lucie. Sembrava quasi che le stesse dicendo: *Finalmente sei arrivata, piccola mia!*

3

L'Isola delle Camelie

La mattina dopo Sylvia si svegliò felice. I contorni del sogno che aveva fatto stavano già svanendo come nebbia che si dirada allo spuntare del sole, ma ricordava il profumo dei fiori, la tenue luce sul suo viso e una giovane donna...

Quando aprì gli occhi, lo sguardo le cadde sulle tende di lino ornate di merletti e ricami bianchi, mosse dolcemente dal vento contro un cielo di un azzurro acceso. Dove si trovava?

Strinse le palpebre e dopo un attimo le tornò in mente tutto. Il viaggio. Il giardino. E Maël.

Scostò le coperte e si alzò. I suoi piedi nudi toccarono le lucide assi in legno color miele del pavimento. Erano calde, il sole che entrava da una delle finestre aveva steso un tappeto di luce dorata.

La stanza degli ospiti in cui Maël l'aveva sistemata la sera precedente era al primo piano dell'edificio. Era una camera spaziosa, affacciata a ovest e a sud. Nella nicchia tra le due finestre c'era una poltrona rivestita da un telo di lino a fantasie gialle e arancioni. I raggi del sole danzavano sul caminetto in muratura incassato nella parete di fronte alla porta del bagno.

A piccoli passi, Sylvia si avvicinò alla finestra aperta. Il tratto di mare che separava l'isola dalla terraferma luccicava. L'acqua si era ritirata e adesso il ponticello si ergeva un paio di metri sopra la superficie. Gli scogli scuri sulla riva risplendevano, e qua e là, tra i flutti, Sylvia notò il verde brillante delle alghe. La marea stava ricominciando a montare.

Si spostò all'altra finestra e, quando scostò la tenda, la vista le mozzò il fiato. Davanti ai suoi occhi il giardino delle camelie si estendeva fino a una striscia blu scuro all'orizzonte. Il mare. Gli arbusti e le siepi piantati con tanta passione, il sinuoso reticolo di stradine: tutto irradiava un'armonia tale da riempirle il cuore. Era stata zia Lucie a creare quel paradiso?

Scorse subito Maël. Era in cortile e parlava con una donna bionda che stava aprendo una porta con l'insegna RÉCEPTION. Lei annuì, poi infilò qualcosa sotto l'uscio per tenerlo aperto e trascinò verso l'ingresso un cartello su un sostegno di ferro battuto. Sylvia riuscì a decifrare la scritta: OUVERT. Più sotto, una freccia indicava la direzione per il negozio. Come se avesse avvertito la presenza di Sylvia, Maël alzò lo sguardo e le fece un cenno di saluto.

«Buongiorno» gridò. «Hai dormito bene?»

«Benissimo!» rispose lei, sentendo accelerare i battiti del suo cuore.

«Stamattina pensavo di fare un giro dell'isola» urlò ancora Maël. «Ti va di venire con me?»

«Oh sì» rispose Sylvia. «Mi vesto subito.»

«Non c'è fretta» rise Maël. «Ti aspetto in cucina.»

Sylvia si lavò rapidamente, poi si infilò i jeans e una camicetta azzurra aderente, si avvolse un foulard leggero intorno alla gola e prese la giacca a vento dall'appendiabiti.

Sulle scale sentì l'aroma del caffè. Il suo stomaco prese a brontolare, ma indugiò comunque qualche istante davanti al ritratto di Lucie, nell'ingresso. Alla luce del sole lo sguardo della zia le sembrava pensieroso. Inspirò a fondo ed entrò in cucina.

«Ne vuoi una tazza anche tu?» Maël si stava versando del caffè fumante.

«Volentieri, grazie.»

«Latte?»

Sylvia scosse la testa, allungando però la mano verso un barattolo di latta pieno di madeleine poggiato sul tavolo. «Posso?»

«Certo! Devi metterti in forze prima di salire in macchina.»

«Andiamo in macchina?» chiese lei, stupita.

«Per forza!» Maël scoppiò a ridere di nuovo. «A piedi non torneremmo mai in tempo per pranzo.»

Sylvia avrebbe voluto telefonare a Holger quella mattina. In fondo ancora non gli aveva detto dov'era. Ma ogni pensiero su suo marito sembrò svanire insieme all'ultimo sorso di caffè. Invece seguì Maël sul retro della casa fino a un vecchio furgone Peugeot con la vernice corrosa dalla salsedine. Quando provò ad aprire la portiera non ci riuscì.

«Aspetta!» Maël si avvicinò e gliela aprì. «A volte si blocca.»

Si mise al volante e partirono. La sera prima Sylvia non aveva notato che l'isola era molto più estesa dell'area occupata dalla casa e dal giardino.

«Ti faccio vedere il vivaio» le spiegò Maël «dove coltiviamo le siepi e le piante da mettere in vendita.»

«E le camelie intorno alla casa?» chiese Sylvia, stupita.

«Il giardino è il nostro spazio espositivo» rispose lui, con un sorriso. «Quelle non basterebbero a coprire la domanda.» Sylvia tese le orecchie. Holger non le aveva forse detto che Lucie era praticamente in bancarotta?

Prima che avesse tempo di chiedergli altro, lui le indicò un punto davanti a loro. «Guarda, da qui si gode una vista spettacolare.»

Avevano raggiunto una piccola altura. Maël spense il motore, scese e corse dal lato del passeggero per aprirle la portiera. Appena fuori, una forte brezza marina le scompigliò i capelli. Sylvia scoppiò a ridere e, approfittando del riparo offerto dal furgone, li legò con il foulard. Poi si guardò intorno e rimase senza parole.

L'isola era a forma di stella marina, o di fiore. Il punto in cui si trovavano corrispondeva a quello che in un fiore sarebbe stato il pistillo, e il panorama che offriva era a dir poco spettacolare. Tre ripidi spuntoni rocciosi si ergevano sul mare, quello al centro dava sull'Atlantico, mentre gli altri due si affacciavano verso sud e verso nord. Due di essi formavano un'insenatura dove Sylvia intravide un paio di barche. Un porto naturale.

«Un tempo» le raccontò Maël, «l'isola era collegata alla terraferma da una sottile striscia di terra, però il mare l'ha erosa. Rinforziamo la passerella tutti gli anni, di solito in primavera. Pierrick è il nostro esperto: lui conosce le correnti meglio di chiunque altro ed è in grado di prevedere da quale versante potrebbero arrivare i danni maggiori.»

Poi Maël attirò l'attenzione di Sylvia sull'ampio avvallamento che si apriva ai loro piedi. Lì, protetto dai venti che soffiavano da nord e da ovest, si estendeva il vivaio: migliaia di macchie verde scuro tra le rocce grigie.

«Qui il clima è ideale» spiegò il giardiniere. «Questa rientranza sembra fatta apposta per proteggere le piante dal vento, mentre le rocce trattengono il calore. Il terreno possiede la combinazione di minerali più adatta per le camelie. In inverno fa freddo, ma grazie alle correnti marine e all'aria carica di salsedine la temperatura non scende mai sottozero. E anche le precipitazioni sono perfette.»

«Di quanti metri quadrati parliamo?»

«Sedici ettari» rispose Maël, lanciandole uno sguardo meravigliato.

«Un sacco di lavoro» commentò Sylvia. «Tu e Solenn non potete farcela da soli.»

«No, infatti. Abbiamo dei collaboratori.» Si fece ombra con la mano, scrutando in basso. «Se non sbaglio, Coco e Manuel sono già qui.» Adesso anche Sylvia vedeva due minuscole figure muoversi tra le piante. «Vieni» gridò Maël, andando verso il furgone. «Torniamo giù.»

«Avete preso il terreno in affitto?» gli domandò.

«No» rispose Maël, «l'isola è sempre stata una proprietà privata. Prima ci abitava una famiglia di pescatori, adesso appartiene interamente al vivaio.»

Sylvia tacque, impressionata. D'un tratto realizzò che l'isola era sua. Almeno per il momento. Doveva chiedere a Holger che intenzioni avesse il compratore, assicurarsi che non volesse smantellare il vivaio.

«Quale camelia avevi in mente?» chiese Maël, schivando con una certa abilità le buche di cui era disseminata la strada. Sulle prime Sylvia non capì di cosa stesse parlando. Ma certo, pensava che fosse una cliente. Forse era meglio così. «Un arbusto o una siepe?» la incalzò lui. «Hai già delle camelie in giardino? Non sei mai stata da noi, giusto? Mi ricorderei di te.»

Sylvia gli lanciò una rapida occhiata e notò che era arrossito. O era solo una sua impressione?

«Ho una terrazza sul tetto di casa mia» rispose, «e per ora niente camelie. Sono arrivata qui... più o meno per caso. Temevo di essermi persa.»

Maël scoppiò a ridere. «Allora sei una turista!» Era un'affermazione più che una domanda.

Doveva dirgli la verità? Non le sembrava il momento. E poi

non era lui il proprietario. Era Solenn la direttrice dell'attività, e per Sylvia era ancora una perfetta sconosciuta. Ciononostante si sentì una traditrice quando alla fine rispose: «In un certo senso, sì. Mi sono presa un paio di settimane di vacanza e...». Non sapeva bene come terminare la frase senza raccontargli frottole.

«Capisco» la interruppe Maël, venendole inconsciamente in aiuto. «Sono felice che la tua strada ti abbia portata da noi. La maggior parte delle persone che viene qui è interessata solo alle camelie. I clienti restano con noi un paio di giorni per visitare il vivaio. A volte ritornano per comprare qualcosa, altre volte no. Da noi sono tutti i benvenuti. Basta che non si presentino con i bulldozer.»

«Cosa intendi?» chiese Sylvia, sorpresa.

«Ah, niente» si limitò a replicare lui, come se si fosse pentito delle sue parole. «Dimentica quello che ho detto. Ecco, siamo arrivati.»

Scesero dal furgone ed entrarono nel vivaio. Sulla sinistra si ergeva un edificio di un solo piano costruito con la stessa pietra di cui sembrava fatta l'intera isola. Da lontano era perfettamente mimetizzato nel paesaggio.

«*Bonjour, Coco*» disse Maël, dando una pacca sulla spalla a una ragazza, che per via dei corti capelli color carota poteva essere facilmente scambiata per un maschio. «*Ça va?*»

«*Ça va*» rispose lei, puntando sulla nuova arrivata due occhi verdi indagatori.

«Lei è Sylvia, è in visita. Come va con le nuove talee? Manuel le ha già piantate?»

«Sì, stamattina» rispose Coco. «Abbiamo usato il substrato che hai miscelato tu.»

Sul davanti dell'edificio c'era una specie di ufficio. Dalle finestre si intravedevano lo schermo di un vecchio computer e un paio di scaffali con dei raccoglitori. *Non bisogna per forza usare gli ultimi ritrovati della tecnologia, anche i vecchi sistemi possono funzionare bene*, pensò Sylvia. Eppure, nella sua mente già vedeva un centro visitatori all'avanguardia. Forse esistevano dei programmi ad hoc anche per la coltivazione. Quelli sugli scaffali erano davvero schedari? Erano passati secoli dall'ultima volta che ne aveva visto uno.

«Quello è il mio ufficio» sentì dire Maël alle sue spalle, in tono imbarazzato. «Niente di interessante, comunque. Ti piacerebbe vedere come facciamo riprodurre le camelie?»

«Ma certo!» si affrettò a rispondere Sylvia.

Nell'avvallamento l'aria era calma e tiepida. Sylvia si sfilò la giacca e se la legò sui fianchi. Dietro l'ufficio sorgevano delle serre e, lì accanto, svariati tavoli per la germinazione protetti da una tettoia, sui quali erano allineati migliaia di vasi.

«Quello che vedi qui» le spiegò Maël «è la riproduzione per talea. Tagliamo dalle piante adulte specifici frammenti di rami e li piantiamo in un terriccio particolare sperando che mettano radici.»

«E lo fanno?»

«Di solito sì. Ad ogni modo i bisogni delle talee variano da specie a specie. Nel caso di quelle rare o nuove spesso dobbiamo sperimentare a lungo prima di ottenere risultati soddisfacenti.»

Sylvia osservò i tavoli ingombri di file ordinate di minuscole piantine. Da ognuna spuntavano tre o quattro foglie verde scuro, che a uno sguardo più attento differivano per forma e dimensione, a seconda della varietà. Ma avevano tutte uno straordinario luccichio, come se fossero ricoperte di uno strato di cera.

«E che fiori daranno queste?» chiese, indicando un vaso sul tavolo davanti a lei.

«Queste sono talee *Masayoshi*» rispose Maël, «danno petali cangianti rosa con motivi bianchi. È una varietà molto apprezzata dagli innamorati.»

La accompagnò qualche tavolo più avanti, dove le mostrò delle talee con il contrassegno MARINTO.

«Non tutte le camelie profumano» continuò. «Questa è una varietà molto rara della famiglia *Sasanqua*, con fiori rosso salmone. Ne abbiamo soltanto una siepe in giardino e questo è il mio primo tentativo di moltiplicazione. Incrocia le dita per me!»

«Esistono altri metodi di riproduzione?» chiese Sylvia. «Si possono usare anche i semi delle piante, giusto?»

«Certo, ma dal punto di vista di un giardiniere è un metodo dispendioso e poco sicuro.»

«Come mai?»

«A seconda delle varietà, una camelia può impiegare fino a sei anni per produrre dei semi da piantare. E in un giardino misto come il nostro, e come quelli della maggior parte dei coltivatori di camelie, è difficile stabilire quale pianta abbia fecondato il fiore. Così nascono un'infinità di nuove varietà, con foglie di dimensioni differenti e diverse caratteristiche del fiore. Soltanto in rari casi una pianta ottenuta con questo metodo è identica alla madre.» Maël le fece strada fino a un campo vicino. «Guarda, qui ci sono le pianticelle nate dalla moltiplicazione per seme. Hanno quattro anni e ancora non hanno dato fiori, ma non vedo l'ora di scoprire quali sorprese mi riserveranno.»

Ai piedi di ognuno degli arbusti, alti circa mezzo metro, Sylvia notò un cartello pieno di abbreviazioni.

«Ci vuole molta pazienza, immagino.»

«Ancora un paio d'anni.» Maël sorrise. «Sulle targhette annotiamo il nome della pianta madre, l'età alla raccolta dei semi, il luogo e l'anno in cui è sbocciata. In ufficio ho uno schedario per ognuna di queste piante sul quale scrivo tutto quello che più tardi potrebbe essere utile ricordare. Mentre le talee sono cloni perfetti della pianta madre, qui speriamo di ottenere varietà rare oppure uniche al mondo. Ognuna di queste potrebbe rivelarsi una meraviglia per cui i nostri clienti perderebbero la testa.»

«Da dove vengono i vostri clienti?» chiese Sylvia, interessata.

«Un po' da tutto il mondo. Dall'Europa, dagli Stati Uniti. Persino dall'Asia, cosa di cui andiamo molto fieri visto che quella è la patria delle camelie. Ultimamente anche le mogli dei ricchi sceicchi arabi sembrano essere molto interessate. Più rara è la varietà più se ne innamorano. Vorrebbero tutte avere una pianta unica al mondo. Un desiderio non facile da esaudire.»

«E tra queste piante potrebbe esserci un esemplare unico?» chiese Sylvia.

Il pensiero la affascinava. Le sembrava impossibile. Il suo fiuto per gli affari si era improvvisamente risvegliato: quella poteva essere un'autentica miniera d'oro.

«Sì, ma non riusciamo a piantarle tutti i giorni» rispose Maël, con modestia. «Solo di tanto in tanto. Però non lascio tutto al caso. Vieni, ti mostro un'ultima cosa.»

Precedendola, si avviò a passo svelto verso una serra ben nascosta tra le rocce. Attraversarono un campo, dove Coco stava puntellando con delle canne di bambù alcuni giovani cespugli. Sylvia intercettò il suo sguardo diffidente e anche dopo essere passata oltre le sembrava di sentirlo bruciare sulla nuca. Maël portava lì tutti i visitatori o per lei aveva fatto un'eccezione? Avvertì di nuovo le farfalle nello stomaco.

«Eccoci» disse Maël, dopo essersi chiuso con attenzione la porta alle spalle. «Sto facendo degli esperimenti con l'impollinazione mirata. Ovviamente non sono l'unico a provarci» aggiunse, notando l'espressione ammirata di Sylvia, «ma guarda cosa sono riuscito a creare.»

Condusse Sylvia fino a una pianta che le arrivava all'altezza della coscia. Con occhi luccicanti le indicò il solo fiore sbocciato tra il fogliame scuro. I petali esterni color crema tendevano al verde, mentre all'interno, intorno agli stami quasi neri, si apriva un cuore rosso carminio.

«È stupendo» disse Sylvia.

«A quanto ne so» le sussurrò Maël all'orecchio mentre erano entrambi chini sulla pianta, «questo esemplare è una novità assoluta. Ho inviato delle foto a tutti i coltivatori e collezionisti che conosco, dal Sud America al Giappone. Nessuno ha mai visto niente di simile.»

Rimasero in silenzio per qualche istante, assorti nella contemplazione del fiore. Era di una purezza e perfezione tali da mozzare il fiato. Più Sylvia lo osservava, più dettagli le saltavano all'occhio. Le sottili venature violette che percorrevano le estremità dei petali, così delicate da essere impossibili da notare a prima vista. Il verde pallido dei filamenti degli stami, identico a quello dei petali esterni. Sylvia sarebbe rimasta a guardarlo per ore.

«I vostri clienti impazziranno per questa pianta» sentenziò alla fine, con voce carica di ammirazione.

«Stiamo cercando di contrattare un buon prezzo» ribatté Maël. «Ma a essere onesto preferirei non venderla affatto.»

Di colpo si incupì. Distolse lo sguardo dalla sua creatura, per la cui fioritura, se i calcoli di Sylvia erano giusti, aveva aspettato dieci anni, se non di più, e senza dirle un'altra parola uscì dalla serra. Si avvicinò a Manuel, che gli stava andando incontro con una carriola piena di terra, scambiò un paio di parole con lui, poi si avviò al furgone. Sylvia lo seguì, confusa.

«Che succede?» gli chiese. «Ho detto qualcosa di sbagliato?»

Maël scosse la testa e si passò una mano sugli occhi, poi le rivolse uno sguardo afflitto. «Mi dispiace, Sylvia. Perdonami, sono stato scortese. È solo che... stiamo avendo dei problemi. Ma ovviamente tu non c'entri. Vieni, torniamo alla villa. Non avercela con me, ti prego.»

Allora Holger aveva ragione. Il vivaio era in difficoltà. Mentre salivano sul vecchio Peugeot e Maël metteva in moto, Sylvia si chiese come fosse possibile. Da quel che aveva visto nel corso della mattinata, l'attività era una potenziale miniera d'oro. Avrebbe tanto voluto dare un'occhiata ai libri contabili, al bilancio degli anni passati. Se solo avesse saputo a quanto ammontavano i debiti contratti da sua zia, sarebbe di certo riuscita a trovare un modo di rimettere in sesto il vivaio. Doveva parlare il prima possibile con Solenn e dirle chi era. Era ora di smetterla di fingersi una turista capitata per caso nella punta più occidentale della Bretagna. E doveva confessare la verità anche a Maël, prima che fosse troppo tardi.

«Maël» esordì, prendendo fiato, «devo dirti una cosa...» Le parole le si fermarono in gola. Non sapeva come continuare. Lui frenò e si voltò a guardarla.

«Non dire niente» sussurrò. I suoi occhi non erano mai stati tanto verdi come nell'istante in cui si chinò per posare le labbra su quelle di lei. E sebbene la sua parte razionale le urlasse che stava commettendo un'enorme sciocchezza, che era una donna sposata e che quell'uomo non sapeva nemmeno chi lei fosse in realtà, sebbene vedesse con estrema chiarezza che quel gesto avrebbe innescato una serie di complicazioni che mai e poi mai si sarebbe sognata di affrontare in vita sua, Sylvia gli gettò le braccia al collo e si abbandonò a un bacio che non era un semplice incontro di labbra, ma una devastante scossa di terremoto in tutto il suo corpo. Un bacio che era una promessa e, al tempo stesso, una completa follia. Non avrebbe saputo dire per quanto fossero rimasti stretti l'uno all'altra. Era come se le lancette dell'orologio si fossero fermate. Quando infine si staccarono, Maël sembrava felice come un bambino. «Volevo farlo già ieri» le bisbigliò all'orecchio. «Da quando ti ho vista nel giardino, tutta sola e con l'aria spaesata. È stato un buon vento a portarti qui, Sylvie...»

Lei non rispose. Il rumore del furgone che si rimetteva in moto la riportò alla realtà. Cosa poteva fare adesso? Quando raggiunsero il giardino delle camelie e oltrepassarono il portone, Sylvia realizzò di non essersi mai sentita tanto frastornata in vita sua.

Nel cortile c'era una donna bassa, tarchiata, con il viso bruciato dal sole e corti capelli scuri. Aveva le mani affondate nelle tasche di un lungo cardigan di lana blu e stava parlando con una cliente, mentre il marito di lei si affannava a sgomberare il bagagliaio della loro auto per fare spazio a una camelia ben imballata. Dopo averli aiutati a caricare la pianta senza danneggiarla, la donna trafisse Maël e Sylvia con un'occhiata penetrante, come se sapesse esattamente quello che era appena successo.

Seguì i clienti con lo sguardo finché non ebbero varcato il portone di ingresso, poi si voltò verso di loro.

«Sylvia» disse Maël, «posso presentarti Solenn? Solenn, Sylvia è arrivata ieri. È nostra ospite.»

La direttrice del vivaio si avvicinò e la fissò così intensamente da metterla in imbarazzo. Non le succedeva spesso. Aveva quasi la sensazione che quella sconosciuta riuscisse a leggerle nel pensiero.

«*Bienvenue*» concesse alla fine, in tono né amichevole né

scortese. Forse si comportava così con tutti i clienti. «Il pranzo sarà servito tra un quarto d'ora.» Poi si girò ed entrò in casa.

A pranzo Sylvia conobbe Gwen, la ragazza intravista quella mattina alla reception. Scherzava in dialetto bretone con Pierrick, un uomo abbastanza in là con gli anni che assomigliava al ramo nodoso di un arbusto di camelie. Maël glielo presentò come giardiniere, portiere e tuttofare.

«Quando c'è un'aiuola da piantare» le disse con un'espressione allegra che riempiva il suo viso di una miriade di piccole rughe, «viene giù una pietra dal muro, una porta cigola o il furgone non vuole saperne di partire, chiamiamo sempre Pierrick.» Sylvia a tratti faceva fatica a seguirlo per via del suo forte accento.

Era seduta davanti alla sua profumata *galette* di grano saraceno, che Solenn aveva servito con prosciutto e uova fritte, ascoltando la conversazione e cercando di evitare lo sguardo di Maël.

«Non ti piace?» chiese Solenn di colpo, in tedesco.

«No, al contrario» si affrettò a rispondere Sylvia, prendendone una forchettata. Si sentiva a disagio con gli occhi scuri della bretone fissi su di lei.

«Come mai parla la mia lingua?» chiese.

«È pressoché inevitabile» rispose Solenn, sorridendo per la prima volta in presenza di Sylvia, «se si condivide la vita con una tedesca.» Il viso della donna si era illuminato. *Se si condivide la vita con una tedesca? In che senso?* Solenn continuava a fissarla intensamente, ma il suo sorriso sembrava velato di tristezza. «La mia compagna purtroppo è morta nove mesi fa» disse. Poi si alzò e andò a prendere un tagliere con i formaggi.

Era questo allora, pensò Sylvia, tagliando per sé un pezzetto di camembert prima di far girare il tagliere. Ecco perché sua zia

Lucie era stata allontanata dalla famiglia: era innamorata di una donna.

Ma si era sposata!

Sylvia ripensò alla foto del matrimonio nel suo album. A un certo punto sua zia doveva aver lasciato il marito. Se l'era data a gambe ed era partita alla volta della Bretagna, dove evidentemente aveva incontrato Solenn. Era abbastanza per scatenare l'ira di suo padre.

Sylvia notò che gli altri scartavano la crosta del camembert, spalmando soltanto l'interno, più morbido e saporito, su un pezzetto di pane. Li imitò, dedicando la massima attenzione a quell'attività in modo da poter tenere la testa bassa e pensare in pace. La sua meravigliosa zia era innamorata di una donna, della donna seduta davanti a lei e di cui era ospite. Lucie era stata abbastanza coraggiosa da fuggire dal suo matrimonio e costruirsi una nuova vita in un posto lontano da tutto e protetto dal mare. E, a quanto sembrava, aveva trovato la felicità. D'un tratto Sylvia sentì una profonda tenerezza nei confronti di sua zia, mista ad ammirazione e orgoglio. Doveva essere stata una donna incredibilmente forte.

«Ti andrebbe una fetta di torta?»

Soltanto in quel momento si accorse che Solenn le aveva dato del tu fin dall'inizio. Forse lo faceva sempre con le persone più giovani, oppure era un'usanza del posto.

«No, grazie» rispose. «Sono già strapiena!» Poi rimase in silenzio, a lungo. Aveva ben altro da digerire oltre alla *galette* e al formaggio.

Dopo pranzo si scusò e corse nella sua stanza. Rimase seduta sul letto per mezz'ora, fissando il pavimento come se non ci fosse nulla di più interessante al mondo delle venature sulle assi di legno. Le sembrava di poter sentire ancora le labbra di

Maël sulle sue. Il che non la aiutava affatto a schiarirsi le idee. Era nella casa della sua defunta zia, di cui era diventata erede. Aveva appena conosciuto la sua compagna. E una valanga di domande le affollava la mente. Perché Lucie non aveva lasciato il vivaio a Solenn? Sarebbe stata la scelta più ovvia. Avevano costruito quel posto insieme, lì avevano vissuto e lavorato insieme. Perché non aveva fatto testamento? Era morta all'improvviso?

D'un tratto realizzò di non sapere nulla di sua zia, di non conoscerla affatto, e si vergognò di non aver mai risposto alle sue lettere. *Che peccato*, pensava, con il rimpianto per le occasioni perse che le appesantiva il cuore.

Si alzò e iniziò a camminare avanti e indietro nella stanza. Era troppo tardi per sistemare le cose con sua zia, ma non per occuparsi della sua eredità. Era contenta di aver deciso di fare quel viaggio.

Persa nei suoi pensieri si avvicinò alla finestra e guardò fuori. Capì subito che in realtà stava cercando una persona in particolare. Maël.

Spaventata, arretrò di qualche passo. Si stava davvero innamorando di quel perfetto sconosciuto? Incredibile, aveva perso del tutto la ragione?

Tirò fuori dalla borsa il cellulare e lo accese. Doveva parlare immediatamente con Holger. Voleva sapere chi era il compratore e quali erano le sue intenzioni. E poi aveva assoluto bisogno di sentire la voce razionale di suo marito: era certa che sarebbe bastato a farla rinsavire e a dissolvere tutta la confusione che aveva in testa. Ma quando alla fine lo schermo del cellulare si illuminò, constatò che in casa non c'era linea.

Cercò altre reti disponibili. Niente. Com'era possibile? Erano secoli che non le capitava di trovarsi in un posto dove il telefono non prendesse affatto e si sentì sopraffare dalla spiacevole sensazione di essere tagliata fuori dal mondo.

Balzò in piedi, corse alla finestra per controllare lo stato della marea e si morse le labbra. L'acqua aveva raggiunto la strada, le prime onde iniziavano a sfiorare l'asfalto. Non era pensabile tornare sulla terraferma, per il momento.

Con un sospiro si lasciò cadere sulla sedia. Era bloccata lì. Per quanto tempo? Non ne aveva idea. Era una donna di città e non capiva niente di flussi e riflussi. Per un istante si sentì in preda al panico. Si alzò di nuovo, scese al piano di sotto, superò il ritratto di Lucie e andò in cucina, ma non c'era nessuno, poi uscì in cortile, anche quello deserto, e infine si diresse alla reception, dove Gwen sollevò la testa dal suo lavoro per fissarla sconcertata.

«I cellulari non funzionano in questo posto?» le chiese, ansimando.

La ragazza scosse la testa, rammaricata. «No, mi spiace» rispose. «Molti clienti se ne lamentano, in effetti. Sulla terraferma non c'è problema, ma qui...»

«Pensa» la interruppe Sylvia «che potrei usare il vostro telefono?»

«*Mais bien sûr*. E dammi pure del tu. Qui in Bretagna siamo poco formali. Vieni, siediti al posto di Solenn.» Indicò la scrivania di fronte alla sua. «Devi fare lo zero prima di comporre il numero» le spiegò, allungandole un vecchio apparecchio color verde muschio, uno di quelli con la cornetta collegata alla base tramite un cavo a spirale.

Sylvia sollevò il ricevitore e lo fissò. Non era abituata a parlare al telefono in presenza di estranei. Gwen capiva il tedesco? Alla fine si decise a comporre il numero di cellulare di Holger. Per un po' sentì soltanto un fruscio, poi la registrazione che annunciava che la persona chiamata non era raggiungibile. Suo marito aveva di nuovo disattivato la segreteria.

Sylvia provò con il numero fisso del loro appartamento di Monaco, soltanto per sentire la sua stessa voce che invitava a lasciare un messaggio perché in casa non c'era nessuno. Non sapeva cosa dire, quindi riattaccò. Rimase seduta per qualche istante a fissare Gwen che digitava qualcosa sulla tastiera di un computer antidiluviano.

«C'è almeno internet?» le chiese. Ormai niente le sembrava impossibile. Forse i clienti comunicavano con il Jardin aux Camélias per posta. Ma no... una connessione internet doveva esserci!

«Sì» confermò Gwen, «non è stato facile, ma Madame Lucie alla fine l'ha spuntata. Purtroppo è lentissima.» Sorrise e scrollò le spalle. «Ma in fondo siamo su un'isola, no? E anche se ci vuole un po' per inviare una mail, resta comunque più veloce della posta.»

Sylvia si costrinse a sorridere. Immaginò sua zia seduta lì a battagliare con la compagnia telefonica per ottenere una connessione internet sull'isola.

Quell'anno avrebbe compiuto cinquantasei anni. Non era vecchia! Com'era morta?

Non so niente di lei, ammise a se stessa Sylvia, frustrata. Niente di niente. Stava giusto per alzarsi, quando le venne in mente Veronika. «Tienimi aggiornata» le aveva detto. Quanto tempo fa? Due giorni? Le sembrava fossero passati anni. Compose il suo numero.

«Ehi, come va in Bretagna?»

Era bello sentire la voce della sua amica.

«È... Come dire? Mozzafiato.»

«Dillo di nuovo.»

«Perché?»

Veronika ridacchiò. «Perché non ho ben capito se stai parlando di un uomo o del paesaggio.»

Sylvia deglutì. Forse era stato un errore chiamarla: Veronika la conosceva troppo bene.

«Che succede, Sylvia?» Aveva un tono serio. «Devo preoccuparmi?»

«No, Vero» si sentì rispondere, senza suonare molto convincente.

«Okay, adesso sono davvero preoccupata. Dove ti trovi esattamente?»

«Su un'isola, tagliata fuori dal resto del mondo.»

«Sì, be', è tipico delle isole, no?» Per un attimo rimasero in silenzio. «E come si chiama quest'isola?»

«Il nome è impronunciabile e non è indicata su nessuna cartina.»

Veronika rimase sorpresa, poi scoppiò a ridere. «Ma è impossibile, non esistono più posti simili. Almeno non in Europa. Vuoi tenermelo segreto, eh? E com'è il vivaio?»

Sylvia sorrise. Cosa poteva raccontarle? Che la proprietà di zia Lucie era il luogo più bello in cui avesse mai messo piede? Che c'erano camelie uniche al mondo? Che aveva conosciuto l'uomo più sexy del pianeta?

«Lo adoreresti» rispose Sylvia. «Ti piacciono le camelie?»

«Camelie?» ribatté Veronika meravigliata. «Coltivano camelie?»

«Diecimila, all'incirca.»

«Davvero?»

In quel momento Sylvia scorse Maël in cortile. Si guardava intorno come se stesse cercando qualcuno, e nel suo cuore partì un rullo di tamburi.

«Senti, Veronika, ti richiamo, d'accordo?» provò a tagliare corto.

«Aspetta un attimo» protestò la sua amica. «Non così in fretta. Quindi sei su un'isola circondata dalle camelie e sembri distratta. Sei sicura di stare bene?»

«Sì» rispose Sylvia abbattuta, guardando Maël salire sul furgone e mettere in moto, «sto bene.»

«A sentirti non si direbbe.»

«Sono confusa, Vero.»

La sentì distintamente trattenere il fiato, nonostante i chilometri di distanza.

«Sei confusa?» domandò, allarmata. «Non lo sei mai stata da quando ti conosco. Non ti capita e basta. Cos'è successo?»

«Non lo so ancora. È solo che... è tutto così diverso da come me l'ero immaginato.»

Per un attimo rimasero entrambe in silenzio.

«Vuoi che venga lì?» chiese alla fine Veronika. «Se vuoi posso essere da te domani.»

«No, non devi. Mi riprenderò, non preoccuparti.»

«Sei sicura?»

«Al cento per cento!»

Sylvia quasi si pentì di aver telefonato alla sua amica. Si sentiva una stupida.

«Bene» le sentì dire. «Ma... Sylvia, se hai bisogno di me, io ci sono, hai capito? E ti seguirei su qualsiasi isola dal nome impronunciabile e non indicata sulle cartine. Mi hai sentita?»

Sylvia annuì, commossa. «Grazie, Vero.»

«Basta una telefonata.»

«Va bene, ci sentiamo presto.»

«Mi raccomando» la congedò Veronika. «E goditi qualunque cosa tu stia facendo! In fondo sei in vacanza.»

Quando uscì dall'ufficio, Sylvia si sentiva meglio. Veronika aveva ragione. Perché le importava tanto della rete del cellulare e della connessione internet? Si era presa del tempo libero, qualunque cosa volesse dire.

Si scoprì a ridere di se stessa.

D'istinto si avviò verso i sentieri di ghiaia che attraversavano il giardino intorno alla villa, alla ricerca di un posto riparato dal vento lungo le mura. Trovò una panchina di pietra alle spalle di un albero particolarmente rigoglioso e si sedette, inspirando a fondo. Da quel punto si godeva di una vista spettacolare sul parco e sul mare. Un tappeto di muschio in una miriade di toni di verde ricopriva il lastricato ai suoi piedi, mentre le felci si erano fatte largo attraverso le fessure nelle mura di pietra. Uccelli marini di cui Sylvia ignorava il nome sfrecciavano nel cielo azzurro, lanciando acute strida. Davanti alla panchina cresceva un'aiuola con cespugli di media altezza, carichi di semplici fiori rosso sangue con gli stami gialli. Rispetto all'elegante fiore ammirato quella mattina, questi sembravano quasi banali, eppure Sylvia trovava che emanassero un'inspiegabile magia.

In vita sua non era mai stata in un posto altrettanto carico di contraddizioni. Le violente raffiche di vento e la mite luce del sole, le onde selvagge e il delicato splendore dei fiori, i gridi dei gabbiani e il sommesso ronzio delle api che volavano di fiore in fiore, succhiandone il nettare e trasportando il polline da uno stame all'altro, contribuivano alla nascita di altre splendide camelie: giardiniere, coltivatrici e impollinatrici secondo un ordine sconosciuto, stabilito dalla natura per dare vita a sempre nuove forme di bellezza e armonia.

Sylvia sentì dentro di sé una pace assoluta, una sensazione che non aveva mai provato prima. Chiuse gli occhi, abbandonandosi ai gridi dei gabbiani e al mugghiare del mare che, in sottofondo, sembrava dare ritmo a tutto il resto, come il battito di un cuore, e capì cosa aveva spinto sua zia a restare in un posto simile, a vivere, ad amare e a morire lì. All'improvviso anche lei desiderò di non doverlo lasciare mai più.

4

L'investitore

Quando Sylvia entrò nella sua stanza si accorse subito che c'era qualcosa di diverso. Accanto alla sedia era stato sistemato un tavolino con sopra una camelia bianca e un vecchio telefono di bachelite. All'apparecchio era stato appoggiato un biglietto: *Per non farti sentire tagliata fuori dal mondo, Solenn.*

Sylvia sorrise. Era stato molto gentile da parte sua. Si tolse la giacca, infilò un pullover e si strofinò le dita ghiacciate. Appena calava il sole, il giardino diventava gelido.

Sentì bussare dolcemente e il suo cuore smise di battere per un istante. Aprendo la porta, però, non si ritrovò davanti Maël come si aspettava, ma Pierrick, con un grosso cesto colmo di ciocchi di legna.

«Solenn ha pensato che potesse farti piacere accendere il camino» disse. «Fa piuttosto freddo di sera, non trovi?»

«Decisamente.»

Sylvia sorrise e lasciò entrare l'anziano tuttofare. Contemplò affascinata il bretone mentre accendeva il fuoco con poche mosse rapide ed esperte.

«Bene» commentò, soddisfatto. «Tra poco l'ambiente dovrebbe riscaldarsi. Ti lascio la legna, così puoi aggiungerne quando serve.»

«Grazie» disse Sylvia.

«*Il n'y a pas de quoi*» rispose lui, rivolgendole un sorriso affettuoso. «Di solito ceniamo alle sette» aggiunse, prima di scendere al piano di sotto.

Sylvia si sedette davanti al camino e rimase a fissare le fiamme crepitanti. Il fuoco gettava una luce calda e tremolante nella stanza. Fuori, il crepuscolo calava sull'isola simile a uno scialle di seta blu. Il fiore bianco sul tavolino sembrava brillare di luce propria, come se avesse assorbito parte della luce del sole e adesso la stesse restituendo.

Le sembrava tutto surreale. Pensò al suo appartamento a Monaco e alla sua vita frenetica, alla Sylvia von Gaden sempre di corsa tra un appuntamento e l'altro, e le parve una sconosciuta, il personaggio di un film o di una rivista patinata. Eppure era la sua vita. Non era ciò che aveva sempre sognato, per cui aveva lottato?

Doveva chiamare Holger, parlare con lui. Aveva un telefono in camera adesso: perché esitava? Temeva forse di rompere quella magia? Di mescolare due mondi, quello dell'isola, dove agiva irrazionalmente e si lasciava baciare come un'adolescente, e la sua vita normale, nella quale era una moglie fedele e una fredda donna d'affari?

Scosse la testa. Cosa le stava succedendo? Doveva affrontare Maël il prima possibile e mettere fine a quella follia. Doveva rivelare a lui e Solenn la sua identità e chiarire la questione dell'eredità. Era ora di mettere ordine nel caos di sentimenti, quindi si diede una scrollata, sollevò la cornetta e compose di nuovo il numero di Holger.

«Sì?» latrò suo marito nel ricevitore dopo pochi squilli. «Che cosa c'è?»

«Sono io» rispose Sylvia, sorpresa. Holger non era mai così scostante.

«Io *chi*?»

Aveva sbagliato numero?

«Parlo con Holger von Gaden?»

«Sì, certo. Mio Dio, Sylvia, sei tu?»

«Sì» rispose lei, confusa. Cosa gli succedeva?

«Perché chiami da un numero francese? Dove sei?»

Sylvia prese fiato. Si ricordò di quanto fosse difficile avere una conversazione distesa con suo marito quando era arrabbiato. E in quel momento, qualunque fosse il motivo, sembrava furioso.

«Per favore, lasciami prima parlare» esordì in tono calmo. «Sto cercando di contattarti da un po' per dirtelo, sono in Bretagna. A casa di mia zia. E dobbiamo discutere con urgenza di un paio di cose.»

Di colpo calò il silenzio. Sylvia stava per sincerarsi che il collegamento non fosse stato interrotto, quando sentì di nuovo la voce di Holger: «Dove sei? Credo di non aver capito bene».

«Sono sull'Isola delle Camelie. La tenuta che ho ereditato da mia zia.» Di nuovo quell'insolito silenzio. «Holger» riprese, «volevo chiederti... Chi è il compratore interessato? E cosa vuole farne del vivaio?»

«Cosa vuole farne? E come faccio a saperlo? E soprattutto, perché ti interessa? Sylvia, è disposto a pagare quindici milioni per quel posto, non posso certo chiedergli i dettagli. Alla fine è una sua scelta, non credi?»

Sylvia posò lo sguardo sulla camelia accanto al telefono. Quindici milioni. Cosa avrebbe fatto con tutti quei soldi? Potevano compensare la luce del sole che danzava sulle onde? Lo splendore dei fiori, tutti diversi l'uno dall'altro? La pace provata soltanto poche ore prima su quella panchina? E tutto ciò che non avrebbe saputo descrivere a parole...

«Questo *posto*, come lo chiami tu, è un'isola» rispose Sylvia, tranquilla, «con un vivaio che potrebbe fruttare tantissimo.» *Per non parlare del fatto che è un luogo davvero magico*, si trattenne dall'aggiungere.

«Per questo il prezzo è considerevole. Quindici milioni non sono...»

«Ma non abbiamo bisogno di quindici milioni» lo interruppe. «Guadagniamo già molto più di quanto riusciamo a spendere. Anche soltanto perché non abbiamo il tempo di farlo.»

Sylvia sentì suo marito sbuffare infastidito. «Tesoro» disse poi, con una voce stranamente dolce, «eravamo d'accordo...»

Ma Sylvia non aveva più voglia di discutere.

«Chiediglielo» si sentì dire, in tono gentile ma fermo. «Fatti dire cos'ha in mente. Se non ha intenzione di mantenere attivo il vivaio, continuare a dare lavoro alle persone che se ne occupano e consolidare l'attività, la vendita salta.» Sylvia rimase in attesa di una risposta, sorridendo. Era tornata se stessa.

Sentì un respiro affannoso all'altro capo della linea, poi di nuovo il silenzio. «Sylvia, amore» disse Holger alla fine, «come preferisci. Gli parlerò, anzi, lo sento subito. E poi ti richiamo, così sei tranquilla. Ti trovo sempre a questo numero?»

Sylvia tirò un sospiro di sollievo. «Sì, i cellulari non prendono sull'isola, ma ho un fisso in camera. Telefonami subito dopo averlo sentito. E digli che voglio visionare il suo business plan.»

Soltanto dopo aver riattaccato Sylvia si rese conto che suo marito non le aveva nemmeno chiesto come stesse. Si era preoccupato per lei? Gli era mancata? Difficile dirlo. Non si vedevano per giorni, la distanza faceva parte della loro quotidianità. Però neppure lei si era informata su cosa lo avesse messo di cattivo umore.

Anche Sylvia aveva smesso da tempo di interessarsi del benessere di suo marito. La sua risposta era sempre la stessa: «E come dovrei stare?».

«I sentimenti sono sopravvalutati» le aveva detto all'inizio della loro relazione. «Non c'è niente di più instabile, vuoi davvero costruire la tua vita su fondamenta così fragili?»

No, non voleva. Lo aveva già fatto una volta ed era stato un disastro. Da allora aveva deciso che non avrebbe ripetuto lo stesso errore. Holger era affidabile, fedele, responsabile e lungimirante. Con lui non avrebbe avuto sorprese sgradite, ed era per questo che alla fine lo aveva sposato. Certo, era stata innamorata di lui, l'amore era cresciuto, lentamente e con ostinazione, come le siepi di camelie, e aveva dato splendidi fiori.

Ma un conto è essere innamorati, si disse Sylvia mentre fissava il telefono di bachelite in attesa della telefonata di Holger, tutt'altro è restarlo giorno dopo giorno.

Lo aveva già detto più di una volta alla sua amica Veronika, che dall'amore voleva quasi l'esatto opposto di quello che Sylvia aveva scelto. Veronika cercava grandi emozioni, con il risultato che le sue storie non duravano mai più di un paio di mesi. Il rapporto più duraturo aveva toccato i sei mesi, al termine dei quali aveva fatto volare i vestiti del malcapitato fuori dalla finestra e gli aveva lanciato contro la valigia.

È questo che succede quando si punta tutto sui sentimenti, aveva pensato Sylvia all'epoca. Non erano certo un buon presupposto per una serena vita di coppia. Lei, invece, era convinta che l'amore potesse nascere sulla base di un interesse comune. Proprio come era la terra, il substrato, a decidere se un germoglio sarebbe fiorito o meno...

Era stato Maël a spiegarglielo. Perché il cuore le batteva sempre così forte quando pensava a lui?

Iniziò a camminare avanti e indietro per la stanza, inquieta. Sentiva ancora sulle labbra il tocco vellutato delle sue, e il ricordo le provocava un fremito. Ma era del tutto inutile sentirsi in colpa, si disse. E anche pensare a Holger e al fatto che lui non le avesse mai scatenato niente di simile. A essere onesta fino a quella mattina non era nemmeno sicura che si potessero provare sensazioni del genere...

Avvicinò la poltrona al fuoco e vi si rannicchiò soddisfatta. Aveva cercato una sedia comoda per anni, tra le migliori e più costose marche di design, e alla fine l'aveva trovata lì, nel bel mezzo del nulla, in una poltroncina vecchia e con l'imbottitura rifatta da poco. Sylvia ripensò a sua zia. Il mobilio della stanza era armonico, ma al tempo stesso essenziale. Chiunque l'avesse progettata doveva essere poco incline al compromesso. Nella vita e in quello che lo – o la – circondava.

Il telefono squillò. Abituata al suono tenue e sintetico delle suonerie moderne, Sylvia trasalì.

«Pronto?» esclamò, il pesante ricevitore tra le mani.

«Ho parlato con lui» disse la voce di Holger, molto meno dolce ma di buonumore. «Dice che hai senz'altro ragione. Non solo vuole tenere il vivaio, ma pensava di ampliarlo e modernizzarlo. Naturalmente assumerà gli attuali curatori, le persone che lo hanno costruito. Sostiene che quella coltivazione di camelie sia unica al mondo, soltanto in poche reggerebbero il confronto. Quindi puoi stare tranquilla, amore. E poi mi ha anche chiesto di riferirti che sarà felice di ospitarti ogni volta che vorrai. Sa che l'isola ti sta a cuore perché è legata al ricordo di tua zia. Allora, soddisfatta?»

Sylvia tirò un sospiro di sollievo. Si meravigliò di sentire un peso sciogliersi nel petto. Davvero si era affezionata a tal punto al giardino di zia Lucie? Si sforzò comunque di restare lucida.

«Può metterlo nero su bianco? Digli di inviarmi il suo progetto.»

Holger scoppiò a ridere. «Come vuoi. Ma davvero, tesoro, puoi rilassarti. Va tutto bene. Quando torni a casa? Mi manchi.»

Sylvia si premette il ricevitore sull'orecchio e sentì allentarsi la tensione. Provò una sensazione di familiarità e tenerezza. «Anche tu» disse, ed era vero. Le mancavano la sua vita ordinata, la struttura che dava forma alle sue giornate, la disciplina che si era data nel proseguire sempre sullo stesso binario. Di colpo il dolce far niente le sembrò più faticoso della sua frenetica vita lavorativa. «Ma resterò qui ancora un po'» disse, nonostante tutto. «Approfitterò di questa inattesa vacanza per visitare la Bretagna.»

«Come vuoi» ribatté Holger.

Non era la prima volta che le rispondeva in quel modo, nel corso della telefonata. E non le capitava poi così spesso di sentirselo dire.

A cena Maël non c'era, e Sylvia accolse la sua assenza con un misto di sollievo e delusione. Solenn accennò di sfuggita che era andato sulla terraferma per sbrigare un paio di commissioni e non sarebbe tornato prima di due giorni. Sylvia avvertì una stretta al cuore. Si chiese perché non l'avesse salutata: non poteva essere certo di trovarla ancora lì al suo ritorno. Forse per lui un bacio non significava niente. Poi si costrinse a tornare in sé: quantomeno la sua assenza le risparmiava qualche imbarazzo.

Anche Gwen era rientrata sul continente, dove viveva insieme ai genitori, le spiegò Pierrick mentre mangiavano il pâté di pesce. Così Sylvia era rimasta sola con lui e Solenn. Alla fine del pasto si fece coraggio e chiese di poter restare ancora un paio di giorni.

Solenn la fissò e Sylvia ebbe di nuovo la sensazione che riuscisse a leggerle nel pensiero.

«Resta finché vuoi, Sylvie» le disse, con il solito fare diretto.

Poi si alzò e iniziò a raccogliere i piatti. Quando Sylvia si offrì di aiutarla si limitò a rispondere: «Non c'è bisogno, sarai stanca di sicuro. Il clima di queste parti è pesante se non ci si è abituati. Riposati».

Sylvia non osò rispondere che in realtà non sapeva cosa volesse dire riposarsi. Che la sua testa continuava imperterrita a lavorare e che si sarebbe sentita molto meglio se avesse potuto tenere le mani impegnate. Aveva passato la cena a immaginare cosa sarebbe successo in quel posto da lì a qualche mese. Sarebbe davvero rimasto tutto com'era? Solenn e il nuovo proprietario sarebbero andati d'accordo? La direttrice non sembrava il genere di persona che ama farsi dare ordini. Eppure vendere era la scelta migliore. Per fortuna il possibile acquirente aveva riconosciuto il potenziale dell'isola.

Sylvia diede la buonanotte a Solenn e uscì nell'ingresso. Lì, sotto lo sguardo enigmatico di Lucie, che le appariva diverso ogni volta che lo vedeva, fu presa di nuovo da una strana inquietudine. Come se sua zia disapprovasse la scelta di vendere. Come se volesse esortarla a fare qualcosa. Come se conoscesse un segreto che la riguardava.

«Cosa stai cercando di dirmi?» sussurrò.

Dalla cucina provenivano un tramestio di stoviglie e lo scroscio dell'acqua. All'esterno, il vento ululava. Sylvia rimase per qualche istante sotto il dipinto, poi salì rapida in camera, dove la aspettavano il piacevole tepore del camino e la sua poltrona. Restò a fissare le fiamme finché rimasero soltanto le braci, poi andò a letto senza guardare l'orologio. Malgrado fosse presto, sprofondò subito in un sonno profondo e senza sogni.

Sylvia non sentì né il vento che infuriava sull'isola né il violento temporale che si abbatté sul mare e sulla terra. Quando aprì gli occhi la mattina dopo, il sole brillava alto nel cielo azzurrissimo e la marea si era ritirata. La strada era libera.

«Credo che farò una gita sulla terraferma» annunciò a Solenn, sorseggiando il suo caffellatte in cucina.

«Allora forse potresti farmi un favore» ribatté l'altra. «Ti spiacerebbe fare un po' di spesa?»

«Certo che no, lo faccio volentieri. Scrivimi cosa serve.»

Era una strana sensazione guidare sul ponticello che collegava l'isola alla terraferma come un cordone ombelicale. Aveva trascorso lì soltanto due notti, ma si sentiva già a casa. Si sorprese a pensare che non vedeva l'ora di tornarci.

«La passerella resta percorribile fino alle due del pomeriggio» le aveva spiegato Solenn. «Oppure puoi passare tutta la giornata sulla terraferma e poi tornare per cena.»

«Non è complicata questa storia delle maree?» le aveva chiesto Sylvia, ma Solenn si era limitata a ridere.

«Naturalmente abbiamo anche una barca» aveva replicato. «Con quella di Pierrick due. Se si vive qui ci si deve in qualche modo rendere autonomi negli spostamenti. E poi ci sono periodi in cui il tempo è così brutto da non poter lasciare l'isola per giorni. A me non importa. Qui ho trovato la pace, sono felice. E poi è casa mia.»

Sul viso di Solenn era calato un velo e si era voltata bruscamente. Era preoccupata per il futuro? Sylvia era contenta che presto avrebbe potuto rassicurarla. Sperava di poter visionare a breve i progetti dell'investitore, anche per questo aveva pianificato una visita sulla terraferma. Forse Holger le aveva già inviato l'accordo scritto via mail. E poi Sylvia voleva scoprire il suo nome e fare qualche ricerca. O, meglio ancora, parlargli direttamente. Sì, doveva farlo. Se solo Holger non fosse stato così suscettibile...

Quando raggiunse la terraferma, seguì la strada costiera in direzione nord, finché raggiunse il piccolo villaggio di pescatori di cui le aveva parlato Solenn. Parcheggiò la macchina nella piazza della chiesa e gironzolò per le stradine fino al porto. Sebbene non fosse ancora estate, il sole prometteva una giornata fantastica, gettando luce dorata sulle case di pietra giallognola, facendo scintillare i tetti di ardesia e danzando sull'acqua della darsena dove era ancorato un peschereccio che doveva aver navigato per diversi anni. Sull'altro lato del ponticello Sylvia scorse un piccolo faro, dipinto di bianco nella parte inferiore e di rosso brillante in alto, dove c'era la lanterna. Un paio di yacht ondeggiavano ormeggiati da un lato del porto, come in attesa che le giornate si allungassero e che i loro proprietari li portassero finalmente in mare aperto.

Durante la passeggiata nel villaggio, Sylvia notò che alcuni negozi, bistrot e ristoranti erano ancora chiusi. Sembrava tutto tranquillo e sonnacchioso. Nella macelleria dove fece acquisti per Solenn, la proprietaria e due clienti, che evidentemente non si aspettavano di vedere una turista, la fissavano incuriosite.

Sylvia salutò in modo amichevole le signore bretoni, fece le sue commissioni, portò la spesa alla macchina e la sistemò in una borsa frigo che le aveva dato Solenn. Poi andò a visitare la chiesa, che vegliava grigia e imponente sul villaggio, con il campanile slanciato che si stagliava contro il cielo color nontiscordardimé. L'interno era semplice e modesto, come la facciata, ma i raggi del sole che filtravano dal rosone, illuminando l'altare, le conferivano un'atmosfera ultraterrena. Sylvia prese posto su una delle sedie in legno con la seduta in vimini allineate lungo la navata al posto delle consuete panche, immergendosi nella pace del luogo. Luce, pietra, mare e vento. Il mondo che la circondava sembrava fatto di quei soli quattro elementi. Gettò la testa all'indietro, notando che ogni capitello era scolpito in uno stile differente. La colonna più vicina a lei era decorata con una miriade di camelie.

Lì dentro faceva freddo, e dopo un po' Sylvia decise di andare a bere qualcosa di caldo. Uscì dal portale principale e vide un localino proprio davanti all'ingresso. CRÊPERIE & SALON DE THÉ, c'era scritto in lettere piene di ghirigori su un cartello di metallo appeso alla porta azzurra.

Quando entrò sentì suonare un campanello. La sala da tè profumava di burro e vaniglia. Alcune donne sedute intorno a un tavolo davanti alle loro tazze fumanti alzarono lo sguardo per fissarla, poi lo riabbassarono. Le mani di una di loro si muovevano solerti su un ricamo in filo bianco. Stava lavorando all'uncinetto.

Prese posto in una piccola nicchia accanto alla finestra. Una ragazza magra con i capelli rossi, di sedici anni al massimo, le portò il menù. Sylvia prese un tè e, dopo una rapida scorsa alle specialità della casa, una crêpe *au beurre salé.*

Intanto che aspettava la sua ordinazione si sentì pervadere dalla consueta irrequietezza. Controllò la ricezione del cellulare e constatò con gioia che era ottima. Tirò un sospiro di sollievo. Quando arrivò il suo tè, mise da parte il telefono, mentre la sua casella di posta si riempiva di centinaia di mail, sms, chiamate senza risposta e messaggi in segreteria. In quel momento la cameriera tornò con la crêpe. Aveva un profumo così invitante che per un attimo Sylvia dimenticò tutto il resto.

Peccato che Veronika non sia qui, pensò dopo aver assaggiato il primo morso. I cristalli di sale del caramello spalmato su quella delizia formavano sulla sua lingua un contrasto insolito con l'aroma di vaniglia. Stava per addentare la seconda forchettata, quando si immobilizzò.

«...e quello che sta succedendo con il Jardin aux Camélias è scandaloso» sentì dire da una donna al tavolo alle spalle del suo.

«*Mais bien sûr*» rispose un'altra, «mi dispiace così tanto per Solenn.»

«Piangersi addosso non serve a niente» replicò la prima, irritata. «Dobbiamo fare qualcosa. Non possiamo lasciare che questa erede distrugga tutto ciò che Solenn e Lucie hanno impiegato anni a costruire.»

Sylvia trattenne il fiato. Non osava muoversi.

«Chi è, a proposito?»

«Ah, una tedesca. Non si è mai fatta vedere da queste parti. Pensi che sia mai venuta a trovare sua zia? Mai, nemmeno quando era malata. Non si è presentata neanche al funerale. E persino ora, dopo la morte di Lucie, non si è presa il disturbo. Ha affidato tutto a un mediatore ed ecco fatto! Un disastro. Se almeno...»

La porta si aprì lasciando entrare due uomini, e lo scampanellio coprì il resto della conversazione. Sylvia era raggelata. Aveva le guance in fiamme per la vergogna. Avevano ragione. Non c'erano scuse per il suo comportamento. L'unica consolazione era la consapevolezza che le preoccupazioni di quelle donne fossero infondate. Era stata una pessima nipote fino a quel momento, ma avrebbe sistemato tutto. Per quanto possibile.

«...un resort. Con un enorme campo da golf...» sentì dire da una voce maschile.

«Un hotel» si intromise un'altra delle donne. «Te l'ho detto. Vogliono distruggere tutto.»

Si voltò con circospezione. Gli ultimi arrivati avevano preso posto al tavolo delle signore.

«Éric dice che si tratta di una catena alberghiera, hanno altri posti simili in tutto il mondo. Tra sei mesi non riconosceremo più la nostra Isola delle Camelie.»

«Ma è inammissibile» lo interruppe un'altra, «non lasceremo che succeda.»

Sylvia avrebbe voluto alzarsi e spiegare a quelle persone quali fossero i veri progetti per l'isola. Ma per quanto fosse coraggiosa, non si azzardò a farlo. E poi una vocina dentro di lei le instillò il dubbio su quanto le aveva detto Holger. Guardò fuori dalla finestra senza vedere niente, né la piazza lastricata né la semplice facciata della chiesa, e nemmeno i numerosi grandi vasi di fiori che sarebbero germogliati in estate, quando lei sarebbe tornata alla sua vecchia vita.

Non si accorse che la crêpe rimasta nel suo piatto stava diventando molle e il tè freddo. Continuava a ripensare alla conversazione con Holger, che stava cercando di ricostruire parola per parola. *Puoi stare tranquilla, amore... Come vuoi...* La sua risata forzata, tutto quello schiarirsi la gola e prendere fiato, il tono fin troppo allegro nella seconda telefonata le diedero i brividi.

«Ma non lo accetteremo» insistette uno degli uomini, strappando Sylvia ai suoi pensieri. «Impareranno cosa significa mettersi contro i bretoni.»

Sylvia aveva bisogno di certezze. Ma dove trovarle?

Afferrò il suo cellulare con gesto deciso. I messaggi continuavano ad arrivare, ma non se ne curò. Cercò in rubrica il numero di Lena Weinhalter, la segretaria di Holger, e premette il tasto verde. Lena rispose subito.

«Posso parlare con mio marito?» esordì Sylvia, sperando segretamente che Holger non ci fosse.

«Mi dispiace» rispose la segretaria. «Ha detto che non sarebbe tornato oggi. Posso fargli avere un messaggio?»

«Capisco.» Sylvia finse di essere delusa. «Mmm, forse può aiutarmi lei, Lena. Sarebbe così gentile da fornirmi un recapito del compratore interessato al vivaio di mia zia? Non riesco più a trovarlo, purtroppo.»

«L'investitore della catena alberghiera?» chiese Lena. A quelle parole il cuore di Sylvia si fermò. «Posso inviarle i dati via mail. Va bene?»

Sylvia fu costretta a schiarirsi la voce prima di riuscire a parlare. «Sarebbe fantastico, Lena! Grazie mille, lei è un angelo.»

«Ce li ho qui» continuò la segretaria. «Tra due minuti avrà tutto. Posso fare altro per lei, signora von Gaden?»

«No» rispose Sylvia con un filo di voce. «Grazie. E... non dica niente a mio marito» aggiunse, «si arrabbia sempre quando perdo le cose.»

Come se le capitasse mai di perdere qualcosa. Ma per fortuna Lena non poteva saperlo.

La segretaria scoppiò a ridere. «Non si preoccupi» rispose, in tono cospiratorio. «Sarà il nostro segreto.»

Sylvia chiese il conto. Notò l'espressione turbata della cameriera quando vide metà della crêpe ancora nel piatto.

«Non le è piaciuta?» chiese la ragazza, preoccupata.

«No, no» si affrettò a rispondere Sylvia, imbarazzata, «era straordinaria. Ma di colpo mi è passato l'appetito. C'è un internet café da queste parti?»

«No, mi dispiace» disse la cameriera, «ma proprio qui dietro l'angolo c'è la biblioteca comunale. Può collegarsi al wi-fi, e la sala di lettura è molto accogliente.»

Sylvia ringraziò, lasciò una lauta mancia e uscì.

Fuori, all'aria fresca, si fermò un attimo a respirare a fondo. Ogni fibra del suo essere si rifiutava di credere a quello che aveva appena sentito. Anche se le chiacchiere fossero state vere non significava...

Si costrinse a calmarsi. Se le cose stavano come dicevano quelle persone, Holger le aveva mentito. Ma perché? Avvertì un dolore al petto, una vecchia ferita che credeva ormai rimarginata. Invece si era appena riaperta. La sofferenza dello scoprirsi tradita. Abbindolata e venduta. Sylvia si grattò la fronte. Non poteva essere vero. Holger era l'uomo più affidabile che avesse mai conosciuto. Doveva esserci un malinteso. Ma qualunque fosse la spiegazione, doveva fare chiarezza. E subito.

Le gambe si misero in movimento da sole. A qualche metro di distanza, proprio come le aveva detto la cameriera, trovò la biblioteca, ospitata in una massiccia e antiquata casa signorile. Visto il posto, si aspettava dei computer lenti e una connessione terribile. Invece, fu sorpresa di trovarsi davanti una decina di pc di ultima generazione, a schermo piatto, in attesa di essere utilizzati.

«È sempre così tranquillo qui?» chiese Sylvia alla bibliotecaria che le consegnò un codice di accesso.

La donna rise. «Aspetti solo che finisca la scuola, poi si riverseranno tutti qui come orde di barbari.»

Sebbene la connessione fosse ottima ci volle quasi mezz'ora prima che Sylvia riuscisse a scaricare tutte le mail accumulatesi nella casella di posta. L'attesa fu una tortura, i suoi nervi erano tesissimi. Si appoggiò allo schienale della sedia, sforzandosi di respirare. Al momento non le interessava altro che la mail della segretaria di Holger. Quando arrivò la aprì subito.

Golf Hotel, Resort & Spa Plenilunio
Sir James Ashton-Davenport
Proprietario

Il biglietto da visita digitale conteneva tutti i recapiti, oltre che l'indirizzo del sito internet dell'azienda. Sylvia lo inserì nel motore di ricerca, soltanto per vedere confermate le sue peggiori paure.

Undici paradisi artificiali nei luoghi più belli ed esclusivi del pianeta, ognuno completo di campo da golf, piscine, oasi benessere. Il tutto così esclusivo da darle il capogiro. Anche i prezzi erano esorbitanti. «Di tutto soltanto il meglio» recitava lo slogan.

Sylvia si portò le mani al viso e si lasciò cadere contro lo schienale della sedia.

Perché Holger le stava facendo tutto questo? Si strofinò gli occhi che le bruciavano, cliccando su un resort Plenilunio dopo l'altro. Realizzò che alla perfetta dozzina mancava una sola perla: un resort in Francia. E anche se le altre location erano splendide non potevano reggere il confronto con l'Isola delle Camelie.

Riusciva quasi a immaginarlo.

La dolce pendenza dell'isola e i campi dove Maël coltivava le camelie offrivano la base ideale per realizzare un campo da golf. C'era acqua in abbondanza e il clima era perfetto. Il verde intorno alla villa sarebbe diventato il giardino ideale per un albergo di lusso. A vederla così, i quindici milioni di cui aveva parlato Holger erano anche troppo pochi. Ma non era questo a farle contorcere l'intestino e pulsare le tempie: adesso era certa di non voler vendere. Né a questo sir James Ashton-Davenport né a nessun altro. E il peggio era che dietro a tutta l'operazione ci fosse suo marito.

Non riusciva a crederci. Le aveva mentito, proprio la sera prima. Era la sua eredità e lui aveva insistito fin dall'inizio perché la vendesse senza nemmeno vederla.

E lei? Aveva lasciato che succedesse. Lo aveva persino ringraziato. Aveva accettato tutto e si era fidata ciecamente.

E poi successe una cosa che lasciò sgomenta la gentile bibliotecaria. All'unica postazione computer occupata, l'elegante donna straniera scoppiò a piangere.

5

Questioni di fiducia

Il vento colpiva Sylvia in pieno viso, ma lei a stento se ne accorgeva. Vagava senza meta ormai da due ore. Aveva le guance bagnate, non sapeva se per le lacrime o per la pioggerella sottile che all'improvviso aveva iniziato a cadere dal cielo plumbeo. Non riusciva a pensare con chiarezza. Camminava e camminava, come se sperasse di trovare sulla sua strada una soluzione a quel caos.

Holger le aveva mentito. Perché? Cosa lo aveva spinto a inscenare quella farsa al telefono? Al solo pensiero le guance le si infiammavano per la rabbia e la vergogna. Come aveva potuto farsi abbindolare in quel modo? E lui come aveva potuto ingannarla?

Sylvia si arrestò di colpo. La strada terminava e qualche metro sotto di lei le onde si infrangevano contro un muro fortificato, spruzzandole contro schizzi di schiuma. Da qualche parte, in lontananza, doveva esserci l'Isola delle Camelie. Sylvia si voltò e affondò il viso tra le mani.

Cosa poteva fare? Tornare a casa e parlare con Holger? Aveva lasciato il suo bagaglio sull'Isola delle Camelie, sarebbe dovuta passare a prenderlo. Ma dopo quello che aveva scoperto non aveva il coraggio di tornare da Maël e Solenn. Come avrebbe potuto guardarli negli occhi? No, impossibile. Eppure doveva riportare Holger alla ragione, o comunque impedire quell'assurda vendita, con o senza il suo aiuto. In fondo si trattava della sua eredità.

Sylvia si guardò intorno. La cittadina era lontana, in qualche punto imprecisato alle sue spalle. Per un po' aveva seguito la strada, poi aveva continuato su un percorso pedonale lungo la costa. Era in piedi in un ampio parcheggio, probabilmente strapieno nei mesi estivi, ma che al momento sembrava abbandonato. Il percorso proseguiva verso un avvallamento dove un gruppo di pini piegati dal vento circondava un monumento di pietra. A un'occhiata più attenta Sylvia notò che si trattava di giganteschi massi colonnari. Due spuntoni levigati dal vento si stagliavano contro il cielo. Un terzo era in obliquo lì accanto: si era spaccato.

Per un attimo Sylvia dimenticò le sue preoccupazioni e si avvicinò. Il sole stava di nuovo facendo capolino tra le nuvole, illuminando i massi di una luce irreale. Sfiorando con la punta delle dita la superficie fredda e ruvida della pietra, Sylvia si sentì di colpo incredibilmente piccola. Quei macigni dovevano essere alti almeno dieci metri. Ebbe un capogiro quando sollevò la testa per provare a scorgerne la cima. Potevano essere i famosi menhir o megaliti? Da quanto tempo erano lì, migliaia di anni? Quante cose avevano già visto, a quante vite umane erano sopravvissuti?

Appoggiò la fronte contro il masso e chiuse gli occhi. Le sembrò di avvertire una forza nella pietra, un'energia sconosciuta e sconcertante. Quel luogo aveva una storia millenaria. Chi aveva costruito quei mostri di pietra, ancorandoli così a fondo da farli durare nei secoli, immutabili e maestosi? Cos'era successo al terzo dei massi gemelli? Quando era stato distrutto, e perché?

Da noi sono tutti i benvenuti, aveva detto Maël. *Basta che non si presentino con i bulldozer*. A Sylvia sfuggì un gemito. Sapevano già cosa stava per succedere, lui e Solenn. Lo sapevano, eppure non si erano dati per vinti. Non avevano smesso di curare le loro camelie, piantavano talee, aspettavano il fiore unico e inimitabile.

Solenn aveva detto che quella era casa sua. Anzi, erano state le ultime parole che le aveva rivolto quella mattina, prima che partisse.

La luce dorata scomparve e la pioggia sottile si trasformò in un temporale. Sylvia voltò le spalle alle pietre e si rimise in cammino. Aveva freddo. Malgrado la giacca impermeabile, la pioggia le sferzava le gambe e in men che non si dica si ritrovò con jeans e scarpe zuppi. Affrettò il passo, si tirò il cappuccio sui capelli fradici e sentì un rivolo d'acqua gelida scorrerle sul collo e poi lungo la schiena. Rabbrividì. Come se non bastasse, le gocce trascinate dal vento le pungevano il viso come aghi.

Dove poteva andare? Guardò l'orologio. Erano le due passate, ormai la passerella non era più utilizzabile. Se voleva tornare sull'isola avrebbe dovuto aspettare fino a sera. Sylvia non desiderava altro che sedersi davanti al camino nella sua stanza, riscaldarsi e stringere le dita intirizzite intorno a una fumante tazza di tè. Ma prima doveva assicurarsi che i bulldozer non arrivassero. Doveva fare in modo che tutto restasse com'era. Come sua zia Lucie lo aveva lasciato.

«Ma perché, perché?» gridò Sylvia nella tempesta, mentre tornava a testa bassa verso il villaggio. «Perché lo ha lasciato a me? Perché non all'amore della sua vita?»

Raggiunse di nuovo la strada principale e cercò di ricordarsi quanto distasse il posto in cui aveva parcheggiato la Porsche. Una macchina prese in pieno una pozzanghera, schizzandole acqua sporca sulle gambe. Sentì avvicinarsi un'altra auto alle sue spalle e si accostò quanto più possibile al ciglio della strada. Ma il fuoristrada rallentò e si fermò. Il finestrino si abbassò dal lato del passeggero.

«*Madame*, salga» la esortò una voce femminile.

Sylvia non se lo fece ripetere una seconda volta. Aprì la portiera e scivolò dentro. «Temo che le rovinerò il sedile. Mi dispiace...» si scusò, constatando che non sarebbe riuscita a togliersi il cappuccio senza rovesciare litri d'acqua.

«*Mais non*» rispose la donna con una risata. Indossava un maglione fatto a mano che nascondeva a stento la sua figura corpulenta. Doveva avere una cinquantina d'anni, i capelli corti di un biondo rossiccio stavano ingrigendo sulle tempie. «Si asciugherà. Con questo tempo non potevo lasciarla a piedi. Ha l'auto in panne?» *In panne*, pensò Sylvia, scorgendo con sollievo il cartello che annunciava l'ingresso nel villaggio. La si poteva definire così. Tutta la sua vita era in panne. «Dove l'ha lasciata?»

«Sulla piazza della chiesa» rispose, rendendosi conto per la prima volta che stava congelando. «Volevo fare due passi.»

«Allora avrà visto i *peulvan*» ribatté la donna, cordiale. «Non sono impressionanti? Ci passo davanti da quando ero bambina, ma non smettono mai di affascinarmi. In un certo senso non ci si abitua mai alla loro presenza, sebbene siano parte integrante del paesaggio, come il mare.»

«Sono menhir?» si informò Sylvia.

«Proprio così» confermò la donna. «*Maen-hir*, pietre lunghe, come diciamo in bretone. Lei non è del posto, *n'est-ce-pas*?» La donna le lanciò una rapida occhiata di sbieco. Era un'affermazione, anche se sarebbe dovuta suonare come una domanda. Sylvia scosse la testa. Si sentiva le guance in fiamme. Quanto ci avrebbero messo a riconoscerla come la crudele nipote di Lucie, causa della rovina dell'Isola delle Camelie? «Parla molto bene francese» continuò la donna. «E sa una cosa? Mi ricorda qualcuno, soltanto che non riesco a...»

«A che epoca risalgono quei *peulvan*?» la interruppe Sylvia, ansiosa di cambiare argomento.

«Oh, non si sa con certezza» replicò la donna. «Si dice che siano stati eretti nel Neolitico. Circa cinquemila anni fa. Ma potrebbero anche essere più vecchi di duemila anni.»

Nel frattempo avevano raggiunto la piazza. La Porsche rossa spiccava solitaria nella pioggia, come un intruso osservato con meraviglia dalle case di pietra.

«Grazie mille per il passaggio» disse Sylvia. «È stato molto gentile da parte sua.»

«*Pas de quoi*» rispose la donna in tono affettuoso. Il suo viso era segnato da una miriade di rughe di espressione. «È stato un piacere. Comunque, io sono Rozenn. Ho un laboratorio di ceramica poco più a nord dei *peulvan*. Se ha voglia venga a dare un'occhiata.»

«Con piacere» le assicurò Sylvia. Poi la salutò e scese dalla macchina. Rozenn le fece un cenno e ripartì, Sylvia rimase a guardarla finché il fuoristrada non scomparve tra le case.

Di colpo smise di piovere, improvvisamente come aveva iniziato. Fasci di luce lacerarono la coltre di nuvole, trasformando la piazza lastricata in una luccicante pista da ballo.

Tremando, Sylvia si allontanò, salì in macchina e mise in moto. Ma dove poteva andare? L'accesso all'isola non era ancora consentito, lei però aveva urgente bisogno di un bagno caldo e vestiti asciutti. Per un attimo si sentì disorientata, una sensazione che provava così di rado da far fatica a riconoscerla. Poi, all'incrocio successivo vide un cartello e decise: sarebbe andata a Quimper. Per il momento ne aveva abbastanza di stradine secondarie, del mare, della luce e di tutta quella sconcertante magia.

Il solo pensiero di tornare in una città le diede sollievo. Quimper non sarà stata una metropoli come Monaco, ma nelle sue attuali condizioni poco importava. Le bastava che ci fossero un paio di negozi, e soprattutto un albergo da cui aspettarsi le rassicuranti stanze impersonali e comode garantite in tutto il mondo da un certo numero di stelle. La cosa più urgente era elaborare un piano. E per farlo aveva bisogno di avere la mente fredda, una connessione internet e una rete cellulare funzionante. Alla fine tornò padrona dei suoi cinque sensi.

Inserì la stringa «hotel Quimper» nel motore di ricerca e scelse quello più lussuoso.

Un'ora dopo stava entrando nel parcheggio. Prenotò la suite più cara e si informò sui negozi di abbigliamento più vicini.

«Abbiamo una boutique proprio in albergo, *madame*» le spiegò la ragazza alla reception, indicandole come raggiungerla. Nel negozietto accanto al ristorante Sylvia acquistò un paio di jeans, una maglietta bianca, una camicia lunga color legno di rosa, un cardigan in lana mohair, due paia di calzini e qualche slip. Tutto ciò di cui aveva bisogno, dallo spazzolino da denti al pettine, lo avrebbe trovato nel bagno della sua suite.

Fece scorrere l'acqua calda nella vasca e finalmente si liberò degli abiti bagnati. Quando si immerse nella schiuma emise un sospiro di sollievo. Che meraviglia! Chiuse gli occhi e si appoggiò al bordo. Le dita dei piedi le formicolavano ancora, ma pian piano sentì il tepore avvolgerla.

All'improvviso l'acqua iniziò a muoversi, Sylvia vide formarsi delle onde e si trovò in un oceano che la trascinava da una parte all'altra senza nulla a cui aggrapparsi. Poi vide qualcosa di lungo e sottile. Un bastone, forse. Lo avvicinò a sé e si accorse che si trattava del tronco mozzato di un giovane arbusto di camelia. Qualcuno lo aveva tagliato, e adesso veniva trascinato dall'acqua come lei, mentre nel fogliame scuro continuavano a brillare i fiori, di un rosso intenso come gocce di sangue...

Sylvia sobbalzò. Si era addormentata. Era stato un sogno. Stringeva tra le mani il soffione della doccia come se ne andasse della sua vita.

Mio Dio, pensò, *devo salvare l'Isola delle Camelie. Non c'è tempo da perdere.*

Un quarto d'ora dopo si infilò i suoi nuovi acquisti e si asciugò i capelli. Era ancora indecisa sul da farsi. Era meglio dire subito a Holger che era al corrente della verità? Oppure doveva cercare una via più diplomatica? Ma quale? I segreti non erano il suo forte, anche ai suoi clienti consigliava sempre onestà e trasparenza. La maggior parte delle difficoltà nasceva da difetti di comunicazione, bugie e omissioni. Solo pensare a quello che aveva fatto Holger le dava la nausea.

Sylvia prese la penna e il grosso taccuino per gli appunti con il logo dell'albergo dal comodino. «Quando non sa bene cosa fare» diceva di solito ai suoi clienti, «provi a mettere per iscritto le conseguenze di ogni azione possibile. Così può valutare i pro e i contro.» Proprio quello che intendeva fare.

Dico chiaro e tondo a Holger che l'Isola delle Camelie non è in vendita, scrisse in alto sulla prima pagina.

Conseguenze:

1. *Prova a farmi cambiare idea.*
2. *Manda all'aria la trattativa.*
3. ...

Sylvia rimase a fissare a lungo il numero tre. C'era la possibilità che continuasse a mentirle? Che acconsentisse ad annullare la compravendita e invece procedesse comunque?

Gettò il blocchetto sul tavolo. Come poteva pensare una cosa simile? La loro relazione non era costruita sulla fiducia?

Eppure ieri ti ha mentito, scandì una voce nitida e spietata dentro di lei. *E non soltanto ieri, ma fin dall'inizio. Non ti aveva detto che il vivaio era in pessimo stato?*

Non le aveva anche taciuto che si trattava di uno spettacolare terreno in mezzo all'Atlantico, di un'isola da sogno? L'aveva mostrata a un cliente prima ancora di informarla della dipartita di sua zia.

«E questo è un tradimento» disse a mezza voce.

A Sylvia sembrava che il pavimento le si stesse sgretolando sotto i piedi. Si sentì in preda al panico, sopraffatta da un senso di vuoto, come se fosse sospesa, da sola, abbandonata da tutti. Conosceva quello stato d'animo, sebbene avesse cercato di rimuoverlo bollandolo come un residuo della sua vita passata. La sua vita prima di Holger. Il suo amore prima di Holger. L'unico, grande e appassionato amore che aveva mai avuto. E che l'aveva tradita così miseramente, tanti anni prima.

Ripensò a quel periodo. Lui si chiamava Robert, era un pittore, e Sylvia amava tutto di lui: i riccioli rossi che gli ricadevano sulla fronte, l'odore del suo corpo, di muschio e piante selvatiche, il tocco delle ruvide mani da artista, il tanfo di acquaragia nel suo atelier, i suoi quadri. Adorava quella risata, il modo in cui la guardava negli occhi, con desiderio incondizionato. Non si stancava mai di ascoltarlo parlare del suo lavoro, di osservarlo mentre era intento a dipingere o mescolare i colori. Non ne aveva mai abbastanza di fare l'amore con lui sul suo vecchio divano Jugendstil e credeva a ogni singola parola quando lui le giurava amore eterno e parlava del loro radioso futuro insieme. Gli aveva dato tutto, compresi i soldi all'epoca guadagnati con grande fatica. Si era appena laureata, faceva stage non retribuiti presso grandi aziende di consulenza, e manteneva entrambi passando le notti a tradurre manuali di istruzioni di elettrodomestici, convinta che un giorno un'importante galleria si sarebbe accorta di lui. Quando, alla fine, una sua tela era stata venduta per una cifra da capogiro, Sylvia lo aveva raggiunto nel suo atelier con una bottiglia di champagne acquistata risparmiando sulla spesa ma lo aveva sorpreso con un'altra donna sul divano Jugendstil, dove era certa che avesse fatto l'amore solo con lei.

Evidentemente si era sbagliata.

Perché la verità su un amante infedele si scopriva soltanto quando era troppo tardi? Perché neanche le sue migliori amiche avevano mai osato dirle la verità, mentre lei era accecata dall'illusione di essere l'unica?

Ma la cosa peggiore era che nonostante tutto alla fine era stato Robert a darle il benservito. L'aveva mandata a casa con la sua bottiglia di Dom Pérignon, ed era rimasto a festeggiare il suo successo con un'altra. Non aveva più voluto saperne di lei e non aveva mai speso nemmeno una parola per ringraziarla di averlo sostenuto finanziariamente per così tanto tempo. Forse non se n'era neppure accorto. Le aveva calpestato il cuore ed era scomparso dalla sua vita, come se la loro storia non fosse mai esistita.

Sylvia aveva sofferto tutte le pene di chi, amando con ogni fibra del corpo e dell'anima, non riesce a cancellare il sentimento da un momento all'altro. Il dolore dell'amore non corrisposto, dell'abbandono, del tradimento. Quando era stata di nuovo in grado di pensare con chiarezza aveva preso una decisione. Aveva giurato che non si sarebbe mai più fatta guidare soltanto dai sentimenti e si era ripromessa, se mai avesse lasciato avvicinare a lei un altro uomo, di costruire le sue future relazioni unicamente sulle cose in comune: valori, interessi, priorità. E dopo lunghe notti insonni passate a piangere era arrivata alla conclusione che un piano di vita condiviso fosse più importante dei sentimenti romantici che, come aveva sperimentato sulla propria pelle, non potevano durare per sempre.

Ci era voluto un po' prima che fosse pronta per una nuova relazione. Non aveva tempo per un uomo, come continuava a ripetere alla sua amica Veronika, che tentava sempre di sistemarla con qualche conoscente. Era andata avanti così fino al giorno di quel party a Los Angeles, quando nella sua vita era entrato Holger. Non si era innamorata di lui a prima vista, e quello era stato un punto a suo favore. Lui era un uomo attraente, certo, con il suo stile quasi d'altri tempi di portare lo smoking, come una seconda pelle, la naturalezza con cui reggeva il bicchiere da cocktail, come se fosse nato per quello, e l'abilità di ipnotizzare con lo sguardo il suo interlocutore, fissandolo come se in quel momento non riuscisse a immaginare nessun altro con cui avrebbe preferito parlare.

Sylvia aveva notato e apprezzato quelle sue qualità nei primi cinque minuti. E anche quella brama di successo, la tenacia con la quale perseguiva i suoi obiettivi finché non li raggiungeva. L'istinto infallibile che gli suggeriva quando un affare valeva la pena o no. E una debolezza che condivideva con lei: la paura di ritrovarsi privo di mezzi.

Si era concessa del tempo, facendosi corteggiare come una regina. Con il passare dei mesi era riuscito a rendersi indispensabile. La simpatia che aveva provato all'inizio nei suoi confronti si era trasformata in un sentimento più profondo, poi in affinità e infine in amore. Erano come Hänsel e Gretel, pronti ad affrontare il mondo mano nella mano e a proteggersi a vicenda, consapevoli di essere più forti insieme che divisi.

Per tutti quegli anni erano riusciti a servirsi della casa di marzapane senza mai far svegliare la vecchia strega, convinti che fosse loro...

Sylvia scosse la testa e prese a camminare su e giù per la stanza. Hänsel e Gretel? Che follia! Lei e Holger erano marito e moglie. Dieci anni di matrimonio dimostravano quanto si completassero a vicenda. Avevano superato alti e bassi, e il loro legame si basava sul rispetto reciproco. Per questo doveva parlargli. Qualunque cosa lo avesse spinto a mentire, era ora di mettere fine alle bugie. Non avrebbe migliorato le cose iniziando ad agire di nascosto anche lei. Senza contare che non ne sarebbe stata in grado.

Prima di cambiare idea, Sylvia afferrò il telefono e chiamò suo marito. Lui rispose al primo squillo, cogliendola alla sprovvista. La donna elaborò subito una strategia: gli avrebbe dato un'ultima possibilità di dirle la verità.

«Sono io, Sylvia. Per favore, puoi darmi il numero del compratore interessato al vivaio? Vorrei parlargli di persona.»

Holger trattenne il respiro per qualche istante. «Sylvia, tesoro» disse poi in tono amorevole, ma era evidente che gli costasse un notevole sforzo. «Pensavo che avessimo chiarito tutto ieri. Ti chiamerà lui. Ha bisogno ancora di un paio di giorni per finire il business plan.»

«Holger, ti prego, dimmi la verità!» ribatté lei, seria.

«La verità?» le fece eco Holger, di colpo furioso. «Pensi che ti stia mentendo?»

Sylvia vide fallire miseramente il tentativo di farlo confessare di sua iniziativa. Quando riprese a parlare scandì ogni parola, la voce gelida come la pioggia di poco prima sul suo viso: «E tu vorresti davvero farmi credere che sir James Ashton-Davenport, il proprietario di Plenilunio, stia abbozzando un business plan per tenere in piedi il Jardin aux Camélias? È questa la verità, Holger?».

Nell'improvviso silenzio trasmesso da Monaco attraverso un qualche satellite in orbita intorno alla terra, Sylvia credette di sentire qualcosa rompersi tra lei e suo marito, con un rumore simile allo spegnersi di una candela. Pur soffrendo, Sylvia constatò con sorpresa che lo sgretolarsi del suo matrimonio non somigliava affatto a una frana o a un terremoto, ma più a un crepitio sommesso, un sussurro. Era così che finiva una relazione fondata sulla razionalità? Strano. Faceva male, ma era sopportabile.

«Di' a quest'uomo» continuò «che non ho intenzione di vendere. E certamente non a lui.»

«È troppo tardi, Sylvia» replicò Holger. Il suo tono non era né freddo né arrabbiato. Lei lo trovò stanco, dispiaciuto. E in un certo senso rassegnato.

«Cosa vuoi dire?» chiese.

«Che abbiamo un accordo preliminare, ed è vincolante.»

«Non mi interessa» esclamò furiosa. «Annullalo! Non ho dato il mio consenso.»

«Non era necessario. Mi hai firmato una procura, ricordi? L'isola è venduta.»

«No» gridò Sylvia, fuori di sé per la rabbia e la disperazione. Ripensò al viso di Maël, così vicino al suo mentre si chinava per baciarla. Rivide il cielo azzurro che si estendeva a perdita d'occhio sull'isola e sul quale le nuvole si rincorrevano in magici giochi di luce. Ripensò a Solenn in cucina e nel giardino, lo straordinario fiore di camelia color crema e rosso carminio, unico al mondo. E ripensò a se stessa, serena come non lo era mai stata prima.

«No» ripeté, in tono più calmo e deciso. «L'isola non verrà

venduta affatto. È mia, mia zia l'ha affidata a me. Sono disposta a pagare una penale per recedere dall'accordo preliminare, qualsiasi cifra. Non voglio vendere, Holger, hai afferrato il concetto?»

Di nuovo calò il silenzio. *Potrei arrivare al punto di odiare quest'uomo, che fino a poco fa credevo di amare?*

«Ci proverò» concesse alla fine. «Se ci tieni così tanto, vedrò cosa posso fare.»

Gli occhi di Sylvia si riempirono di lacrime. «Mi hai mentito, Holger.» Deglutì. Mancava solo che si accorgesse che stava piangendo come una ragazzina. «E tu sai cosa significa per me.»

«Sylvia, amore» la implorò lui, «come avrei potuto immaginare che proprio tu, che non hai mai mostrato il minimo interesse per fiori e piante, avresti perso la testa per questo vivaio?»

Non è un vivaio come gli altri, avrebbe voluto ribattere, ma tacque. Holger non avrebbe capito. E forse era meglio così. Non era soltanto per il vivaio in sé che non aveva intenzione di vendere. Era per le persone. Solenn. Pierrick. Gwen. E naturalmente Maël. Maël, con quegli occhi verde-azzurro che cambiavano sfumatura a seconda del suo umore e dei suoi pensieri. Maël, che parlava con le camelie nella speranza che si svelassero a lui in tutta la loro bellezza, ogni volta come se fosse la prima. Maël, che Sylvia aveva bisogno di rivedere e di poter guardare negli occhi senza vergogna...

«Posso ricordarti» riecheggiò la voce di Holger, strappandola ai suoi pensieri, «che sei stata tu a chiedermi di aiutarti con la vendita? Non avevi tempo di occupartene, lo hai già dimenticato? Perché sei sempre in giro per il mondo. Non che te ne faccia una colpa. Sei sempre stata così, e ti amo anche per questo. Ma dimmi una cosa, Sylvia...» Dalla voce sembrava realmente disperato. «Cosa ti ha fatta cambiare? Ti è bastato andare su quell'isola per decidere di voler salvare il vivaio a tutti i costi? Sei pronta a rimetterci dei soldi invece di guadagnarne a palate? Cosa ti succede, Sylvia? Spiegami!»

Lei deglutì. L'aveva colta alla sprovvista. Stava davvero cambiando? E se sì, era così terribile? Di colpo le dispiacque per Holger. Non aveva tutti i torti. Si sentì in colpa. Si era lasciata baciare da uno sconosciuto e si comportava come una ragazzina. Eppure niente di tutto ciò gli dava il diritto di mentirle.

«Perché non mi hai detto la verità ieri?» chiese.

Holger emise un gemito. Riusciva quasi a vederlo camminare agitato nel suo ufficio e passarsi la mano libera dal telefono tra i folti capelli scuri. «Sono stato uno stupido» disse in tono quasi arrendevole. «Perdonami. Ma avevo la sensazione che...»

«Che sensazione avevi?» lo incalzò Sylvia, sospettosa.

«Di dovermi proteggere da te. Mi sembri così diversa, come se non fossi in te. Sylvia, questa vendita è l'affare della nostra vita. Vuoi davvero mandare tutto all'aria? Non avremo una seconda possibilità, credimi...»

«E cosa dovremmo fare con tutti quei soldi?» lo interruppe. «Ci cerchiamo una bella isola e la compriamo? Holger, ascoltami, l'Isola delle Camelie non ha prezzo. Un paradiso simile non esiste altrove sulla terra. Non abbiamo bisogno di tutti quei milioni...»

Sentì un lieve sospiro. «Le persone come noi» ribatté Holger, in tono stanco, «hanno sempre bisogno di soldi. Ci servono. Fidati di me, Sylvia. Chiudiamo l'accordo e...»

«No» si sentì rispondere Sylvia. «L'isola non è in vendita. È la mia ultima parola. Riferiscilo a sir James Ashton-Davenport. Altrimenti lo farò io stessa.»

Adesso il silenzio era glaciale. Come se tra loro si fosse spalancato un abisso. Sylvia rabbrividì.

Poi, in tono più affettuoso di quanto lei si aspettasse, Holger disse: «Come preferisci. Parlerò con lui. E torna a casa, amore. Mi manchi. E ho l'impressione, non offenderti, che la Bretagna non ti faccia bene».

«Tornerò a casa» disse Sylvia, convinta, «ma solo se mi prometti di far saltare la vendita.»

«Ti giuro che farò il possibile» rispose Holger, con una punta di rassegnazione.

«E non osare mai più mentirmi! Hai capito?»

«Ho capito, Sylvia.»

«Se dovesse succedere anche solo un'altra volta, per me è finita. Mi sono spiegata?»

«Non potevi essere più chiara. Adesso devo chiudere, ho un'altra chiamata. Mi faccio sentire.» Detto questo, riattaccò.

Sylvia inspirò ed espirò sollevata.

Holger avrebbe fatto del suo meglio per accontentarla, ne era sicura.

Si alzò. Lo sguardo le cadde sul blocchetto con gli appunti annotati con calligrafia nervosa. Lesse:

Conseguenze:

1. *Prova a farmi cambiare idea.*
2. *Manda all'aria la trattativa.*
3. ...

Indugiò sul numero tre. La terza opzione possibile restava la stessa.

3. *Conclude l'affare a mia insaputa.*

«No» disse a se stessa. *No, no, no. Holger non lo farebbe mai. Ne sono sicura. Non dopo questa conversazione.*

Si infilò le scarpe, ancora leggermente umide, e il nuovo cardigan di lana. Le brontolava lo stomaco.

Mancava poco alle sette e non aveva quasi più toccato cibo

dopo colazione. Non vedeva l'ora di scoprire cosa avesse da offrire il ristorante dell'albergo. Avrebbe trascorso il resto della serata nel centro benessere dell'hotel. E la mattina dopo sarebbe tornata sull'isola. Era giunto il momento di raccontare tutto a Solenn e Maël.

6

L'incantesimo dell'isola

«Mi hai fatto preoccupare!»

Maël la stava fissando, nei suoi occhi si riflettevano l'azzurro chiaro del cielo e il luccichio delle onde. Sylvia aveva appena portato la spesa in cucina e, non avendo visto Solenn, l'aveva sistemata in frigorifero. In cortile poi aveva incontrato Maël, che le era andato incontro con espressione raggiante.

«Sono stata a Quimper» spiegò Sylvia, imbarazzata. Si costrinse a distogliere lo sguardo dal gioco di colori delle sue iridi. «E poi era troppo tardi per rientrare. Sono rimasta a dormire in albergo.»

Si accorse subito che la sua risposta non lo soddisfaceva del tutto. E poi si era ripromessa di dirgli la verità. Meglio farlo subito, prima di farsi di nuovo soggiogare dal suo irresistibile fascino.

«Ho bisogno di parlarti» esordì, guardandosi intorno imbarazzata. Pierrick stava spingendo una carriola piena di terra nella loro direzione, con una sigaretta fumata per metà che gli pendeva dall'angolo della bocca. Le fece un cenno di saluto. Sylvia ricambiò, sorridendo, poi tornò a voltarsi verso Maël. «C'è un posto tranquillo...?»

«*Mais oui*» rispose, regalandole uno dei sorrisi che, se ne accorgeva solo adesso, le erano tanto mancati. «Vieni. Ti faccio vedere una cosa. Un posticino unico.»

Imboccarono la stessa strada di due giorni prima, quando Maël le aveva mostrato le coltivazioni. Questa volta, però, arrivato in cima alla collina svoltò bruscamente a sinistra. Sylvia non vedeva strade, ma Maël guidava sicuro su un sentiero di rocce levigate dal vento e dalle intemperie, finché non raggiunsero un promontorio a picco sul mare. A circa cento metri sotto di loro le onde si infrangevano contro la costa dell'isola, trasformandosi con un boato rabbioso in montagne di schiuma e spruzzi.

«Vieni» gridò Maël, conducendo Sylvia lungo un viottolo scosceso sul fianco orientale della parete di roccia. Continuarono a scendere circondati da uno stormo gracchiante di gabbiani reali finché raggiunsero una nicchia protetta a pochi metri dal livello del mare. Sylvia si lasciò aiutare da Maël negli ultimi gradini, particolarmente ripidi, e si ritrovò in una piccola meraviglia: tra i picchi rocciosi che la proteggevano dal vento, davanti a loro si apriva una piscina naturale. L'acqua rifletteva l'azzurro intenso del cielo. «*Viens*» la esortò di nuovo Maël, prendendole la mano.

Nella caletta l'aria era calma. Sulle pareti di roccia argentea crescevano licheni giallognoli, dalle minuscole fessure facevano capolino piante dai fiori violetti. Tra la roccia e la piscina naturale Sylvia scoprì una spiaggia di sabbia fine come zucchero a velo. Maël la abbracciò, attirandola a sé.

No, dobbiamo parlare, avrebbe voluto dire, ma di colpo le mancarono le parole. Quando lui iniziò a sbottonarle delicatamente la camicia e ad abbassare le spalline del reggiseno, trascinandola con sé sulla sabbia morbida, Sylvia si lasciò andare al desiderio di baciarlo, scacciando ogni pensiero razionale. Tutto intorno a lei sembrava dissolversi in un azzurro brillante: il cielo, l'acqua della piscina naturale, il mare e soprattutto gli occhi di Maël, in cui immergersi senza riserve. E mentre l'uno esplorava il corpo dell'altra, mentre Sylvia assaporava i suoi baci, salati e dolci allo stesso tempo, mentre si apriva per accoglierlo, realizzò con terrore di non aver mai provato niente di simile in vita sua. Né con Holger, né con Robert. Quella fame, quella passione sfrenata, quell'abbandono incondizionato, il sentirsi tutt'uno con lui, il piacere quasi doloroso che la faceva gemere, le esplosioni che travolgevano il suo corpo come onde, infinite e inesauribili, per poi placarsi lentamente, molto lentamente, come il mare che si ritira, cedendo il posto alla dolcezza e all'appagamento, alla pace che le infondeva ritrovarsi tra le braccia di quell'estraneo, eppure così familiare, che le sembrava di conoscere da tutta l'eternità... Prima di allora non aveva mai provato niente di simile.

Era tardo pomeriggio quando tornarono al furgone. Non parlavano, e Sylvia pensò che qualunque parola sarebbe stata superflua. Durante tutto il viaggio Maël le tenne la mano. Soltanto quando raggiunsero il Jardin aux Camélias e attraversarono il portone, quando i suoi occhi incrociarono lo sguardo di Solenn che non lasciava presagire nulla di buono, quando ripensò a Holger e alle sue bugie, a sir James Ashton-Davenport e al maledetto accordo preliminare, soltanto allora la realtà la colpì con tutta la sua violenza. Voleva parlare con Maël, spiegargli tutto. E adesso era ancora più impantanata nel caos dei suoi sentimenti.

Maël continuava a tenerle la mano, e a lei sembrava ancora di sentirlo nel suo grembo, i loro corpi che diventavano un corpo solo. Forse era impazzita, ma di colpo Sylvia non aveva più paura. *Andrà tutto bene*, si disse, dando uno spintone alla portiera difettosa del passeggero e riuscendo ad aprirla. Maël fece il giro del furgone e la aiutò a scendere.

«Devo andare a cercare Pierrick» le sussurrò con dolcezza all'orecchio. «Ci vediamo a cena.»

Poi sparì tra le camelie in giardino.

Sylvia si passò una mano tra i capelli e si chiese quanto fosse evidente quello che stava succedendo tra lei e Maël. Poi si girò verso Solenn e le andò incontro.

«Ho messo la spesa in frigorifero» disse.

Solenn era appoggiata alla porta della cucina con le palpebre semichiuse, come se stesse riflettendo su qualcosa. «Ti va un caffè?» le chiese, guardandola negli occhi. I suoi erano pieni di dolore e preoccupazione. «Vorrei parlarti.»

Sylvia annuì. Il momento era arrivato. Era ora di dire tutta la verità, finalmente.

Seguì la compagna di sua zia in casa, in attesa di sentire cosa avesse da dire. Ma Solenn si prese molto tempo. Preparò il caffè con calma, come se non ci fosse nulla di altrettanto importante al mondo.

Sylvia sedette al tavolo della cucina e la guardò versare il latte in una casseruola ammaccata e accendere la fiamma, poi recuperare due tazze dalla credenza. Aspettò mentre le riempiva di caffè e aggiungeva il latte caldo. Alla fine Solenn prese posto davanti a lei.

«Sono la nipote di Lucie» confessò Sylvia, stupita di quanto le venisse improvvisamente facile dire la verità.

Solenn annuì. «Lo so.»

Sylvia spalancò gli occhi per la sorpresa. «Lo sai?»

«Ma certo. Ti ho riconosciuta subito. Le assomigli così tanto. *Mon Dieu.*» Si passò una mano sugli occhi. Di colpo sembrava esausta. «Parlava spesso di te» continuò. «Lucie sperava tanto...» Si interruppe, abbassò lo sguardo sul caffellatte e scosse quasi impercettibilmente la testa. Sylvia si sentiva persa. Poi

Solenn aprì all'improvviso il cassetto del tavolo e ne estrasse un fascio di fogli che sembrava essere stato consultato di frequente. «Aveva raccolto tutto.»

La sua voce era ormai ridotta a un sussurro. Fece scivolare il fascicolo verso Sylvia, che lo prese, lo aprì con il cuore che batteva all'impazzata e rimase come paralizzata davanti a una sua foto. *Carriere: la donna che mette ordine nel caos* era il titolo che campeggiava in caratteri cubitali sopra l'articolo. Era uscito cinque anni prima su una famosa rivista, con una tiratura di centomila copie. Lo conosceva a memoria, era stato il primo di una lunga serie, e ricordava il senso di trionfo che l'aveva accompagnata per giorni. Ce l'aveva fatta. E quello era stato soltanto l'inizio.

Sylvia continuò a sfogliare. C'erano tutti, sistemati in ordine cronologico: l'intervista con «Wirtschafts Woche», il ritratto su «Capital». Pezzi sulla sua vita privata pubblicati su riviste femminili e così via.

E infine l'apice: la sua elezione tra le dieci donne d'affari di maggior successo del Paese.

«Era così orgogliosa di te» disse Solenn.

Su ciascun articolo Lucie aveva annotato, con calligrafia ordinata, la data e la fonte. Sylvia li mise via. Si sentì sopraffare dalla tristezza, ma ormai era troppo tardi per tornare indietro. «Come è morta?»

«Aveva un tumore al cervello.» Solenn alzò lo sguardo e la fissò intensamente negli occhi, come se volesse verificare la sua reazione alla notizia. «Non lo sapevamo, ma aveva questa cosa da tempo. A Natale di due anni fa ebbe una fortissima emicrania, e da allora il mal di testa iniziò a tormentarla tutte le volte che si metteva distesa. Di giorno stava bene, così si era convinta che non fosse niente di preoccupante. Dava la colpa al vino, infatti smise di berlo, ma anche se assumeva solo tisane alle erbe continuava a peggiorare. A volte i dolori erano così forti, anche durante il giorno, che passava ore e ore seduta in poltrona, come priva di sensi. Poi un giorno si ustionò la mano sul fornello della cucina. Non se ne accorse nemmeno, perché aveva smesso di sentire il dolore. La portammo in ospedale, ma la rimandarono a casa senza una diagnosi. Così andammo a Parigi. Quando alla fine scoprirono il tumore era troppo tardi. Non era più operabile, non sarebbe sopravvissuta. È morta quell'estate. Il giorno del solstizio, ma a dire la verità se n'era andata già prima...»

Solenn si alzò in piedi e si girò di scatto. Le sue spalle tremavano. Sylvia si fissò imbarazzata le mani posate sul fascicolo con gli articoli di giornale. La violenza del dolore di Solenn la impressionava. Dopo quella che sembrò un'eternità, la bretone si riprese. «E questo è tutto» concluse, dandole le spalle. Poi si voltò di nuovo verso di lei. «Vieni» disse in tono deciso, «voglio mostrarti una cosa.»

Senza attendere una risposta, si avvicinò alla porta e la aprì. Sylvia la seguì, confusa dal suo improvviso cambiamento di umore. Solenn attraversò il cortile a grandi passi ed entrò nel giardino delle camelie. Camminava così in fretta che Sylvia dovette quasi correre per starle dietro. Solenn si fermò all'altezza della panchina di pietra dove Sylvia si era seduta due giorni prima sentendosi avvolgere da una strana pace.

«L'abbiamo seppellita qui» disse, indicando l'aiuola di fronte alla panchina, «come ci aveva chiesto lei. E poi sarebbe stato impossibile riportarla sulla terraferma. Sembrava quasi che acqua e cielo fossero infuriati per la sua prematura scomparsa. La mareggiata andò avanti per una settimana. Quando il tempo si fu calmato, il prete venne qui a benedire la tomba. Non che a me importasse, ma Lucie voleva così. E i suoi desideri erano l'unica cosa che contasse per me.»

Sylvia fissò l'aiuola e i fiori rosso sangue ancora non del tutto sbocciati e realizzò di aver sognato proprio quelle camelie. Aveva sognato uno di quei rami in mare, mentre era nella vasca da bagno. Si avvicinò e notò per la prima volta la pietra, eretta tra i due cespugli come un piccolo menhir.

LUCIE. AMATA SOPRA OGNI COSA.

«Sono venuti in tanti, anche da lontano, a dirle addio. Lucie era diventata una di noi, anche se era tedesca e di solito gli stranieri non si integrano bene da queste parti. Ma lei aveva qualcosa, un fascino a cui nessuno sapeva resistere.

«Questo era il suo angolo preferito» continuò Solenn, «veniva spesso a sedersi su questa panchina al tramonto. Penso che una parte di lei aleggi ancora nell'aria. Quando vengo qui e chiudo gli occhi riesco quasi a sentirla. La sua calma. La sua serenità. Il suo amore.»

Allora era lei, pensò Sylvia con una stretta al cuore. La pace che aveva provato in quel posto dipendeva da quello?

Le sembrò di essere tornata bambina e correre a piedi nudi sulla spiaggia insieme a una ragazza sorridente, con un vestito della stessa stoffa del suo, blu con fiori color malva simili alle rose. O erano camelie? Le sembrava di riuscire a sentirne la risata, e la sua voce che chiamava il suo nome. *Dai, Sylvie, corri, più veloce!* E adesso stava volteggiando in aria, tossendo, senza fiato per le troppe risate, senza peso e poi di nuovo giù, tra le braccia morbide di sua zia. Poi cadevano insieme a terra, rotolandosi nella sabbia morbida e sottile come zucchero a velo. Zia Lucie. Sua zia. Il suo tutto per la durata di una splendida estate.

Lucie che le comprava il gelato di nascosto, mentre sua madre lo aveva proibito. Lucie che conosceva le canzoni più belle. Lucie che ogni giorno inventava un nuovo gioco. Lucie che le aveva fatto passare la paura dell'acqua e delle onde e le aveva insegnato a nuotare.

Cos'era successo poi? Lucie si era sposata. E, all'improvviso, era sparita.

«Non riesco nemmeno a esprimere quanto mi manchi» disse Solenn, e Sylvia vide sulle guance di lei le stesse lacrime che rigavano le sue. Per cosa stava soffrendo? Per la sua infanzia perduta? Per la zia che aveva conosciuto allora? Oppure per la Lucie che non aveva mai conosciuto davvero, che aveva dimenticato e alle cui lettere non aveva mai risposto? Piangeva per la piccola Sylvie, come l'aveva sempre chiamata sua zia, oppure per se stessa, per la sua vita, per il suo amore per Holger o persino quello per Robert? Oppure, semplicemente, perché aveva appena capito di aver passato anni a rincorrere qualcosa che adesso non era in grado di offrirle alcuna consolazione, ora che zia Lucie era morta e nel suo matrimonio, basato sulla ragionevolezza, si erano insinuate bugie e sfiducia, minacciando di farlo implodere?

Sylvia rabbrividì. Il sole era scomparso oltre le mura del giardino. Iniziava a soffiare un vento freddo, che si infilava sotto il cardigan, tra i suoi capelli e tra le camelie rosse sulla tomba di Lucie. Alcuni petali si staccarono e volarono sopra la sua testa, oltre le mura, uno stormo di uccelli neri si alzò in volo emettendo acute strida, e di colpo quell'angolo di pace si trasformò in un luogo furioso e gelido.

«Meglio rientrare» disse Solenn con voce roca, «ci vediamo a cena.» E con il suo consueto fare burbero si voltò e si avviò a fatica verso la villa.

Mi odia, pensò Sylvia, stringendosi il cardigan intorno al corpo. *Deve odiarmi. Al suo posto mi sarei già mandata al diavolo da un pezzo.*

Quella sera nessuno si era preoccupato di accendere il fuoco nella sua stanza. Con le dita intirizzite dal freddo, Sylvia sistemò due ciocchi di legno lasciati da Pierrick sulla gratella e cercò di creare una fiamma. Per via delle dita intorpidite, consumò un fiammifero dopo l'altro senza ottenere nulla. Non aveva esperienza con quel genere di cose.

Alla fine si arrese, furiosa con se stessa, indossò un altro maglione e si avvicinò alla finestra che dava sulla terraferma. Scure nubi si stavano addensando all'orizzonte, formando una specie di linea tra cielo e terra.

Eppure qualche ora prima splendeva il sole, si era distesa sulla sabbia nella caletta...

Sylvia fu attraversata da un'improvvisa ondata di calore, nonostante il freddo della stanza. Arrossì di vergogna al pensiero della passione che provava per Maël. Era incredibile, aveva perso la testa per quell'uomo. Una parte di lei non smetteva mai di pensare a lui. Una parte sconosciuta e simile a una bestia silenziosa, in attesa dell'occasione buona per paralizzare ogni sua attività razionale. Era possibile che Maël andasse a trovarla in camera quella notte?

Cosa diavolo le stava succedendo?

In dieci anni di matrimonio non aveva mai avuto la minima tentazione di iniziare una relazione. E le occasioni non le erano certo mancate. I suoi clienti erano quasi tutti uomini e Sylvia ormai era abituata ai loro sguardi libidinosi e al loro modo di tastare il terreno per capire fin dove potessero spingersi. Per questo si era costruita un muro protettivo, imparando a rifiutare le loro avance senza offenderli. Anzi, era diventata un'esperta nell'arte di far capire agli uomini di non essere disponibile senza ferire il loro orgoglio. Ma non aveva mai incontrato nessuno come Maël.

Lui era così diverso. Così naturale, così se stesso. Non sembrava interessato ai soldi o alla posizione sociale. Non le aveva mai chiesto che lavoro facesse. Maël la desiderava per quello che era, senza se e senza ma. A Sylvia sembrava quasi parte integrante della natura che la circondava. Il sole faceva brillare i colori irradiandoli con la sua luce magica, il vento spostava le onde e le nuvole cariche di pioggia finché queste non esplodevano in tutta la loro forza...

Le carezze di Maël, le sue mani che sembravano fare sempre, istintivamente, la cosa giusta.

La cosa giusta era amare Maël. Non c'era altra scelta. Non sembrava un errore, eppure era sbagliato. *È possibile che la cosa giusta sia sbagliata e la cosa sbagliata giusta?* si chiese.

Si allontanò dalla finestra di scatto. Pensieri simili rischiavano di scombussolarla del tutto. Meglio impegnarsi in un'attività sensata. Accese la lampada e decise di impiegare la mezz'ora che mancava alla cena per controllare i messaggi che finora aveva completamente ignorato. Nella sua casella di posta elettronica campeggiavano cinquecentoquarantotto mail non lette. Sospirando, si mise al lavoro. Per fortuna molte potevano essere cancellate senza nemmeno essere aperte. Spostò quelle dei clienti nelle apposite cartelle. Aveva sviluppato un suo sistema per non lasciarsi sfuggire i messaggi importanti o perderli in qualche modo nella foga delle giornate lavorative. Ad alcuni avrebbe dovuto rispondere presto.

Sylvia si bloccò, come paralizzata. C'era una mail da parte di Thomas Waldner, il loro amico avvocato e consulente fiscale. Le aveva chiesto di richiamarlo con urgenza prima che partisse. Porca miseria! Lo aveva completamente dimenticato. E anche questo, osservò con autocritica, fino a qualche giorno prima non le sarebbe mai successo.

Ma non fece in tempo ad aprire il messaggio che qualcuno bussò alla porta. Era Maël.

«Fa abbastanza caldo qui dentro?» chiese, infilando la testa nella stanza con aria imbarazzata. «Vuoi per caso che ti accenda il fuoco?»

«Saresti molto gentile» rispose Sylvia, sollevata.

Maël si affaccendò con il camino. Tra le sue mani le fiamme presero vita in un batter d'occhio.

«Come fai? Quando ci ho provato io non ne voleva sapere.»

Maël scoppiò a ridere. «Forse è meglio non farti vedere come si fa» ironizzò lui, «così ho una scusa per venire qui. Guarda, inizia con i pezzi di legna più sottili, costruisci una specie di tenda indiana e poi continua con rametti sempre più spessi. Quando cominciano a bruciare, come adesso, puoi aggiungere i ciocchi di legno più grandi. Il camino deve essere già abbastanza caldo. Vedi? Così...»

Con gesti abili ammonticchiò i ciocchi in modo da non soffocare la fiamma, lasciando che il fuoco li lambisse, finché non iniziarono poco a poco a bruciare.

Maël si alzò in piedi e si voltò verso di lei. Aveva l'aria così felice, ed era così sfacciatamente bello che le farfalle nello stomaco di Sylvia presero a svolazzare come impazzite.

«Sylvia» sussurrò, avvicinandosi.

La prese tra le braccia e la attirò a sé. Il corpo di lei si infiammò di nuovo, innescando quel desiderio irrazionale di stringersi a lui, di sentire il proprio corpo contro il suo.

«Maël» gemette Sylvia, affondandogli il naso tra il collo e la spalla. Respirò il suo profumo di vento, mare e terra. «Dobbiamo per forza...» ma non andò molto oltre.

Le labbra di lui le serrarono la bocca. Perché tra le sue braccia perdeva del tutto la lucidità? Com'era possibile che non riuscisse a parlargli?

«Sylvie» gridò una voce energica dal piano inferiore, «*à table, s'il te plaît.*»

Era Solenn che li chiamava a cena. Sylvia allontanò dolcemente Maël da lei, lo guardò negli occhi e appoggiò la fronte contro la sua. Lui ansimava, sforzandosi di trattenere l'eccitazione.

«E se non scendessimo?» Sylvia non riusciva a credere alle sue stesse parole.

Maël fece una risatina. «In quel caso credo che sarebbe capace di venire qui a prenderti» rispose, dispiaciuto. Le diede un altro dolce bacio sulle labbra, poi uno sul naso, infine si allontanò da lei e si passò una mano tra i capelli. «Forse è meglio che scenda tu per prima. Io arrivo subito. Posso usare un attimo il tuo bagno?»

«Ma certo» sussurrò lei, inspirando a fondo prima di lasciare la stanza.

Al tavolo della cucina Pierrick e Gwen sedevano già davanti alla loro zuppa. Solenn la trafisse con un rapido sguardo indagatore mentre le serviva il suo piatto.

«Dov'è Maël?» chiese Pierrick.

Proprio in quel momento la porta sul cortile si aprì ed entrò Maël. Sylvia alzò le sopracciglia. Davvero si era preso la briga di fare il giro della casa per dare l'impressione che stesse venendo da fuori? Le sembrava anche che stesse evitando il suo sguardo.

Meglio così, disse la voce della ragione da qualche parte dentro di lei, *non è necessario che tutti sappiano* – la mano con cui si stava portando il cucchiaio alla bocca prese a tremare – *che abbiamo una relazione*.

Il senso di colpa tornò a tormentarla. Si stava comportando da irresponsabile.

E il peggio era che Maël ignorava il fatto che lei fosse sposata. Non sapeva come dirglielo, dopo tutto quello che c'era già stato tra loro.

Al termine della cena Sylvia insistette per aiutare Solenn a lavare i piatti. In fondo faceva parte della famiglia, non era un'ospite qualunque arrivata per caso da Monaco. La donna accettò l'offerta, imperturbabile.

Dalla loro conversazione sulla tomba di Lucie, Sylvia non riusciva più a interpretare gli stati d'animo della compagna di sua zia. Sentì Gwen che convinceva un riluttante Maël ad accompagnarla sulla terraferma. A quanto pareva la sua auto aveva dei problemi. Pierrick si ritirò nella sua casetta in fondo al giardino, e alla fine la cucina rimase silenziosa. Soltanto il rumore delle stoviglie rompeva il silenzio della stanza.

Dopo un po' finirono di lavare. Solenn si voltò e si tolse il grembiule.

«Vieni» disse, sforzandosi di sorridere, «beviamo un bicchiere di *lambig*.»

Prese dalla credenza una bottiglia piena di un liquido ambrato e due bicchierini di cristallo a forma di tulipano.

«Cos'è il *lambig*?» si informò Sylvia.

«Più a nord lo chiamano Calvados» spiegò Solenn, riempiendo i bicchierini per metà. «Lo conosci, giusto? Viene distillato dal sidro.»

«Sì» rispose Sylvia, annusandolo.

Il *lambig* emanava un aroma fruttato di mele e vaniglia. Sylvia osservò la bottiglia e notò che era priva di etichetta.

«Lo produce un amico di Maël» spiegò Solenn, intercettando lo sguardo di Sylvia. «È il migliore della zona. Dipende dalla qualità delle mele. Brioc coltiva le varietà giuste. Per un buon *lambig* ne servono di dolci, aspre e acidule. È questo a dargli sapore. Come per la vita, diceva sempre Lucie.» Solenn sollevò il suo bicchiere. «Brindiamo a tua zia Lucie!»

I bicchieri si incontrarono con un tintinnio argentino. Sylvia era sul punto di piangere. Il liquore alla mela era fresco e forte, l'aroma fruttato profumava d'estate, di freschezza e gioia, e le mozzava quasi il fiato. Subito dopo sentì l'alcol. Quaranta per cento, se non di più, ipotizzò Sylvia, ripromettendosi di bere con moderazione.

«Volevo chiederti una cosa» disse Solenn, appoggiando la schiena al ripiano della cucina, «e ti prego di non prendere male la mia domanda, ma... Insomma, vorrei sapere perché sei venuta.»

Sylvia abbassò lo sguardo, fissando il liquido ambrato nel suo bicchiere e annusandone il profumo. *Mele dolci, aspre e acidule, proprio come la vita*, pensò.

«Volevo vedere il posto dove aveva vissuto Lucie» si decise a rispondere, con un filo di voce.

Era la verità. Anche se adesso, nella cucina piena di ricordi di sua zia e considerato il destino che minacciava quel posto per colpa sua, sembravano parole vuote.

«Ma perché proprio ora?» esplose Solenn. «Non ha alcun senso. Perché non sei mai venuta prima?»

Perché non avevo tempo, pensò Sylvia. *Perché non mi sono mai presa del tempo. Perché non era abbastanza importante*. Non poteva dirlo, ovviamente, ma la verità aleggiava comunque nella stanza. Sylvia si schiarì la voce.

«Mi hai mostrato la cartella con gli articoli di giornale raccolti da Lucie» disse alla fine. «Sai che tipo di vita conduco. Temo di non essermi data le giuste priorità. E credimi...»

Solenn scoppiò a ridere, e Sylvia non riuscì a continuare. Avrebbe voluto dire che le dispiaceva, ma la risata di Solenn si trasformò presto in un singhiozzare disperato e quando Sylvia si alzò d'istinto per abbracciarla, lei la allontanò. I singulti si calmarono, fino a cessare del tutto. Solenn tirò fuori un fazzoletto dalla tasca, si soffiò il naso e tornò a fissarla con la sua espressione imperturbabile.

«Lucie diceva sempre che eri diversa dal resto della sua famiglia» dichiarò la compagna di sua zia. «Sono felice che non abbia dovuto convivere con questa delusione.»

Sylvia si sentì avvampare per la vergogna. «Non è come pensi» provò a giustificarsi. «Non venderò l'isola.»

«Ah no?» chiese. «E allora perché hai mandato qui quel tizio, il mediatore? Perché hai lasciato che accompagnasse qui l'inglese che vuole trasformare questo posto in un resort di lusso? Perché? Per spaventarci e poi venire qui in incognito, abbordare Maël e privarlo della sua pace? Non sai che bulldozer e scavatrici sono già pronti ad ampliare la passerella che conduce all'isola? Che proprio ieri architetti e geometri si sono riversati qui come uno sciame di locuste? Non vuoi vendere l'isola, hai detto? Non è neanche più tua. Ieri sei stata in paese, non hai sentito che ormai anche le pietre sanno che il Jardin aux Camélias ha i giorni contati?»

Solenn strinse le mani a pugno e andò verso il lavandino. Urtò una sedia che intralciava il suo passaggio, facendola cadere a terra rovinosamente. Con sgomento Sylvia guardò la cassa toracica della sua ospite alzarsi e abbassarsi per l'agitazione.

«Solenn» disse Sylvia a bassa voce, «per favore, ascoltami. Sì, l'ho saputo ieri. Non ne avevo idea.» La bretone si limitò a scuotere la testa. *Come faccio a farle capire quello che è successo tra me e Holger?* «Per favore» la implorò Sylvia, «devi credermi. Ho commesso un errore. Mi sono fidata ciecamente di una persona e sono stata ingannata. Ma non è troppo tardi. Salverò quest'isola, Solenn. Troveremo una soluzione insieme. Sono una consulente aziendale e se sei d'accordo vi aiuterò a ottimizzare l'attività del vivaio. Devi soltanto lasciarmi dare un'occhiata ai libri contabili...»

«Sylvia» la interruppe Solenn, girandosi di nuovo a guardarla. «Adesso ascoltami bene. Lucie non si era mai sognata di lasciarti questo posto in eredità. Aveva fatto testamento a mio favore. Abbiamo costruito questo posto insieme. Nel testamento è incluso anche Maël: è un bravo ragazzo e per noi è diventato quasi un figlio. Nessuno conosce le camelie meglio di lui. E ha un cuore d'oro. Il problema è soltanto... che il testamento è sparito. È per questo che sei qui. Ma mai nella vita avrei pensato che la nipote che Lucie aveva tanto amato si sarebbe comportata in modo così egoista.»

Sylvia appoggiò il bicchiere sul tavolo. Le girava la testa. Solenn aveva ragione, eppure sentiva montare dentro di lei la rabbia nei confronti di quella donna scorbutica. Faceva male quando gli altri rigiravano il coltello nella piaga.

Poi le sembrò di sentire la voce di sua zia. *Mele dolci, aspre e acidule...* Deglutì e pensò alle ruspe.

«Solenn» disse alla fine, «capisco la tua collera. Al tuo posto sarei altrettanto furiosa. Ma non serve a niente. Ti ho già spiegato perché si è arrivati a questo punto. Ti ho detto che sono stata ingannata, ma adesso mi è tutto chiaro e sono decisa a salvare l'isola. Però non posso farlo da sola, possiamo riuscirci soltanto insieme.»

Solenn la scrutò a lungo con sguardo diffidente, gli occhi stretti a fessura.

«Può darsi» ammise. «Un'altra cosa: voglio che lasci in pace Maël. Ha avuto delle brutte esperienze. Ti proibisco di spezzargli il cuore. Gli è già successo una volta e non so se sopravvivrebbe alla seconda.»

7

La verità

Nella sua stanza, il fuoco acceso da Maël si era quasi spento. Sylvia aggiunse con cautela un paio di rametti alla brace, restando a fissarli mentre le fiamme ricominciavano a guizzare. Poi si avvicinò alla porta e girò la chiave nella serratura. Non che si sentisse insicura in casa di sua zia. Temeva soltanto quello che sarebbe successo se Maël avesse bussato alla porta.

Non poteva andare diversamente. Quella specie di *amour fou* doveva finire. Subito. Solenn aveva ragione, anche se forse non era informata del fatto che Sylvia fosse sposata. O invece sì? Sembrava che sapesse tutto di lei...

Meglio distrarsi. Riprese in mano il cellulare con il preciso intento di mettere ordine tra le sue mail.

Aprì il messaggio del consulente fiscale e lo lesse. All'inizio aveva la testa altrove, e le frasi le apparivano confuse. Poi il suo sguardo si posò su una parola in particolare e la sua attenzione si risvegliò di colpo. Come? Stava sognando? Cosa le succedeva? Cosa aveva a che vedere la parola «insolvenza» con la contabilità sua e di Holger?

Cara Sylvia, lesse ancora una volta, *ho cercato di contattarti in tutti i modi, e inizio a preoccuparmi sul serio. Dobbiamo* ASSOLUTAMENTE *parlare e valutare insieme una strategia per affrontare l'incombente insolvenza di Holger. Ovunque tu sia, per favore chiamami appena possibile, a qualunque ora del giorno o della notte. Hai il mio numero di cellulare personale. Thomas.*

Holger era a rischio insolvenza? Non poteva essere vero. Eppure Thomas Waldner era l'avvocato e il consulente fiscale più affidabile che si potesse avere. Lo conosceva da più tempo di Holger, era persino stato il suo testimone di nozze. Non era nel suo stile scherzare su argomenti simili. Si sentiva intontita, come se le avessero tirato un ceffone.

Per questo Holger era così impaziente di vendere l'Isola delle Camelie? E preferibilmente per una montagna di soldi? Si ricordò della frase che aveva usato. *Le persone come noi hanno sempre bisogno di soldi. Ci servono. Fidati di me, Sylvia...*

Fiducia. Si era fidata di lui. Al punto da rifiutare un contratto prematrimoniale, nonostante la sua parte razionale le consigliasse altrimenti. E non solo il suo cervello, ma anche Thomas e la sua amica Veronika. «Tu, soprattutto» le aveva detto, «dovresti considerare la faccenda a mente fredda. Tu che predichi sempre la razionalità.»

Ma Holger non aveva voluto. L'aveva guardata con i suoi grandi occhi scuri e le aveva detto: «Ti fidi così poco di me?». Lei non aveva avuto il coraggio di insistere. *Ha ragione*, aveva pensato. *Come facciamo a costruire una relazione basata sulla fiducia, se partiamo già con il freno a mano tirato?* Sylvia sapeva che era una sciocchezza, lo aveva sempre saputo, ma si era detta che non correva alcun rischio. Non con Holger, che era un uomo d'affari brillante e accorto. Cosa diavolo era successo? E perché mai Holger glielo stava tenendo nascosto? Proprio a lei, che si guadagnava da vivere tirando fuori dai pasticci le aziende in difficoltà. Se la situazione era veramente così critica perché non le aveva chiesto aiuto quando era ancora in tempo per rimediare?

Sylvia controllò la data del messaggio. Era stato inviato due giorni prima. Chissà cosa poteva essere successo nel frattempo. In casi simili ogni ora poteva essere di vitale importanza. E ancora non sapeva quanto fosse grave la situazione.

Afferrò la cornetta del vecchio telefono e compose il numero di Thomas. Il suo amico rispose subito.

«Mio Dio, Sylvia, che fine hai fatto?»

«Sono in Francia» disse. «Finalmente in vacanza. Che cosa succede?»

«Pessimo tempismo. Come, che cosa succede? Tu non sai niente?»

Una brutta sensazione le serrò la gola. «Cosa c'è che non va, Thomas?» chiese, terrorizzata. «Per favore, dimmelo!»

Sentì il consulente fiscale imprecare a bassa voce tra sé e sé. «Tuo marito ha fatto delle speculazioni sbagliate. Non so che problemi abbia. Lo conosco da tanto e non avrei mai pensato che potesse succedere.»

«Quanto è grave?»

«Abbastanza.» Si interruppe, poi si schiarì la voce.

«Vai avanti, Thomas, ti prego!»

«Dunque... ha comprato un paio di immobili, perché pensava che ci avrebbe guadagnato più che con una semplice provvigione. Voleva finanziare la transazione di uno con la vendita del precedente, e così via. Il problema è che i clienti lo hanno piantato in asso. E adesso è costretto a calarsi le braghe.»

Il suo amico si interruppe di nuovo.

«Continua, Thomas» lo implorò Sylvia. «Porca miseria, parla e basta!»

«E va bene. Al momento i debiti ammontano a circa quindici milioni.»

Sylvia aveva la sensazione di precipitare nel vuoto. Cadeva

e cadeva senza mai toccare il fondo. Voleva dire qualcosa, ma le mancava la voce.

«Sylvia» riecheggiò preoccupata la voce di Thomas. «Ci sei ancora? Mi senti?»

Lei inspirò a fondo e si schiarì la gola. «Sono ancora qui, Thomas. È solo...»

«Allora non lo sapevi davvero.» Era un'affermazione, non una domanda.

Sylvia scosse la testa. «No» rispose. Poi fu sopraffatta dalla rabbia. «Cazzo, no che non lo sapevo!» Non lo sapeva perché suo marito l'aveva tenuta all'oscuro di tutto e le aveva mentito.

«Holger dice» continuò Thomas «che presto avrà i soldi. Io davvero non riesco a immaginare come e lui si rifiuta di dirmelo. Non sono sicuro che sappia quello che sta facendo.» Sylvia aveva sempre conosciuto Thomas nelle vesti del consigliere tranquillo e con il controllo della situazione. Adesso era chiaro che fosse molto preoccupato. «Mi dispiace, Sylvia» continuò, visto che lei non reagiva, «detesto di dover essere io a darti la brutta notizia, credimi.» *Non dovrebbe dispiacere a te*, pensò lei. *L'unico a dover essere dispiaciuto è Holger. O forse anche io. Per essere stata così stupida da fidarmi di un uomo per la seconda volta.* «Hai idea di cosa stia architettando tuo marito?» chiese Thomas. «Sai qualcosa di un affare da quindici milioni di euro?»

«Sì» ammise Sylvia, turbata dal tono della sua stessa voce. «Lo so. Ho ereditato un'isola in Bretagna. Un'isola con una coltivazione di camelie. Un paradiso, Thomas, se capisci cosa intendo, un posto magico.»

«Un'isola? Privata?»

«Esatto.»

«E c'è un cliente interessato?»

«Proprio così. Holger vuole vendere a una catena alberghiera di livello internazionale.»

Sentì l'amico tirare un profondo sospiro di sollievo. «Dio, Sylvia» disse, rincuorato, «non sai quanto ne sono felice. Allora andrà tutto bene...»

«No» lo interruppe lei. «Niente affatto. Non posso vendere quest'isola.»

Sulla conversazione calò un silenzio tombale.

«Non capisco...» disse alla fine lui, evidentemente confuso.

«Thomas, mi dispiace, ma non c'è niente da capire.»

«Sylvia...»

«È così e basta.»

«Sei consapevole delle implicazioni di questa tua presa di posizione? Una simile eredità è l'unica speranza di salvezza per Holger...»

«Sono coinvolta anche io?» si informò Sylvia in tono piatto. «In caso di insolvenza sarei costretta a vendere l'isola?»

«Allora vuoi davvero...»

Thomas Waldner non terminò la frase. Sylvia lo capiva. Doveva fare i conti con una nuova realtà. Sylvia e Holger non erano più una squadra in cui uno veniva in aiuto dell'altro. Lei stessa faceva fatica ad accettarlo.

«Volevi chiedermi» gli andò in aiuto Sylvia «se ho davvero intenzione di piantarlo in asso in questo modo? Non ho altra scelta, Thomas. Non solo mi ha tenuta all'oscuro di tutto, mi ha anche mentito apertamente. E comunque avevo deciso a prescindere di non vendere l'isola. Non posso lasciare che un simile paradiso venga distrutto. Quindi te lo chiedo di nuovo. Sono coinvolta anche io? Possono costringermi a vendere?»

Ci fu un attimo di silenzio. «No, Sylvia, nessuno può costringerti a farlo. Se si dovesse aprire una procedura di insolvenza ai danni di Holger, le tue proprietà e il tuo patrimonio non rientrerebbero nella massa fallimentare.»

Sylvia tirò un sospiro di sollievo. Da anni faceva consulenza per aziende in condizioni disperate, ma non si sarebbe mai aspettata che qualcosa del genere potesse capitare a lei. «Ma dimmi una cosa, Thomas, la situazione è davvero così disperata per Holger? Un immobile ha pur sempre un valore di mercato. Anche se al momento non ci sono clienti interessati, le cose potrebbero cambiare...»

«Ha fatto degli investimenti sbagliati, Sylvia» la interruppe Thomas. «E non parliamo di un solo immobile, ma di tre. Un castello in Baviera con le fondamenta ammuffite, una *finca* nel sud della Spagna in una zona a forte rischio sismico e un palazzo in Sicilia, quest'ultimo comprato da un falso proprietario. Adesso i veri eredi rivogliono indietro la loro proprietà e il truffatore è sparito.» Sylvia scosse la testa. Cosa stava succedendo a Holger? A tutti poteva capitare qualche scelta sfortunata, ma perché continuava ad acquistare immobili senza prima far realizzare delle perizie affidabili? «Giuro, Sylvia, non lo capisco più. Sei una consulente aziendale. Per quale assurdo motivo non ti ha chiesto un parere?»

Sylvia deglutì. «Me lo domando anche io. Sono... esterrefatta. Credo di aver bisogno di tempo per digerire la notizia.»

«Torna qui, Sylvia, e parlagli. Siete sempre stati un'ottima squadra. Non riesco a credere che sia potuta succedere una cosa simile.»

Nemmeno io, pensò Sylvia, sforzandosi di non scoppiare a piangere. «Hai ragione» disse invece. «Holger e io dobbiamo parlare urgentemente. Avremmo dovuto farlo molto prima. Io... non ne avevo la più pallida idea. Non mi sono mai immischiata nel suo lavoro. Come lui nel mio.»

«Forse dovresti riflettere a mente fredda anche sulla questione della tua eredità» propose Thomas, cauto. «Risparmieresti un sacco di seccature a tuo marito. E anche a te stessa.» Sylvia alzò lo sguardo e contemplò la stanza. Il fuoco si era quasi spento. Dei due rametti che aveva aggiunto rimanevano pochi resti carbonizzati che bruciavano debolmente. «Se non ti piace l'idea del resort» continuò Thomas, sempre guardingo, «forse Holger potrebbe trovare un altro compratore. Non devi decidere oggi, ma pensaci ancora un attimo. E parla con tuo marito. Credo sia la cosa migliore.»

«Grazie» lo congedò Sylvia. «Grazie di tutto.»

Chiuse la conversazione e riattaccò.

Poi rimase seduta a fissare il fuoco morente, senza vederlo. Cercò di riflettere, pianificare le prossime mosse, senza tuttavia riuscire a mettere insieme un solo pensiero razionale. Non ricordava di essere mai stata così confusa in vita sua.

Poco dopo sentì bussare dolcemente alla porta. Non rispose. Udì Maël sussurrare il suo nome, avvertiva la sua presenza, in piedi davanti alla porta, e non riuscì a trattenere le lacrime. Non poteva farci nulla. Per quanto fosse difficile, e per quanto avesse bisogno di essere consolata, non rispose. Alla fine sentì i passi leggeri che si allontanavano esitanti e poi soltanto il mugghiare del mare, l'ululato del vento e lo scricchiolio delle travi della vecchia casa.

Nella notte si scatenò la tempesta. Il mare ruggiva come un animale selvatico. Violente folate di vento facevano tintinnare i vetri delle finestre, e quando a un certo punto si alzò preoccupata per dare un'occhiata all'esterno le sembrò che l'Atlantico stesse per inghiottire l'isola. Violente onde si abbattevano sulla collinetta di terra come se volessero distruggerla del tutto. Nuvole scure si rincorrevano nel cielo. La luna, quasi piena, gettava la sua luce fredda su quello spettacolo della natura, illuminando d'argento la schiuma che schizzava al di là delle mura di pietra del giardino. Poi le nubi coprirono di nuovo la luna e la luce lasciò posto alla totale oscurità.

Sylvia tornò nel suo letto disfatto, nel quale era rimasta a rigirarsi insonne nelle ore precedenti. Non sapeva cosa fare. Di solito trovava sempre una soluzione per tutto, ma questa volta non vedeva vie d'uscita. Qualsiasi decisione avesse preso avrebbe avuto effetti devastanti. Se avesse seguito il suo cuore non vendendo l'isola, avrebbe mandato suo marito in rovina. Se avesse lasciato che quel luogo magico venisse trasformato in un resort di lusso con campi da golf non sapeva come avrebbe fatto a guardarsi allo specchio in futuro senza vergognarsi. Avrebbe distrutto il lavoro di una vita di sua zia, e anche se non aveva mostrato alcun interesse per lei mentre era ancora in vita, Sylvia si sentiva in dovere di assicurarsi che il suo ultimo desiderio venisse esaudito. Era così semplice da capire: Lucie voleva soltanto che le persone che aveva amato potessero continuare insieme l'opera che avevano costruito insieme. E Sylvia si sentiva terribilmente in colpa per aver trascurato la responsabilità ricaduta su di lei a causa della perdita del testamento. Non poteva vendere l'isola, Holger avrebbe dovuto farsene una ragione.

Ma cosa gli sarebbe successo? Cosa ne sarebbe stato del loro matrimonio?

Sylvia si rigirò dall'altra parte. La tempesta era sempre più potente. Aria gelida penetrava dagli spifferi, facendo danzare le tende di lino. A un certo punto una folata colpì una delle finestre, spalancandola, con una violenza tale da sembrare un pugno sferrato da un gigante. Il vento risucchiò le tende all'esterno facendole svolazzare come bandiere bianche.

Sylvia balzò in piedi e cercò di rimettere a posto le lunghe strisce di lino e di chiudere la finestra. Più facile a dirsi che a farsi. Appena si sporse fuori si bagnò da capo a piedi. Più di una volta le raffiche le strapparono la stoffa fradicia dalle mani, colpendole il volto e costringendola a tastare alla cieca in cerca dei battenti. Alla fine riuscì a vincere la battaglia contro la collera della natura. Richiuse le finestre, lisciò la stoffa bagnata, si scostò i capelli dal viso e andò in bagno ad asciugarsi. Quando si vide allo specchio le sembrò di guardare un'estranea. Era davvero lei quella donna pallida con le occhiaie e l'espressione preoccupata?

Si tolse la camicia da notte zuppa di pioggia e la appese a un gancio. Poi si infilò jeans e pullover. Ormai era impossibile pensare di dormire. All'esterno la tempesta infuriava, infondendole il sentore di doversi tenere pronta. Ma per cosa? Al momento non c'era via di scampo dall'isola. Cercò con lo sguardo la passerella e non fu stupita di vedere soltanto le onde infrangersi con violenza.

Decise di andare a prepararsi una tazza di tè. Senza far rumore uscì dalla stanza e scivolò lungo le scale scricchiolanti. Raggiunta la cucina, notò una sottile striscia di luce sotto la porta. Esitò. Poi si fece coraggio ed entrò.

Solenn sedeva al tavolo con una tazza fumante tra le mani. Indossava una vestaglia di flanella blu piuttosto malandata e un paio di ciabatte di lana ai piedi.

«Vuoi un tè anche tu?» le chiese. «Le bustine sono nella scatola di latta nella dispensa. L'acqua è già pronta.» Sylvia prese una tazza dalla credenza e cercò tra le varietà di tè disponibili una con delle erbe a effetto calmante, sperando che funzionassero. «Bel tempo, no?» disse Solenn. «Ma non preoccuparti, questa casa è sopravvissuta a molte tempeste.»

Poi tornò in silenzio. Sylvia dovette combattere contro la tentazione di portare la tazza in camera. Prese posto davanti a Solenn.

«Come vi siete incontrate, tu e Lucie?» chiese, sorpresa da quell'improvvisa domanda almeno quanto la sua interlocutrice.

La donna le lanciò un'occhiata indagatrice, poi tornò a fissare il suo tè. Sylvia si morse le labbra. Più passava il tempo, più la sua posizione si faceva imbarazzante. Era evidente che Solenn non fosse in vena di confidenze. Non con lei quantomeno.

«È passata un'eternità» disse alla fine, quando Sylvia aveva smesso di aspettarsi una risposta, «eppure ricordo ancora ogni dettaglio. All'epoca lavoravo in un vivaio a Mont Saint-Michel ed ero tornata a trovare mia sorella. Vive qui vicino, sulla terraferma. "Non ci crederai" mi disse, "adesso abbiamo un negozio di fiori anche qui. Una tedesca ha comprato il vecchio negozio di Gurvan, devi vederlo." Lo feci. Così incontrai Lucie, nel suo abito chiaro a fiori...» Solenn guardò Sylvia, persa nei suoi pensieri, poi bevve un altro sorso di tè. «All'inizio erano tutti diffidenti. Trovavano ridicolo che una turista credesse di poter gestire un negozio di fiori. Ma in men che non si dica andavano tutti a comprare da lei. Anche la gente a cui i fiori non erano mai piaciuti.» Solenn sorrise, e la sua espressione scontrosa si trasformò, diventando dolce e piena di vita. «Cosa posso dire? È stato amore a prima vista. Per Lucie fu una sorpresa, non sapeva che le piacessero le donne. Soltanto di una cosa era certa: non aveva intenzione di trascorrere la vita con l'uomo che aveva sposato troppo presto. Era scappata un anno dopo le nozze. E la sua famiglia non gliel'ha mai perdonato. Ma non devo raccontartelo io, immagino, lo saprai meglio di me.»

«No» disse Sylvia. «Non so niente, ero soltanto una bambina. Nessuno me ne ha mai parlato, e le domande su zia Lucie a casa nostra erano un tabù. Per me lei è semplicemente sparita di punto in bianco. Non sapevo altro finora.» Solenn la guardò negli occhi, come per assicurarsi che stesse dicendo la verità. «Se non ti spiace» continuò Sylvia, «mi piacerebbe che mi parlassi di voi. Come vi siete trasferite qui? Da dove è arrivata l'idea delle camelie?»

«Lavoravo con le camelie già al nord» raccontò Solenn, «e Lucie ci sapeva fare con le piante come con le persone. Non si poteva non amarla. Quest'isola era appartenuta per secoli a una famiglia di pescatori. Nei loro tempi migliori i Kerguénnec possedevano numerose barche, una sorta di piccola flotta, e gli altri pescatori lavoravano per loro. Ma questo ormai molto tempo fa. Le limitazioni alla pesca e le zone di riserva hanno rovinato i loro affari. Alla fine era rimasto soltanto il vecchio Nolff, che io conoscevo bene. Mio padre aveva lavorato per i Kerguénnec, erano come fratelli. Quando informammo Nolff dei piani che avevamo per l'isola ce la vendette per una cifra simbolica, in cambio della possibilità di restare a vivere qui. Ci siamo prese cura di lui finché non è morto, sei anni fa.»

«E le camelie?»

«Erano qui prima di noi, almeno gli arbusti più vecchi nel giardino della casa. Li aveva piantati la nonna di Nolff, Maï. Il clima è semplicemente perfetto per le camelie. Così ci venne l'idea di realizzare qui il mio sogno. Per il vecchio Nolff era una gioia veder rifiorire l'isola dopo il triste tracollo della sua famiglia. Poco prima di morire ci disse che venderla a noi era stata la decisione migliore della sua vita.» Sylvia fissò l'antico tavolo di legno. Lì si era seduto anche il vecchio Nolff, felice della nuova vita che Solenn e Lucie avevano dato all'isola. «Eravamo come una famiglia, e con l'arrivo di Maël la famiglia fu completa.»

Sylvia attese ansiosa che Solenn continuasse il suo racconto, ma la donna rimase in silenzio. *Come è arrivato da voi Maël?* avrebbe voluto chiederle. Ma non osò. Ed era meglio non pensarci. Doveva salvare il suo matrimonio. E trovare il modo di risparmiare l'isola dalla vendita. Anche se non aveva idea di come ci sarebbe riuscita.

8

La tempesta

Sylvia si risvegliò da un sonno profondo. Si era messa a letto dopo aver parlato con Solenn, quando il buio della notte già si avvicendava con le prime luci dell'alba, e a quel punto non si aspettava nemmeno di addormentarsi. Erano le dieci e mezza del mattino, e all'esterno la tempesta continuava a infuriare.

La stanza era fredda. Sylvia si infilò il cardigan di lana e cercò di ricordarsi le istruzioni di Maël. Impilò prima i rametti sottili, poi ciocchi sempre più grandi uno sull'altro in un mucchio traballante. Dovette usare cinque lunghi fiammiferi prima di riuscire ad accenderlo. Mentre si chinava a soffiare sulla minuscola fiamma per aiutarla a divampare, si sentì invadere da una gioia infantile. Quando infine aggiunse uno dei grossi ceppi e vide il fuoco prendere vigore, non poté fare a meno di sentirsi orgogliosa. Poi le tornarono in mente i debiti di Holger e il buonumore svanì.

Si avvicinò alla finestra e fissò la pioggia. Il mare era di un color grigio ferro, così come il cielo. Dove le onde si infrangevano sulla terra, la schiuma tingeva l'acqua di bianco, come se un gigante ci avesse versato dentro del latte. Il vento, almeno, sembrava essersi placato. Ma la passerella restava inagibile.

Doveva tornare a casa e parlare con Holger. Non ne avevano mai avuto così tanto bisogno. Lui le aveva promesso che avrebbe fatto quanto in suo potere per annullare la vendita. Ma, date le circostanze, Sylvia sospettava che non avrebbe mantenuto la parola. D'altronde cos'era una promessa infranta rispetto alla prospettiva di un fallimento colossale?

Era ancora fuori di sé dalla rabbia e dal dolore. Da quando aveva scoperto le bugie di Holger qualcosa dentro di lei si era rotto. Se il loro matrimonio avesse avuto un futuro avrebbe dovuto ricostruire da zero la fiducia che aveva in lui.

Sylvia si alzò con un certo sforzo e iniziò a preparare i bagagli. In qualche modo doveva riuscire a raggiungere la terraferma, ma quando scese a cercare Solenn trovò la cucina deserta. Anche l'ufficio era chiuso: evidentemente Gwen non si era presentata al lavoro. *E adesso che faccio?* si chiese Sylvia, forzando contro il vento la porticina incastonata nel grande portone di legno. Qualche metro più sotto rispetto al parcheggio dove si trovava la sua auto, le onde si infrangevano contro l'isola. Sentiva gli schizzi di schiuma sul viso. Sebbene non fosse esperta di maree immaginava che nessuno avrebbe potuto lasciare l'isola quel giorno.

Il vento le strappò la porta dalle mani, spalancandola e poi richiudendola con violenza. Sylvia fece appena in tempo a balzare di lato, schivandola. All'interno della recinzione l'aria era stranamente calma, ma l'ululato della tempesta fuori dalle mura era assordante anche da lì. Si voltò e osservò il vecchio arbusto di camelie che la nonna di Nolff doveva aver piantato intorno alla metà del Diciannovesimo secolo. Nella luce biancastra i fiori risaltavano tra il fogliame scuro, come se brillassero di luce propria.

Imboccò uno dei vialetti di ghiaia bianca che non aveva ancora percorso. Girava sinuoso intorno alla casa, fino a una zona con alte siepi di un verde scuro e fiori color crema, rosa e rosso fuoco che spiccavano nel fogliame come stelle. Insieme, le siepi costruivano un'alta parete, sembravano sostenersi a vicenda e crescere una nell'altra, come strette in un abbraccio. Era incredibile quanto fosse tranquillo quel labirinto di camelie. L'unico rumore era lo scricchiolio dei suoi passi sulla ghiaia, persino il fragore della tempesta era attutito in quell'angolo di pace.

In fondo al sentiero, Sylvia scoprì una casetta in pietra grigia. Dal camino fuoriusciva del fumo, trascinato via dalle raffiche di vento. Avvicinandosi scorse Pierrick che stava riparando una delle persiane.

«Il vento ieri notte l'ha staccata dai cardini» le disse dopo averla salutata.

«È la tua casa?» chiese Sylvia.

L'anziano annuì con orgoglio, mettendo via gli strumenti di lavoro. «Sì. E laggiù vive Maël.» Indicò una casa un po' più grande all'altro capo del giardino. La pietra grigia si mimetizzava così bene nell'ambiente che Sylvia non l'aveva notata. «Entra» la invitò Pierrick, «ti andrebbe un caffè? Me ne è rimasto un po', se vuoi te lo riscaldo.»

«Volentieri» rispose Sylvia. In fondo non aveva ancora fatto colazione.

Oltrepassato l'uscio si ritrovò in una stanza semplice e confortevole, che fungeva al tempo stesso da salotto e cucina. Alle pareti erano appese delle incisioni ingiallite. Avvicinandosi si accorse che i disegni ritraevano le fasi di costruzione di una barca da pesca. In uno si vedeva il telaio dell'imbarcazione, simile all'ossatura di una balena, nei successivi l'aggiunta delle ordinate e infine il rivestimento dello scafo.

«È un vecchio *langoustier*» le spiegò Pierrick. «Un'aragostiera, come si usavano un tempo, ma ormai le tengono soltanto per i turisti. Oppure si possono vedere al museo all'aperto di Douarnenez.»

«Facevi il pescatore?»

«Il costruttore di navi, come mio padre. Ma è passato tanto tempo. Siediti pure. Purtroppo non ho latte, nero va bene lo stesso?»

Sylvia annuì e si guardò intorno. Una vecchia stufa cilindrica diffondeva un piacevole tepore, e lì vicino era stata sistemata un'invitante sedia a dondolo con i cuscini appiattiti dall'uso. Sotto una delle finestre individuò un semplice tavolo con due sedie e prese posto.

«Cosa ne pensi?» domandò all'esperto di maree. «La tempesta si ritirerà oggi?»

«Credo che andrà avanti fino a stasera» rispose lui, versando il caffè bollente in una tazza. «Almeno. Ma il peggio è passato. Deve solo sfogarsi un altro po'.»

Sylvia sospirò. Non poteva aspettare così tanto. Strinse la tazza offertale dall'anziano tra le mani e bevve un sorso di caffè, poi prese due zollette di zucchero da una ciotola di porcellana sbeccata e girò con un cucchiaino.

«Troppo forte?» ghignò Pierrick.

«Decisamente» rispose Sylvia, sorridendo. «Ma ci vuole dopo una notte come quella appena passata.»

«Non hai avuto paura, vero?» chiese, preoccupato. «Non devi. Questa casa ha visto di peggio.»

«Durante la notte una delle mie finestre si è spalancata» raccontò Sylvia.

«Allora devo venire a controllarle. Hai fatto bene a dirmelo.»

Sylvia bevve un altro sorso, la caffeina iniziava a fare effetto. «C'è modo di arrivare sulla terraferma in giornata?» chiese.

Pierrick piegò la testa di lato, fissandola con aria scettica. «Passare dal pontile è troppo pericoloso. Ci sarà la bassa marea intorno a mezzogiorno, quindi fra un'ora. Ma il mare è troppo agitato e il vento spinge la risacca verso la terraferma. Con la tua auto sportiva sarebbe troppo rischioso. A meno che non abbia in dotazione una scialuppa di salvataggio» ironizzò.

«E con una barca?»

Pierrick la guardò divertito. «Ne hai proprio abbastanza di noi, eh?»

Sylvia si sforzò di sorridere. Se solo avesse saputo! Per fortuna non pareva aver capito che non era una cliente o una turista. «In realtà c'è una cosa di cui devo occuparmi.»

«Ho una piccola barca da pesca a motore. Ma non sarà un viaggio piacevole. E non è un traghetto, quindi non potresti portare a bordo la tua Porsche.»

«Certo che no.» Sylvia si unì alla risata di Pierrick, malgrado non fosse affatto dell'umore. «La lascerei qui.»

«È una cosa così urgente?» chiese l'uomo. «Ah, voi giovani! Siete sempre di corsa, non avete mai tempo.» Poi guardò fuori dalla finestra. «Non posso prometterti che si possa fare. Sarà piuttosto turbolento, sei sicura di volerci provare? Perché non vai in cucina a bere un tè con Solenn? La tua stanza è abbastanza calda? Vuoi che venga ad accenderti il camino?»

«No, grazie» rifiutò Sylvia con un sorriso. «A dire il vero ci sono riuscita da sola, ma...» Di colpo tacque e guardò il cielo carico di nubi dalla finestra. Perché proprio adesso doveva esserci quel tempaccio?

Pierrick si alzò e prese un apparecchio che assomigliava a una vecchia radio. Un attimo dopo la stanza fu invasa da ronzii, stridii e borbottii. L'anziano tuttofare la risintonizzò, armeggiando finché tra le interferenze non si sentì una voce umana. Pierrick si concentrò, girò qualche altra manopola e rimase in ascolto. Sebbene Sylvia non capisse nulla dei brandelli di discorso che riusciva ad afferrare, le era chiaro cosa stesse cercando: informazioni sulle condizioni del mare. Osservò il viso rugoso dell'uomo. Alla fine spense la radio e la guardò.

«Sembra che intorno alle tre dovrebbe esserci un lieve miglioramento. Se proprio lo desideri e le previsioni sono corrette, posso accompagnarti.»

«Sarebbe fantastico» rispose Sylvia, sollevata. «Speriamo in bene!»

«E speriamo soprattutto che tu non soffra il mal di mare» ribatté l'uomo sghignazzando. «Non sarà divertente, questo posso garantirtelo.»

Un paio d'ore dopo Sylvia era in piedi con la sua valigia nella cucina della villa, in attesa di Pierrick.

«Non sono certa che sia una buona idea» disse Solenn, stringendosi nel suo cardigan blu. «La barca di Pierrick è praticamente un guscio di noce con un motore fuoribordo. Potrebbe essere pericoloso.»

«Devo andare, Solenn» ribatté Sylvia con un filo di voce.

La donna la guardò negli occhi, poi la sua espressione si ammorbidì. «Ti assicurerai che possiamo restare qui?»

La domanda era così diretta che Sylvia ne fu quasi spiazzata. «Lo farò» rispose. «Farò il possibile.»

«È tutto nelle tue mani» le ricordò l'altra. «Per quanto possa essere dura sentirselo dire, il nostro destino dipende da te, Sylvia.»

La donna deglutì. «Lo so.» *E anche quello del mio matrimonio*, pensò.

«Come farai senza macchina, una volta arrivata sulla terraferma?»

«Pensavo di prendere un taxi fino a Brest, poi un aereo...»

«Mia sorella può accompagnarti a Brest» la interruppe

Solenn, decisa. «Le dico di venirti a prendere al porto. La chiamo appena partite.»

Pierrick bussò a una delle finestre. Era ora di andare.

«Tieni.» Sylvia allungò a Solenn un biglietto da visita. «Se dovesse succedere qualcosa chiamami subito!»

«Buon viaggio» le augurò la donna, prendendo il biglietto. Si avvicinò a Sylvia e la baciò su entrambe le guance, poi si voltò.

Sylvia esitò sulla soglia. «Avrei voluto salutare Maël» mormorò.

«Non è qui» replicò l'altra, in tono brusco. Sylvia sentì di averla allontanata di nuovo. «Ieri sera tardi è dovuto tornare sulla terraferma per delle commissioni. Ma se vuoi gli darò io i tuoi saluti.»

Lo ha mandato via di proposito, pensò Sylvia, superando il pesante portone in legno insieme a Pierrick e lottando contro le raffiche di vento. *Lo ha fatto perché non gli spezzassi il cuore.*

Mentre camminavano verso il porticciolo dell'isola, Sylvia era preda di sentimenti contrastanti. La sua parte razionale le diceva che Solenn aveva ragione. Ma il suo cuore parlava un'altra lingua. Avrebbe mai rivisto Maël? Doveva. Il pensiero che potesse non vederlo più le era insopportabile...

A un tratto Sylvia vide il guscio di noce, come Solenn aveva definito la piccola imbarcazione che oscillava furiosamente sulle onde. Per un attimo sentì venir meno la sua audacia. Era impazzita? Sul serio stava per arrischiarsi ad attraversare la tempesta con quella barchetta? Raccolse tutto il coraggio di cui disponeva e seguì Pierrick lungo il sentiero che scendeva verso il ponticello. L'anziano balzò agilmente a bordo, le prese la valigia e la sistemò al sicuro sotto un telone.

«Mettiti questi» le gridò, allungandole un paio di pantaloni informi e una cerata con cappuccio. Sylvia si infilò i pantaloni, troppo grandi per lei, e si mise la giacca. Poi afferrò con decisione la mano di Pierrick, saltò sulla barca e si sedette al posto indicatole dal tuttofare. Infine indossò ubbidiente il giubbotto di salvataggio che le aveva allungato, assicurandosi la cintura.

«Se dovessi essere sbalzata fuori» gridò Pierrick, sovrastando il fragore di onde e vento e indicando una corda, «tira quella e il giubbotto si gonfierà. Quello è un fischietto, per ogni evenienza. Qui ci sono i salvagente. Tutto chiaro?» Sylvia annuì. «Qualunque cosa succeda» continuò Pierrick, «resta seduta e reggiti forte. Non alzarti per nessun motivo durante la traversata. Se hai bisogno di aiuto puoi farmi un cenno con una mano, con l'altra continui a reggerti. *D'accord*?»

«*D'accord.*»

Pierrick azionò il motore e si diresse con cautela fuori dal porticciolo. L'imbarcazione ondeggiava pericolosamente, e quando iniziò a beccheggiare Sylvia credette di essere sul punto di vomitare. Chiuse gli occhi, ma riuscì solo a far peggiorare la nausea. Così li riaprì e tenne lo sguardo fisso sulla terraferma, che al momento sembrava poco più di una striscia sottile, grigia e basculante all'orizzonte, cercando di non pensare alla massa d'acqua agitata che la separava dalla costa, e strinse così forte il legno da farsi diventare bianche le nocche. Il mondo sembrava fatto soltanto di acqua e cielo. Le onde continuavano a superare il bordo della barca, bagnandola. Il piccolo guscio di noce lottava contro i flutti, sollevando la prua in alto, soltanto per precipitare un attimo dopo, per il terrore di Sylvia, in un profondo cavo d'onda.

Forse non è stata una buona idea, si disse, rabbrividendo. Ma poi la barca risalì, e notò che la striscia scura all'orizzonte si faceva sempre più larga, finché non fu in grado, nonostante la foschia, di scorgere la costa e il porto, con il suo faro, all'inizio solo un miraggio che continuava a scomparire e riapparire, finché non lo raggiunsero.

Era il porto della stessa cittadina in cui era andata due giorni prima, quando era ancora spensierata e ignara di tutto. Il posto in cui aveva scoperto le bugie di Holger ed era scoppiata a piangere in biblioteca. Non si sarebbe mai immaginata di tornarci via mare durante la burrasca. Pensò ai pescatori, ai Kerguénnec e alle altre famiglie per cui viaggi simili erano stati all'ordine del giorno o lo erano ancora.

Appena superato l'accesso al porto, l'acqua si calmò e Sylvia si lasciò sfuggire un sospiro di sollievo. Pierrick diresse con attenzione la barca verso un approdo libero, saltò giù, legò gli ormeggi e aiutò Sylvia a scendere. Sul ponticello per poco non perse l'equilibrio, tanto strana le sembrò la sensazione della terraferma sotto i piedi, ma Pierrick le impedì di cadere.

«Sei stata coraggiosa» sentenziò con un sogghigno, mentre lei si sfilava il giubbotto di salvataggio, la cerata e i pantaloni. «Allora, avevo esagerato?»

Poi tornò sulla barca, porse a Sylvia la sua valigia, la salutò e si allontanò in mare aperto.

Lei rimase sola sulla passerella. Il vento soffiava tra i suoi capelli umidi, insinuandosi sotto la giacca. Aveva freddo senza gli abiti che le aveva prestato Pierrick. Si guardò intorno. Davanti al porto intravide un veicolo solitario che le sembrava in qualche modo familiare. Prese la valigia e gli andò incontro. Una donna pienotta scese dal fuoristrada e le fece un cenno di saluto. Una raffica di vento scompigliò i capelli biondo rossiccio della bretone.

«Che bello rivederti!» gridò, con il viso lentigginoso sorridente.

«Rozenn!» esclamò Sylvia, sorpresa e contenta al tempo stesso. «Non sapevo che fosse la sorella di Solenn!»

«Non le assomiglio molto» osservò l'altra. «Tu invece sei identica a Lucie, mi chiedo come abbia fatto a non accorgermene subito. E, ti prego, dammi del tu. Ma prima di tutto sali in macchina.»

Sylvia aveva l'impressione che il mondo non avesse ancora smesso di ondeggiare. Anche se la ragione le diceva che non era più su una barca nel mare in tempesta ma a bordo del fuoristrada della sorella di Solenn, continuava a reggersi forte alla maniglia.

«Sei davvero molto coraggiosa» commentò Rozenn, lanciandole un'occhiata. «Con questo tempo non sarei mai uscita in barca. Ma a quanto ho capito hai fretta.»

«Solenn ti avrà raccontato tutto di me.»

La donna le diede un colpetto gentile sul ginocchio. «A volte Solenn sa essere spietata» disse, «non devi prendertela. La morte di Lucie è stata un duro colpo. Erano così felici insieme. Le due metà della mela, erano perfette l'una per l'altra.» Sylvia tacque. Il ronzio nelle orecchie stava diminuendo. «Per Solenn la vita non è mai stata facile, sai» continuò. «Soltanto dopo l'arrivo di Lucie ha trovato la felicità che tutti meritano. Si è costruita una corazza, ma ha un cuore d'oro.»

Lasciarono la strada costiera e si ritrovarono in un paesaggio fatto di campi e prati, separati da mura secolari in pietra grigia e basse siepi.

«È molto gentile da parte tua accompagnarmi a Brest» disse Sylvia.

«Mi sembra il minimo» replicò affettuosa la bretone. «L'importante è che tu rimetta a posto le cose. Solenn mi ha detto che vuoi impedire la vendita dell'isola. La gente qui è furiosa per i piani del compratore. Forse non lo sai, ma noi bretoni sappiamo essere molto testardi. Non ci piace che gli stranieri vengano qui e calpestino le nostre tradizioni. Il governo ha provato a costruire delle centrali nucleari, ma non ci è riuscito. Sono tutti scesi in piazza, dai più giovani ai più anziani. Siamo persino andati a Parigi. E adesso siamo pronti a fare tutto il necessario. Non vogliamo questo resort, capisci?» Fissò Sylvia come se si aspettasse una reazione.

«Cosa succederà?» domandò Sylvia.

«Speriamo proprio niente» rispose Rozenn, mostrando di colpo la somiglianza con sua sorella. Lo stesso mento deciso, la stessa determinazione. «Perché non si arriverà alla vendita. Dico bene?» Le lanciò un altro sguardo indagatore.

«Quanto dista Brest?» chiese Sylvia, per cambiare argomento.

«Se va tutto bene un'ora abbondante.»

Poi tacquero entrambe, ognuna immersa nei propri pensieri. Sylvia provò a immaginare quello che la aspettava a casa. Non aveva mai vissuto niente di simile con Holger. Quando erano in disaccordo non era mai stato facile discutere con lui delle scelte importanti. Per questo lei non si immischiava nei suoi affari. Non sapeva che avesse bisogno di aiuto. E invece di chiederle consiglio lui l'aveva ingannata. Perché? Aveva intuito che non avrebbe accettato di vendere la sua eredità se avesse saputo di cosa si trattava?

«Sei molto pallida» osservò Rozenn, strappandola ai suoi pensieri. «Vuoi che ci fermiamo da qualche parte a mangiare o bere qualcosa?»

«Non mi dispiacerebbe un po' d'acqua» rispose Sylvia, grata. «Ma non vorrei perdere tempo. Non so nemmeno se c'è un volo per Monaco oggi.»

«C'è un diretto alle 20.05» replicò Rozenn, con un sorriso soddisfatto. «Ho controllato su internet dopo la telefonata di Solenn. E ci sono ancora abbastanza posti liberi, quindi abbiamo tutto il tempo di fare una breve sosta.»

Sylvia la guardò sbalordita. «Grazie» disse, con un filo di voce. Evidentemente Rozenn pensava fosse compito suo spianarle la strada perché potesse salvare l'isola. «Quando è così sarei felice di mangiare e bere qualcosa.»

Poco dopo, seduta in una confortevole locanda tipica, davanti a un tè e una *galette*, chiese alla donna: «Come sono arrivati Pierrick e Maël sull'Isola delle Camelie?».

«Pierrick era già lì. Dava una mano al vecchio Nolff con la manutenzione. Era chiaro che sarebbe rimasto. E Maël è quasi finito tra le braccia di Solenn e Lucie per caso.» Prese una generosa forchettata della crêpe di grano saraceno e la assaporò soddisfatta.

«In che senso?» indagò Sylvia.

«Maël aveva dodici anni quando spuntò all'improvviso sull'isola. Nessuno lo conosceva né sapeva da dove venisse. Da ragazzino era molto timido, era un miracolo riuscire a strappargli qualche parola. Si legò a Pierrick e iniziò ad aiutarlo, era molto dotato. Poi scoprì le camelie. Una volta Solenn mi ha detto che ha un sesto senso con le piante, come se leggesse loro nel pensiero.» Scoppiò a ridere, poi bevve un sorso di tè. «Con il tempo iniziò a sciogliersi. Naturalmente Lucie fece le sue indagini. Scoprì che non aveva più nessuno al mondo. Suo padre era un marinaio ed era morto nell'incidente di una nave cisterna. Sua madre si era risposata con un uomo che non lo trattava bene, se capisci cosa intendo. Quindi scappò e riuscì a raggiungere l'Isola delle Camelie. Quando Lucie contattò la madre, la donna accettò che rimanesse a vivere con lei e Solenn. Immagino fosse sollevata di essersi liberata di lui. Lucie si assicurò che ricevesse un'istruzione. E così è diventato floricoltore, ce l'aveva nel sangue.» Rozenn fece cenno al cameriere di portare il conto. «A volte per scherzo lo chiamo il nostro trovatello» concluse. «Ma la verità è che è stato lui a scegliere la sua nuova casa.»

Sylvia pagò il conto, poi ripartirono. Quando raggiunsero i sobborghi di Brest si scatenò un nubifragio con raffiche di vento che piegavano gli alberi. In un batter d'occhio la strada fu ricoperta da un palmo d'acqua.

«Pensavo che la tempesta si sarebbe placata un po'» commentò Sylvia, sospirando.

«Da queste parti non si sa mai» rispose Rozenn, azionando alla massima velocità i tergicristalli che cercavano invano di opporsi alla cascata d'acqua. Alla fine raggiunsero l'aeroporto.

«*Merci*» disse Sylvia, baciando Rozenn sulle guance.

«*Pas de quoi*» rispose la donna. «E mi raccomando!»

Sylvia era abituata agli aeroporti, eppure quel ritorno a casa era molto diverso dal solito. A parte qualche turbolenza il volo fu tranquillo e presto Sylvia si ritrovò nel taxi che la portava nel suo appartamento. I fari le accecavano gli occhi stanchi. Quando li chiuse, rivide il luccichio dei fiori di camelia tra il fogliame verde scuro. Vide un'infinità di azzurro, cielo e mare. E due occhi penetranti che scintillavano...

Erano quasi le undici quando aprì la porta del suo appartamento. Non aveva avvertito Holger del suo arrivo. In salotto la luce era accesa.

«Sylvia!» Holger era in piedi sulla porta, una sagoma scura. Sembrava sorpreso. «Che bello! Finalmente sei a casa!»

Sylvia si preparò. Suo marito non l'aveva mai accolta con

tanto affetto ed entusiasmo nei dieci anni del loro matrimonio. Non l'aveva mai abbracciata quando tornava da un viaggio. Si lasciò sfilare la giacca e accompagnare in salotto, dove notò un secondo bicchiere sul tavolino. Restò a guardare mentre Holger lo riempiva per lei. «Come facevi a sapere che sarei arrivata?»

Lui la guardò, sorridente come non lo vedeva da tempo. «Una specie di sesto senso. E a quanto pare non mi sono sbagliato.» Poi prese il cellulare e aggrottò la fronte. «Scusami un attimo. Faccio una telefonata e sono subito da te.» E lasciò la stanza.

Sylvia rabbrividì. I suoi vestiti erano ancora umidi. Ma prima che potesse alzarsi per andare a cambiarsi Holger era già di ritorno. Come ai vecchi tempi, quando non erano ancora sposati, le tolse i calzini e cominciò a massaggiarle i piedi per riscaldarli.

«Com'è andato il viaggio?» le chiese. «Vuoi mangiare qualcosa?»

Sylvia scosse la testa. Era confusa. Quell'uomo non era il *suo* Holger. E più lui faceva il maritino dolce e premuroso, più si combattevano dentro di lei sentimenti contrastanti. Non si stava forse comportando come se avesse qualcosa da farsi perdonare? Ma dentro di lei c'era anche un'altra voce, che la rimproverava. Aveva tradito suo marito, l'uomo che la trattava con tanto amore, proprio mentre era in difficoltà e avrebbe avuto bisogno di lei. Ogni parola affettuosa di lui accresceva il suo disagio e il suo senso di colpa.

«Holger» lo interruppe alla fine, «sei davvero molto gentile e sono felice di essere tornata. Ma adesso dobbiamo parlare. Thomas mi ha raccontato tutto.» Holger si ammutolì e assunse un'aria offesa. «Perché me lo hai tenuto nascosto?»

Sylvia tremava. Avrebbe dovuto farsi una doccia calda e infilarsi a letto, ma avevano già perso così tanto tempo.

«Non volevo farti preoccupare.»

Lei lo fissò sbalordita. «Preoccupare? Non volevi farmi *preoccupare*? Holger, è il mio lavoro. La gente mi copre d'oro perché la aiuti a evitare le insolvenze. E tra tutti proprio mio marito preferisce fare a meno di me? Come diavolo...?»

«Ce la faccio da solo» la interruppe. «Non c'è motivo di infervorarsi. Non ci sarà nessuna insolvenza. Thomas come al solito esagera. Non ho bisogno dei tuoi consigli, Sylvia. Forse tutto il resto del mondo sì, ma io me la cavo anche senza di te.»

Sylvia era senza parole. Thomas aveva davvero esagerato? Non era da lui.

«Non ricordo una sola volta» disse, confusa, «in cui Thomas abbia esagerato. Sai bene quanto me che è affidabile e obiettivo.»

«Eppure questa volta si è sbagliato!»

Holger balzò in piedi e iniziò a camminare su e giù per la stanza. «Non avrebbe dovuto spaventarti così» aggiunse, in tono più dolce. Poi si voltò a guardarla con un sorriso disarmante. «Anche se forse dovrei ringraziarlo, visto che ti ha fatta tornare da me.»

Sylvia lo fissò. In tutti quegli anni aveva viaggiato molto, spesso stava via per più di una settimana e Holger non aveva mai dato prova di sentire la sua mancanza. Non riusciva a fidarsi di lui e allo stesso tempo si sentiva in colpa. Aveva bisogno di chiarezza.

«Come pensi di uscire da questa situazione?» chiese, decisa a non andare a dormire prima di aver ottenuto una risposta.

Holger le diede le spalle, come se si fosse sentito rifiutato. «Lavoro, lavoro» si lamentò con una smorfia. «Parli sempre di lavoro. Dio, Sylvia, è quasi mezzanotte. Non ci vediamo da un secolo. Non ti viene in mente niente di meglio da fare che parlarmi di lavoro?»

Le rivolse uno sguardo carico di rimprovero. Sylvia si sentì male. Holger aveva ragione. Ma lei aveva bisogno di sapere. Ne andava della sua vita e di quella degli abitanti dell'isola. Non poteva cedere. Lo doveva a Solenn. «Dimmi la verità» lo incalzò. «È come penso? Vuoi ripagare il tuo debito vendendo l'Isola delle Camelie?»

Holger la fissò infastidito. «E se anche fosse? Cosa ci sarebbe di sbagliato? Sei tu quella che insiste che i miei problemi finanziari siano anche affar tuo. Perché non dovremmo venderla?»

«Non possiamo, Holger.»

«E perché?»

«Perché... Ho fatto una promessa.»

Holger strinse gli occhi. «Hai fatto una promessa? E a chi?»

«Ascoltami, è una lunga storia...»

«Avevi dato la tua parola anche a me.» Sua moglie lo fissò, confusa. «Mi avevi chiesto di venderla per conto tuo. Non ti interessava nemmeno sapere a chi. Mi hai firmato una procura e hai scaricato la responsabilità su di me. Adesso invece tutto questo non conta perché hai fatto una promessa a chissà chi?» Holger aveva alzato la voce. Il silenzio che seguì alla sua sfuriata era ancora più pesante. Lui non aveva tutti i torti, eppure in un certo senso quello che diceva era inaccettabile. Sylvia non aveva forse il diritto di avere un ripensamento?

«Le cose possono cambiare» disse alla fine, consapevole di suonare poco convincente. «Non sapevo nulla di quel vivaio. È colpa mia, è vero. Mi sarei dovuta informare prima di...» Poi però tornò in sé. Perché era lei a scusarsi? Era lui a doverle una spiegazione, non il contrario. «Resta il fatto che mi hai mentito. Mi avevi detto che la proprietà cadeva a pezzi. Non hai mai parlato di un'isola e...»

«Ah, Sylvia» la interruppe Holger. Di colpo sembrava incredibilmente triste. Così triste da spezzarle il cuore. «Non è come pensi. Non avrei mai venduto l'isola senza la tua approvazione. Te lo avevo già detto al telefono, ricordi? Ma almeno così ho scoperto che pessima opinione hai di me.»

Sylvia chiuse gli occhi. Le sembrava di essere ancora sulla barca di Pierrick. Il mondo le girava vorticosamente intorno. Holger era riuscito di nuovo a farla passare dalla parte del torto. «E dove pensi di trovare i soldi, allora?» si sentì domandare.

Lui non rispose subito. Lei riaprì gli occhi per guardarlo. E l'espressione gelida che si ritrovò dinanzi la spaventò.

«Ci sono dei compratori interessati alla *finca* in Andalusia» disse alla fine, voltandole le spalle. «Buonanotte, Sylvia. Hai fatto un lungo viaggio, meglio che tu vada a dormire.»

Si ritirò nella sua camera da letto e si chiuse la porta alle spalle.

9

La riconciliazione

Ci era voluto un po', ma alla fine Sylvia era riuscita a crollare in un sonno profondo. Quando si risvegliò, la mattina dopo, non aveva idea di dove si trovasse. Poi riconobbe la piacevole frescura delle sue lenzuola damascate e si rigirò soddisfatta nel letto. Era a casa, bene. Aveva fatto un sogno molto strano...

Poi di colpo balzò a sedere, trasalendo. Non era stato un incubo. Era successo davvero. Adesso ricordava tutto. La discussione con Holger, la piega spiacevole presa dal discorso alla fine... Come erano potuti arrivare a quel punto? Davvero si fidava così poco di suo marito? *Sì*, pensò, pentita. Aveva attribuito a lui tutte le colpe. Ma forse le cose si sarebbero sistemate. C'erano compratori interessati alla sua *finca*... L'Isola delle Camelie era salva.

Si lasciò ricadere tra i cuscini. Nonostante la tensione tra lei e Holger, almeno l'eredità di sua zia era al sicuro. Un immenso sollievo la invase. Solenn, Maël e tutti gli altri non avrebbero dovuto lasciare la loro casa. E lei si sarebbe assicurata personalmente che gli affari andassero sempre meglio in futuro. Doveva soltanto risolvere le cose con suo marito.

Si alzò dal letto, indossò la vestaglia e andò a cercare Holger. Non lo trovò da nessuna parte. Né in cucina, né in salotto, né in camera e nemmeno in bagno. Alla fine vide il biglietto sul mobile in corridoio.

Devo partire urgentemente. Il lavoro chiama. H.

Quando Sylvia si accorse del messaggio erano quasi le undici. E a quel punto moriva di fame.

Un attimo dopo stava contemplando affranta lo scarno contenuto del suo frigorifero: un minuscolo pezzetto di burro inacidito, un paio di fette di prosciutto verdastre e nel costoso barattolo di confettura al frutto della passione si era già insediata una considerevole colonia di muffe. Nella dispensa scovò qualche fetta di pane secco. Disgustata, gettò tutto nella pattumiera.

Le tornò in mente il suo ultimo incontro con Veronika. Davvero era stato solo una settimana prima? Le sembrava fossero passati anni. Erano successe un sacco di cose.

L'amica rispose al secondo squillo. «Sei già tornata dalla Bretagna?» chiese, sorpresa.

«Ti va di fare colazione insieme?» ribatté Sylvia.

«Certo che mi va. In realtà l'ho già fatta, ma posso sempre farne un'altra.»

Al XII Apostel ordinarono omelette con funghi, salmone marinato, yogurt alla vaniglia, una grande ciotola di macedonia e molto altro.

«Sembri diversa» notò Veronika, osservandola.

«Davvero?» rispose Sylvia, sorridendo. «In che senso?»

«Non so, sembri... più piena di vita. Il tempo libero ti fa bene. E anche i capelli sciolti ti donano.» Sylvia non rispose, fingendosi concentrata a spalmare il burro sul toast. La sua amica la fissò ancora più attentamente. «Mmm...» sussurrò alla fine «se non ti conoscessi e non sapessi che per te una cosa simile è fuori discussione direi che hai conosciuto un uomo.» A Sylvia sfuggì il pane di mano per la sorpresa. «Ehi!» esclamò Veronika, sgranando gli occhi. «Sei arrossita. Non mi dire... non ci credo, è fantastico!»

Sylvia la fissò costernata. «Fantastico? È una catastrofe.»

«Santo cielo, allora è vero? Come si chiama? Com'è? Voglio sapere tutto!»

Sylvia iniziò a raccontare. All'inizio esitante, poi sempre più spedita. Non vedeva l'ora di poter condividere tutte le sue angosce. Raccontò dell'arrivo sull'isola, della bellezza mozzafiato del paesaggio, e descrisse il primo incontro con Maël, perso nei suoi pensieri nel giardino delle camelie alle luci del tramonto.

«E... Vi siete già baciati, almeno?» Sylvia sentì il calore avvamparle le guance. Veronika spalancò gli occhi. «Okay, vi siete baciati. E... poi?»

Sylvia non riuscì a trattenersi. Un sorriso felice le si dipinse in viso. «Poi? Be', ho cercato di dirgli che sono sposata...»

«E?» chiese Veronika, quasi senza fiato per la tensione. «Lo hai fatto?»

Sylvia scosse la testa. «Non me ne ha dato occasione. E poi...» Veronika sollevò le sopracciglia, impaziente. Alla fine Sylvia abbandonò ogni resistenza con un sospiro. «Sì» confessò. «Lo abbiamo fatto. Ed è stato...» Cercò invano le parole giuste per descrivere quello che aveva provato. Quello che provava ancora. «Non so come spiegarlo. È stato...»

«Come con Robert?» chiese Veronika, cauta.

«No» rispose, notando un accenno di delusione sul viso dell'amica. «È stato molto, molto meglio» continuò, con gli occhi lucidi, mentre l'altra la guardava raggiante. «Semplicemente indescrivibile. Vero, non ho mai provato niente di simile in vita mia.»

Rimasero in un silenzio solenne, entrambe con un sorriso stampato in viso, finché la cameriera non arrivò con l'omelette, morbida all'interno e dorata all'esterno, proprio come piaceva a Sylvia.

Continuò a raccontare di sua zia e di Solenn, che era stata il grande amore di Lucie, e anche della sua morte. Si ascoltò stupita mentre parlava della panchina di pietra accanto alla tomba della zia, della tranquillità e del senso di pace riscoperti sull'isola.

«Sai, Vero» disse, bevendo un sorso di spremuta d'arancia, «mi sono sentita bene come non mi succedeva dall'infanzia. Se tu potessi vederlo, quel cielo incredibile che cambia in ogni momento. Come il mare. E i fiori, le camelie...»

Sylvia tacque. Veronika la fissava con gli occhi spalancati. Non l'aveva mai vista così.

«Ed è tutto tuo adesso» disse dopo qualche istante. «Complimenti, direi che hai vinto un terno al lotto. O no?»

Sylvia annuì, ma di colpo la gioia era sparita dal suo viso. E alla sua amica non sfuggì il repentino cambiamento.

«C'è qualcosa che non va?» chiese Veronika, con discrezione.

L'altra sospirò. «Non lo so... con Holger è tutto così difficile al momento.»

«E quando mai non lo è stato?» Sylvia guardò la sua amica, sbalordita. Veronika si portò una mano alla bocca, spaventata. «Scusami, non volevo. Lo sai, ho una regola. Non dire mai niente di male sui mariti delle mie amiche. Ma Holger...»

«Cos'ha Holger?»

«Be'» tergiversò Veronika, «tutte le volte che parli di lui avverto sempre che c'è qualcosa che non va. E a essere onesta a me Holger non piace molto. Non mi fido. Ma come ho già detto non sono fatti miei.» Per un attimo restarono zitte entrambe. «Ehi» disse alla fine. «Non ce l'hai con me, vero?»

Sylvia scosse la testa. «Ma no. Anzi, grazie di essere stata sincera. A cosa servono le amiche se non dicono la verità? Io ti ho sempre dato la mia opinione sui tuoi uomini...»

«Già» rise Veronika, roteando gli occhi, «tutte le volte senza che te la chiedessi. Ma alla fine avevi sempre ragione. Purtroppo.» Adagiò una fetta di salmone sul toast e iniziò a spalmarla di salsa di rafano. «Ma dimmi un po'... com'è finita con... Come si chiama il giardiniere bretone delle camelie dai poteri magici?»

«Maël?»

«Che fine ha fatto? State... insieme, in qualche modo?»

Sylvia scosse la testa un po' troppo energicamente. «È impossibile» disse, arrossendo di nuovo. «Cosa ti viene in mente? Ti immagini?»

«Lo immagino eccome!» ribatté l'altra con un sorrisetto sfacciato. «Dopo quello che mi hai raccontato lo immagino abbastanza intenso. Se è persino meglio che con Robert... Ahia!»

Sylvia colpì la sua amica con il tovagliolo, ridendo. Poi tornò seria. «Sono sposata» disse, decisa. «E anche se Holger non è una persona facile, è pur sempre mio marito. Da dieci anni. Abbiamo affrontato insieme tanti alti e bassi. Non si può buttare tutto al vento per...» Si ammutolì. Cosa voleva dire? Un flirt da vacanza? Davvero non era stato niente di più? Allora perché il cuore le batteva così forte? Perché faceva così male pensare di non rivederlo più?

Notò che Veronika la stava guardando e sentì di essere un libro aperto. Provava davvero qualcosa per Maël, ed era certa che la sua amica se ne fosse accorta. Ma Veronika non insistette e Sylvia gliene fu profondamente grata.

Mentre ordinavano altro caffè, Sylvia si ripromise di non dirle dei problemi economici di Holger. Lei era già prevenuta nei suoi confronti. In fondo erano affari suoi e da quando le aveva promesso che non avrebbe toccato l'eredità della zia non le importava più di tanto. Aveva rifiutato il suo aiuto. Sylvia poteva soltanto sperare che la cosa non gli sfuggisse di mano. Non conoscendo i dettagli della situazione non aveva modo di sapere se la vendita della tenuta spagnola sarebbe bastata a salvarlo. Non le restava che fidarsi di lui. Perché le costava così tanta fatica?

Quando decisero di uscire Sylvia insistette per pagare il conto. Poi si alzarono entrambe e si infilarono le giacche.

«Voglio soltanto che tu sappia una cosa» dichiarò Veronika all'improvviso, mentre si abbracciavano fuori dal locale. «Se dovesse succedere qualcosa, puoi venire a stare da me.»

Sylvia scoppiò in una risata nervosa. «In che senso? Cosa dovrebbe succedere?» L'amica fece spallucce. «E poi non hai posto!» la prese in giro Sylvia.

«Ma certo che ne ho! E per te potrei fare spazio nello studio in qualunque momento. Potrei persino lasciarti dormire nella mia stanza. Davvero, Sylvia» ribadì, vedendola pronta a cambiare argomento, «sono seria. Se le cose diventano difficili con Holger, intendo veramente difficili, vieni da me. Promesso?»

Sylvia guardò la sua amica con affetto. «Promesso» rispose, commossa. «Ma speriamo che quel giorno non arrivi mai.»

«Mai dire mai!»

Veronika rise, montò sulla bicicletta e si allontanò.

Vagando senza meta per le strade, Sylvia notò delle rose bianche nella vetrina di un fioraio. Sulle prime le aveva scambiate per camelie. Si fermò di colpo e, sebbene si fosse resa conto dell'errore, entrò nel negozio e ne comprò una dozzina. Poi si fermò a fare la spesa. Aveva intenzione di preparare una bella cena, dopo tanto tempo. Quando arrivò a casa, incontrò la donna delle pulizie che si stava infilando il cappotto.

«Ho trovato un orecchino» disse a Sylvia, «tra i cuscini del divano. Gliel'ho lasciato sul ripiano della specchiera.»

Sylvia la ringraziò, domandandosi di che orecchino potesse

trattarsi. Non le sembrava di averne persi. Andò in cucina e sistemò le rose nel vaso più bello che riuscì a trovare, versò la polvere di caffè nel barattolo di latta e l'aroma riempì la cucina, dispose la frutta nel centrotavola e riempì il frigorifero. Avrebbe preparato delle orate al forno in crosta di sale, uno dei piatti preferiti di Holger. Come contorno, patate vitelotte peruviane e insalata di asparagi con pinoli e arancia rossa. Sylvia amava cucinare, ma raramente aveva il tempo di farlo.

Quando entrò nella sua stanza le cadde l'occhio sull'orecchino appena ritrovato. Lo esaminò e concluse che non poteva essere suo. Era a forma di cuore, decisamente non il suo stile. Come se non bastasse, era soltanto placcato in oro, sulle punte si intravedeva l'argento sottostante. Sylvia si chiese come fosse finito tra i cuscini del suo divano. Forse lo aveva perso Sandra uno dei giorni in cui la aspettava a casa. Sì, doveva essere andata così. Le sembrava persino di ricordare di averle visto quegli orecchini una volta.

A proposito di Sandra, pensò, nei prossimi giorni avrebbe potuto finalmente accettare la sua offerta e lasciarsi viziare con qualche massaggio.

Doveva abituarsi all'idea di avere tanto tempo libero. Ma era davvero così, in fondo? Ripensò alla montagna di mail non lette e decise di trascorrere le ore successive al computer, finché non fu ora di occuparsi della cena.

Predispose tutto in anticipo. Tagliò le patate, preparò gli ingredienti per l'insalata, mescolò aceto di albicocche con olio di argan e una punta di peperoncino per il condimento. Poi ricoprì il pesce con un generoso strato di sale grosso e accese il forno. Non sapeva a che ora sarebbe rientrato Holger, ma voleva farsi trovare pronta. Alla fine si rimise al computer a rispondere ai messaggi e iniziò a prendere qualche appuntamento, lasciando però liberi i dieci giorni successivi. In fondo doveva pur tornare in Bretagna. Non ultimo per recuperare la Porsche a noleggio e riportarla a Monaco.

Quando il suo stomaco iniziò a brontolare guardò l'orologio. Erano quasi le dieci, ormai. Avvertì un'ondata di delusione. Holger aveva sicuramente già cenato se rientrava così tardi. L'orgoglio le impedì di telefonargli. Di colpo le tornò in mente la scena della sera prima, quando l'aveva mandata a letto come una ragazzina, furioso e offeso. Era ancora arrabbiato con lei? Se l'era meritato, aveva davvero esagerato? Ma se persino Thomas le aveva consigliato di tornare al più presto per assicurarsi che la situazione fosse sotto controllo!

Sylvia andò in cucina sospirando, senza nemmeno sedersi spiluccò un paio di patate fredde, condì l'insalata e ne mangiò un paio di forchettate. Aveva perso l'appetito. Guardò la sua costosa ed elegante cucina superaccessoriata e si domandò quando fosse stata l'ultima volta in cui l'aveva usata per qualcosa di più di una colazione della domenica o un caffè. Pensò alla cucina di Solenn e Lucie, al grande tavolo di legno pieno di storie da raccontare. La sua non aveva una storia. E grazie alla donna delle pulizie scintillava come appena comprata.

Sylvia cercò di immaginare il gruppo riunito a tavola sull'Isola delle Camelie in quel momento. Forse Solenn stava già tagliando la torta di mele, o offrendo un bicchierino di *lambig*. In fondo dovevano festeggiare. Sylvia sussultò. Solenn ancora non sapeva che la vendita era saltata. Non era forse compito suo darle la bella notizia?

Cercò il cellulare e compose il numero.

«Jardin aux Camélias, *bonsoir*» rispose, e Sylvia realizzò con una stretta al cuore che la burbera bretone le mancava.

«Sono io, Sylvia.»

«*Bonsoir*, Sylvie.»

«Volevo dirvi che... è tutto a posto. L'isola non sarà venduta.»

Silenzio. Poi un crepitio e infine un fruscio. Probabilmente era il vento. O il rumore del mare. Di colpo Sylvia fu travolta dalla nostalgia. Quanto le sarebbe piaciuto essere lì, tra quelle persone, con quei rumori...

«Ne sei sicura?» chiese Solenn con voce ferma, sovrastando il fruscio.

«Ma certo.»

Per un attimo la bretone sembrò esitare. «Si dice che lunedì ci sia l'appuntamento dal notaio. Per la vendita.»

«Non ci sarà nessuna vendita» le assicurò Sylvia. «Forse l'appuntamento era già stato preso, ma le cose sono cambiate. Potete stare tranquilli, d'accordo?»

«Capisco» disse Solenn. Dal tono sembrava dubbiosa. «E spero tu abbia ragione. Buonanotte, Sylvie.» Poi riattaccò. Il cuore di Sylvia si riempì di un'inspiegabile inquietudine.

Erano le dieci e mezza quando si decise a mettere il pesce nel forno, caldo da ore. Ora aveva fame: avrebbe cenato, che Holger tornasse a casa o meno. E proprio quando l'aroma delle orate al sale ebbe riempito la stanza, nel momento esatto in cui Sylvia, guidata da quell'infallibile segnale olfattivo, estrasse la teglia dal forno e intaccò con cautela la crosta, Holger entrò in cucina.

«La cena è pronta» annunciò. «Hai fame?»

Lui rimase confuso sulla soglia, annusando il profumo del suo piatto preferito, lanciò uno sguardo alle patate e all'invitante insalata e sorrise. «Una fame da lupo» esclamò. Poi si avvicinò, prese Sylvia tra le braccia e la baciò.

Quella sera non parlarono di lavoro. Quando lei stappò la bottiglia di Chablis pensò che, a modo suo, stava festeggiando il salvataggio dell'Isola delle Camelie. Zia Lucie poteva riposare in pace, i bulldozer e le ruspe avrebbero girato alla larga dalla costa. Più tardi, tra le braccia di suo marito, si sforzò di non pensare a Maël.

Con Holger era diverso, si disse. L'amore con lui era come un fiume, la cui corrente scorreva più o meno forte a seconda dei giorni. Con Maël era stato come il mare in tempesta, spumeggiante e intenso. Era grata di aver potuto vivere quell'esperienza. Ma era ora di tornare alla sua vita reale. Quella con Holger.

10

L'appuntamento

«Passiamo un fine settimana come le coppie normali» aveva proposto Holger il sabato mattina, quando Sylvia si era svegliata tra le sue braccia.

«E cosa fanno?» aveva chiesto lei, ridendo.

«Vanno a Venezia e fanno un giro in gondola» le aveva sussurrato lui all'orecchio.

Così erano saliti sulla Porsche Spyder di Holger ed erano partiti per l'Italia. Sylvia aveva evitato di chiedere se, vista la loro situazione finanziaria tutt'altro che idillica, potessero permettersi uno degli alberghi migliori della laguna. Si era sforzata in tutti i modi di uscire dai suoi consueti schemi di pensiero: proprio non si spiegava perché le era risultato così facile sull'Isola delle Camelie, mentre in presenza di suo marito le sembrava impossibile. Holger aveva insistito per fare davvero un giro in gondola, ed era stata un'esperienza unica. Mentre passavano sotto il ponte di Rialto, lui aveva persino tirato fuori da un cestino una bottiglia di prosecco e due flûte. Suo marito non era mai stato così romantico.

Per qualche ora Sylvia era riuscita a dimenticare le sue preoccupazioni e quando, quella sera, si erano seduti in una trattoria lontana dalle zone turistiche, affacciata sui pittoreschi canali, mangiando fiori di zucca fritti come antipasto e risotto al nero di seppia, Sylvia si era sentita semplicemente felice. *Avremmo dovuto farlo molto tempo fa*, pensò, mentre viaggiavano verso Monaco la domenica pomeriggio.

Quella sera, senza alcun preavviso, Holger piazzò la sua valigia in corridoio e le diede un bacio. «Devo andare» annunciò.

«Dove vai?» chiese Sylvia, sbalordita. Non aveva mai accennato al fatto di dover ripartire subito.

«In Andalusia» rispose. «Incrocia le dita. Se tutto va bene, domani concluderò la vendita della *finca*.»

Holger era già uscito quando a Sylvia venne in mente che le sarebbe piaciuto accompagnarlo. In fondo era ancora in vacanza, e Venezia le era sembrata una seconda luna di miele. Perché non prolungarla? E poi non era mai stata in Andalusia. Stava già per comporre il numero di Holger, quando cambiò idea. Chiamò la sua segretaria.

«Mi dispiace disturbarla di domenica, Lena, ma vorrei sapere che volo per la Spagna prenderà mio marito questa sera.»

Si accorse subito che Lena Weinhalter stava esitando. «Signora von Gaden... non se la prenda, ma... io... non posso dirle più niente. Suo marito si è già infuriato in modo spaventoso l'ultima volta.»

«A che proposito?»

«Quando le ho detto di sir Ashton-Davenport, il compratore dell'isola.»

«Oh, mi dispiace molto» rispose Sylvia, turbata. Holger si era arrabbiato con la segretaria per averle dato i suoi recapiti? «Non era mia intenzione metterla in difficoltà. Questa volta comunque è una cosa innocua, mi creda. Chiederei direttamente a lui, ma voglio fargli una sorpresa» continuò. «Mi piacerebbe andare con lui, non sono mai stata in Spagna e...»

«Ma non sta andando in Spagna» la interruppe Lena, ammutolendosi poi di colpo. Evidentemente aveva paura di aver detto troppo.

«Non sta andando in Andalusia? Ne è sicura? E dove allora?»

Lena esitò ancora un attimo, poi si arrese. «Il posto ha un nome un po' strano: Quimper. Con la Q iniziale. Ed è piuttosto difficile da raggiungere. Deve volare a Parigi e poi aspettare ore la coincidenza. Per questo suo marito è partito stasera. Prenderà un altro volo domani mattina presto per riuscire ad arrivare in tempo all'ufficio del notaio Leclerc. Ma Quimper è in Francia, signora von Gaden. Non in Spagna.»

Sylvia rimase immobile, come paralizzata. Non poteva essere vero. «Ne è sicura? Voglio dire: è certa che stia andando a Quimper?» Riconosceva a stento la sua voce.

«Ma sì, ho comprato io stessa il biglietto.»

«E a che ora arriverà, di preciso?» Lena le elencò i dati del volo e Sylvia li annotò meccanicamente su un blocchetto. «Dunque, l'appuntamento per la firma del contratto è domani mattina da questo Leclerc?» Sylvia aveva fatto un tentativo alla cieca, ma ricevette subito conferma.

«Domani mattina alle undici. Oddio, signora von Gaden, spero che questo non mi costi il posto di lavoro.»

«Certo che no, non si preoccupi» la rassicurò Sylvia. «Grazie mille, Lena! Mio marito sarà molto contento. A presto!» E riattaccò.

Per diversi minuti fu incapace di muoversi, come se l'avessero colpita alle gambe. Poi sentì la rabbia montarle dentro, come la lava in un vulcano. Le aveva mentito di nuovo. E avrebbe venduto l'isola a sua insaputa. Cosa aveva fatto? Si era lasciata abbindolare da Holger. Il viaggio a Venezia, le ore felici... Era stata tutta una manovra per distrarla in modo da poter agire alle sue spalle? No, era troppo.

Sylvia guardò l'orologio. Erano quasi le otto. Nel giro di quindici ore l'isola sarebbe stata spacciata per sempre. Le restavano quindici ore per impedirlo. Era troppo tardi per prendere l'aereo di Holger. E non aveva un'auto. La Porsche a noleggio era rimasta sull'isola. Con mani tremanti compose il numero di Veronika.

«Dobbiamo andare in Bretagna» disse senza preamboli appena la sua amica rispose.

L'altra esitò solo per un istante. Poi disse: «Va bene. Sono da te tra un'ora».

«No, devi fare più in fretta.»

Veronika si concesse un attimo di smarrimento, prima di rispondere: «Parto subito».

Sylvia aprì la valigia che aveva portato con sé a Venezia e ci mise un paio di vestiti puliti. La sua trousse di cosmetici. Calzini di lana, due maglioni pesanti e la giacca a vento. All'ultimo momento arraffò una camicia bianca e un elegante abito in cachemire color crema. Non si poteva mai sapere. Trasferì l'intero contenuto del frigo in un cesto e svuotò il portafrutta. Corse nello studio, recuperò il computer e il raccoglitore con le copie della procura che aveva fatto a Holger per la vendita dell'isola. Poi lasciò l'appartamento e iniziò a camminare nervosamente avanti e indietro sotto casa, in attesa. Poco dopo la Mini di Veronika girò l'angolo. Sylvia gettò la borsa sul sedile posteriore, sistemandovi sopra il cesto con i viveri. Poi si sedette accanto alla sua amica, che la fissava interrogativa.

«Cos'è successo?»

«Te lo dico appena arriviamo in autostrada. A8, direzione Stoccarda. Domattina alle undici dobbiamo essere a Quimper.»

Veronika le lanciò un'occhiata preoccupata. «Okay. Forse è meglio inserire l'indirizzo nel navigatore.»

Con gesti febbrili Sylvia obbedì. Dopo aver elaborato il percorso, il dispositivo decretò che l'arrivo era previsto per l'indomani alle ore 10.34.

«Non ci credo...» gemette Sylvia. «Potremmo non farcela.»

«Dobbiamo guidare senza fermarci.»

«Temo di sì.»

Veronika le lanciò un altro sguardo indagatore, ma non fece domande. Sylvia la adorò per questo.

Da qualche parte tra Augusta e Stoccarda si decise a vuotare il sacco. Le raccontò tutto. Le parlò di sua zia, dei suoi ricordi d'infanzia e di come Lucie a un certo punto fosse sparita nel nulla. Di come, qualche settimana prima, in un periodo lavorativo molto stressante, fosse venuta a sapere dell'eredità. Precisò di essere stata grata a Holger per essersi offerto di occuparsene e di avergli firmato una procura. Fidandosi ciecamente di lui, nel vero senso della parola. Finché per caso non si era ritrovata con quattro settimane libere e aveva deciso di andare a dare un'occhiata di persona alla sua eredità.

Poi tacque, stremata. Il pensiero che Holger le avesse mentito per tutto il weekend romantico, consapevole che sarebbe partito al loro rientro, la tormentava. «Per l'Andalusia.» Probabilmente non c'era nessun compratore interessato alla tenuta. Ammesso che quella *finca* esistesse davvero. Ormai tutto era possibile.

«Perché non cerchi di dormire?» propose Veronika. «Riesco a guidare senza problemi per altre due ore, poi puoi darmi il cambio. Meglio che riposi un po' se vuoi essere al top domani.»

Sylvia reclinò il sedile al massimo consentito dalla Mini e chiuse gli occhi. L'amica aveva ragione, ma non sarebbe mai riuscita a addormentarsi, ne era sicura. Immagini di Venezia si mescolavano con flash della Bretagna. Holger seduto su una gondola piena di camelie bianche che oscillava pericolosamente tra le onde dell'Atlantico. Solenn che correva sulla passerella in direzione dell'isola, mentre un'onda alta diversi metri si sollevava minacciando di inghiottirla. Sylvia cercava di avvertirla, ma dalla sua bocca non usciva alcun suono. Poi si vedeva in piedi nella cucina della villa, Maël le porgeva un fiore, ma quando Sylvia cercava di prenderlo le scivolava tra le dita e cadeva infrangendosi in mille pezzi sul pavimento di pietra. «Non sapevo che fosse così fragile» si scusava, mortificata.

Sylvia sussultò quando la macchina frenò di colpo.

«Un ingorgo» annunciò Veronika.

«Oh no» sussurrò Sylvia, strofinandosi gli occhi. «Dove ci troviamo?»

«Quasi a Karlsruhe» rispose Veronika.

Sylvia era a pezzi, la sua gamba sinistra si era addormentata. «Vuoi che ti dia il cambio?»

Veronika scosse la testa. «Appena il traffico torna scorrevole.»

La coda costò loro dieci preziosi minuti. Dopo aver superato i lavori in corso si avvicendarono facendo una rapidissima pausa in una piazzola di sosta poco distante dal confine francese. Mentre Sylvia guidava lungo le *autoroutes* deserte, Veronika si rannicchiò sul sedile del passeggero e si addormentò. Sylvia ripensò al suo viaggio per quelle stesse strade la settimana prima. Allora non avrebbe mai nemmeno sospettato delle difficoltà economiche di Holger e dei suoi piani per raggirarla. Non sapeva dell'esistenza dell'Isola delle Camelie e non aveva ancora incontrato Maël. Maël...

Nei due giorni trascorsi a Venezia era quasi riuscita, seppur a fatica, a bandirlo dalla mente. E anzi, riflettendoci, la sua immagine era sempre in agguato. Come se l'ombra di quell'uomo avesse accompagnato ogni suo passo, a Monaco o a Venezia.

Non era nemmeno riuscita a salutarlo. Soltanto allora realizzò che forse, la sera prima della tempesta, era andato a bussare alla sua porta per quello. Lei non gli aveva aperto perché temeva di non riuscire a mantenere la promessa fatta a Solenn. Adesso le era tutto chiaro. E mentre Veronika dormiva acciambellata accanto a lei come un gattino, Sylvia dovette riconoscere che i suoi sentimenti per quell'uomo quasi sconosciuto erano molto più profondi di quanto lei stessa avesse voluto ammettere.

Veronika si mosse. Tirò su i suoi ricci scompigliati e si stropicciò gli occhi. «Dove siamo?» chiese, sbadigliando.

«Da qualche parte tra Metz e Verdun.»

«Allora fai guidare un altro po' me» disse Veronika, rimettendosi dritta. «Puoi fermarti qui? Ho bisogno del bagno.»

«Certo.»

Si fermarono un attimo in un'area di servizio e ripartirono rapidamente.

«Ti va di spiegarmi» disse Veronika mentre sfrecciavano sull'autostrada deserta in direzione Parigi «per quale motivo dobbiamo essere in Bretagna entro le undici del mattino?»

Sylvia la fissò, sconvolta. «Oddio, hai ragione» esclamò. «Non te l'ho ancora detto...»

«No» rispose Veronika con un sorriso, «almeno non mentre ero sveglia.»

«Dobbiamo impedire a Holger di vendere l'Isola delle Camelie a un investitore deciso a distruggerla. Devo evitare che l'eredità di zia Lucie venga trasformata in un hotel di lusso con tanto di campo da golf.»

Veronika la guardò sbalordita. «Stai scherzando, vero?»

Sylvia scosse la testa. Sentì le lacrime pizzicarle gli occhi stanchi.

«Non volevo crederci nemmeno io, ma a quanto pare Holger fa sul serio.»

«E perché mai dovrebbe fare una cosa simile?»

Sylvia lottò contro le lacrime, finché non riuscì più a trattenerle. Scoppiò in singhiozzi, liberandosi di tutta la delusione, la rabbia e il dolore. Veronika, spaventata, accostò sul ciglio della strada e la abbracciò.

«Dobbiamo... Dobbiamo andare» singhiozzò Sylvia tra le sue braccia.

«Sì, sì, ripartiamo subito» la consolò, accarezzandole la schiena. Poi, prima di rimettere in moto, prese un pacchetto di fazzoletti dalla borsa e ne porse uno alla sua amica.

«Holger ha fatto degli investimenti sbagliati» continuò a spiegare Sylvia con voce tremante. «Ha contratto dei debiti immensi ed è rimasto con tre immobili praticamente invendibili sul groppone. Ha bisogno del ricavato della vendita dell'isola. Gli ho detto che avevo cambiato idea e di non voler procedere. Ma... ma Holger...» Sylvia non riuscì a continuare.

«E domani mattina alle undici firmerà il contratto?» le venne in aiuto Veronika. «A Quimper?»

Sylvia annuì. «Esatto.»

Veronika fissò lo specchietto retrovisore con aria truce. «Che stronzo» esclamò. E premette decisa il piede sull'acceleratore.

Andò tutto bene fino a Parigi. Alle tre del mattino aggirarono senza problemi la capitale francese sulla A86. Sylvia pensò, furiosa, che lì da qualche parte Holger dormiva tranquillo in una comoda stanza d'albergo, mentre lei e Veronika si alternavano da ore al volante. La sua amica non aveva difficoltà a addormentarsi in pochi secondi quando arrivava il suo turno, e con l'avanzare della notte anche per Sylvia iniziò a diventare più facile. Eppure, per la maggior parte del tempo, i pensieri non la facevano dormire. Quando alla fine riusciva a prendere sonno, si risvegliava trasalendo poco dopo.

«Cosa hai intenzione di fare quando saremo a Quimper?» si informò Veronika a un certo punto.

«Dirò al notaio che ho cambiato idea e non voglio che Holger agisca in mia vece. Se sono presente di persona la procura non ha alcun valore.»

«E sei sicura che l'appuntamento sia alle undici?»

Sylvia rifletté. «Me lo ha detto Lena, la segretaria di Holger.»

Veronika assunse un'espressione scettica. «E credi che ti abbia detto la verità?»

«Se lo è lasciato sfuggire. In realtà non avrebbe dovuto dirmi niente. La conosco da tanto tempo, non è in grado di mentire. Holger si lamenta sempre del fatto che parla troppo anche con i clienti. Senti, cos'è questo rumore?»

Dal motore proveniva un lieve ticchettio.

«Non è niente» la rassicurò Veronika. «Lo fa da tanto, ma sono stata dal meccanico e mi ha detto che non è nulla di preoccupante.»

Continuarono in silenzio. Sylvia guardò l'orologio per la centesima volta. Erano le quattro meno un quarto. Sentiva le palpebre pesanti.

«Credo» farfugliò «che chiuderò ancora un attimo gli occhi.»

«Fai pure» la incoraggiò Veronika, ma Sylvia non stava più ascoltando. Le sembrava di essere nella sua stanza sull'isola. Qualcuno stava bussando. Piano e con insistenza. Sylvia aprì la porta ma se ne trovò davanti un'altra, pesante e di legno, e dietro un'altra, e poi una ancora. Bussavano sempre più forte, con urgenza, mentre lei spalancava una porta dopo l'altra. Era stancante, e diventava sempre più difficile aprirle. Poi il rumore si fece vicino, e sempre più rapido e irregolare, finché Sylvia non si appoggiò contro la porta con tutto il suo peso. A quel punto si accorse che era di metallo. Metallo contro metallo, un rombo e un rintocco... Sylvia si svegliò di soprassalto, accecata dalle luci abbaglianti.

«Che fortuna» sentì dire a Veronika, «c'è una pompa di benzina. Speriamo abbiano anche un'officina.»

La macchina si fermò con uno scossone, e soltanto allora Sylvia realizzò che i rumori che aveva sentito provenivano dal motore.

«Oh no» sbottò. Veronika nel frattempo era scesa dalla Mini e stava parlando con un uomo in tuta, evidentemente il meccanico. «Non può essere vero. Dove siamo?»

«L'ultima uscita era Le Mans.»

Un quarto d'ora dopo avevano una certezza: l'auto aveva un danno al motore.

«In queste condizioni non raggiungerete nemmeno la corsia di accelerazione» dichiarò il meccanico.

«Di quanto tempo ha bisogno per ripararla?»

L'uomo fissò Veronika come se fosse impazzita. Poi scoppiò a ridere. «Senta, *madame*, sono le quattro del mattino. Di solito a quest'ora non c'è nessuno in officina. Io sono qui soltanto per caso. E con ogni probabilità il motore deve essere smontato. Non è questione di ore, ma di giorni. Forse potrebbe persino essere necessario cambiarlo. Ma ci vuole del tempo per ordinarne uno nuovo.»

«Dobbiamo partire subito, capisce?» lo interruppe Sylvia. «Domani mattina dobbiamo essere a Quimper...»

«Quimper in Bretagna? Impossibile!»

«Allora ci venda una macchina!» disse Veronika. Suonava quasi come un ordine.

«Che macchina?»

«Non importa. La sua. O quella lì. Non è...?»

«È una *déesse, mon Dieu.*»

«Sì, una Citroën DS, giusto?»

Il meccanico annuì orgoglioso. «L'ho appena rimessa a posto. E si è fatto un po' tardi...»

«Funziona?»

«Ho giusto finito di sistemarla.»

«Quanto costa?»

Il meccanico rivolse lo sguardo verso Sylvia per la prima volta. Evidentemente Veronika lo aveva colpito, riusciva a stento a staccarle gli occhi di dosso.

«*Madame*, non è in vendita. Ci sto lavorando da sette mesi. È una delle ultime della serie, del 1975, poco prima che interrompessero la produzione. Di questo modello ne esistono...»

«Sono disposta a pagarla qualunque somma» lo interruppe Sylvia. «O a comprare qualsiasi altra macchina. Dobbiamo ripartire, capisce? Urgentemente.»

«Per favore» lo implorò Veronika. «Ci aiuti! Altrimenti succederà un disastro.»

Il meccanico guardò di nuovo Veronika. Sembrava non avere il coraggio di rifiutare la sua richiesta. *Perfetto*, pensò Sylvia, *Veronika gli piace. E viceversa. Non poteva andarci meglio!*

«Sì» continuò l'amica. «È un'emergenza. Deve aiutarci.»

L'uomo si grattò la barba, pensieroso. «Non posso venderla, è impossibile, mi dispiace. Ma se volete... E se è veramente così urgente... vi accompagno. Volevo comunque fare un giro di prova.»

Veronika lanciò a Sylvia uno sguardo trionfante. «Sarebbe incredibilmente gentile da parte sua» rispose. «Lo farebbe davvero?»

«La benzina la pago io» aggiunse subito Sylvia. «E le ripago la giornata lavorativa. E...»

Il meccanico scosse la testa, iniziando a ripulirsi le mani con un panno.

«Non si preoccupi. Come ho detto, volevo comunque fare un test su lunga distanza. Perché non andare a ovest?»

«Non deve lavorare domani mattina?» chiese Veronika.

«Be', l'officina è mia, quindi posso aprire e chiudere quando voglio.»

«E pensa» chiese Sylvia, inquieta, «che potremmo partire adesso?»

«Che ne dite di un caffè veloce?» propose. «Se state viaggiando da tutta la notte potrebbe farvi bene. Io sono Laurent, comunque. E diamoci pure del tu.»

«Quanti anni ha la macchina?» si informò Veronika quando si furono presentate, mentre bevevano un caffè denso come olio per motori preso allo sferragliante distributore automatico dell'officina. «Sei sicuro che non ci lascerà a piedi?»

«Non preoccuparti» disse Laurent, «può portarci fino alla fine del mondo.»

«Lo spero» ribatté Sylvia, «perché è proprio lì che stiamo andando.»

«Tu mettiti comoda dietro» disse Veronika a Sylvia, «controllo io che Laurent non si addormenti. A Quimper devi essere in forma, stenditi un po' e chiudi gli occhi.»

Sylvia sorrise dell'entusiasmo della sua amica. Non c'era da temere che Laurent potesse addormentarsi in presenza di Veronika. Al contrario, sembrava sveglissimo. Si guardò intorno e riuscì persino a tirare fuori un cuscino e una coperta di lana dal suo ufficio, con i quali allestì un letto per Sylvia sui sedili posteriori. Sollevata, lei si distese, mentre la Citroën si immetteva in autostrada. Laurent sembrava più a suo agio con Veronika. *È scattato qualcosa tra loro*, pensò Sylvia, un attimo prima di cadere in un sonno profondo.

Si svegliò sentendo mancare qualcosa. Il rombo del motore. La macchina era ferma nel parcheggio di un'area di servizio e non c'era traccia di Veronika e Laurent. Sylvia controllò l'orologio e si tirò su di colpo. Erano quasi le dieci. Dov'erano?

Schizzò fuori dalla macchina e si guardò intorno. Tirò un sospiro di sollievo quando vide la sua amica che stava uscendo dal bar tenendo in equilibrio tre tazze di caffè su un vassoietto di carta.

«Buongiorno, bella addormentata!» la salutò Veronika, allegra. Nonostante le occhiaie sembrava fresca come una rosa, e spumeggiante.

«Dove siamo?» le chiese Sylvia.

«Non manca molto a Quimper» rispose lei, allungandole un caffè. «Ce la facciamo senza problemi entro le undici. Ma se posso darti un consiglio da amica... prendi i tuoi trucchi e vai un attimo in bagno! Voglio che tu sia più che presentabile quando prenderai quell'idiota a calci nel sedere!»

Sylvia scoppiò a ridere e seguì il suo consiglio. Tirò fuori dalla valigia la trousse e la camicia bianca. Quando si vide nello specchio del bagno constatò di essere davvero in uno stato terribile. Si lavò i denti e la faccia e indossò la camicia pulita. Poi si truccò con cura e si spazzolò i capelli fino a farli brillare. Stava quasi per legarli, come faceva sempre quando viaggiava per lavoro, ma poi decise di non farlo. I capelli le incorniciavano dolcemente il viso, ricadendole sulle spalle. Guardò negli occhi la sua immagine riflessa.

«Puoi farcela!» disse ad alta voce, poi tornò alla macchina.

Evidentemente Veronika aveva informato Laurent dello scopo della missione. «Sai per caso» le chiese lui, dopo essere ripartito, «l'indirizzo preciso?»

«Lena ha parlato dell'ufficio notarile Leclerc» rispose Sylvia, mentre Veronika iniziava ad armeggiare con il cellulare. Qualche minuto dopo avevano l'indirizzo. «Ufficio notarile François et Hervé Leclerc» disse. «Rue René Madec...»

«Purtroppo la macchina non ha il navigatore...»

«Nessun problema» rispose Veronika, «appena arriviamo a Quimper useremo il cellulare per trovare la strada. Ci siamo quasi, comunque. Altri dieci chilometri.» Si voltò verso Sylvia con sguardo sognante. «Però devi promettermi una cosa: dopo aver vinto la battaglia mi porti a vedere l'isola.»

«*Ci* porti...» si intromise Laurent. «Ci porti a vedere l'isola, voleva dire Veronique.»

Sylvia scoppiò a ridere. Il cuore le si riempiva di gioia alla sola idea di tornarci.

«Ma certo» esclamò. Poi iniziò a prepararsi mentalmente a ciò che la aspettava a Quimper. Più si avvicinavano, più sentiva crescere l'agitazione. «Sono già le undici meno venti» gemette mentre raggiungevano i sobborghi della città. «Dobbiamo fare più in fretta.»

Veronika fissava concentrata il cellulare, guidando Laurent lungo le strade di periferia verso il centro.

«Segui il fiume per ottocento metri» stava dicendo, «poi prendi la prima a destra e ci siamo.» Si girò verso Sylvia. «Stai tranquilla» le disse, «non inizieranno alle undici spaccate.»

«Cosa sta succedendo?» chiese Laurent di colpo.

Sylvia si piegò in avanti per guardare meglio. Una marea umana bloccava la strada davanti a loro.

«Una manifestazione! Ci mancava solo questo!»

La folla stava bloccando proprio la strada in cui dovevano svoltare. Diversi di loro tenevano in alto dei cartelli.

«Contro cosa protestano?» chiese Veronika.

E poi capirono.

ÉCOMONSTRE – PAS CHEZ NOUS. NOS ÎLES NE SONT PAS À VENDRE! lesse su uno degli striscioni. No all'ecomostro. Le nostre isole non sono in vendita.

«Non ci credo!» esclamò Veronika. «Protestano contro la vendita, ma è fantastico! Scommetto...»

Poi la sua voce fu sovrastata dai megafoni dei manifestanti. Il lungo cofano elegante della Citroën si era avvicinato alla folla, che non dava cenno di voler arretrare. Laurent abbassò il finestrino e parlò con l'uomo più vicino a lui, ma il bretone scosse la testa con decisione. «Non lasciamo passare nessuno» gridò per farsi sentire, «soprattutto se stranieri.»

«*Écoutez, monsieur*» esclamò Veronika, a voce più alta possibile. «In questa macchina c'è la donna che può impedire la vendita. Se non ci lasciate passare non potrà salvare la vostra isola.»

L'uomo e qualcun altro dei presenti si chinarono in avanti, nel tentativo di dare un'occhiata al retro della macchina.

«E chi sarebbe?» chiese l'uomo, sospettoso.

A quel punto Sylvia decise di prendere l'iniziativa. Scese dall'auto. Subito una donna accanto a lei iniziò a strillare. «È lei! È la nipote di Lucie, la riconosco! È venuta in macelleria qualche giorno fa. È lei quella che vuole vendere l'isola. Prendetela, non deve arrivare dal notaio!»

«Prendetela!» gridò a una voce la folla inferocita. Si strinsero intorno a Sylvia, che si ritrovò presto circondata da persone che la fissavano furiose.

«Se Lucie lo sapesse!» urlò una donna anziana, fuori di sé

dalla rabbia. Indossava uno strano costume tradizionale, con un grembiule bianco sopra un abito nero con ricami all'uncinetto. E il copricapo più bizzarro che Sylvia avesse mai visto, una corona alta almeno mezzo metro con la punta bianca, che sembrava uno stravagante cappello da cuoco. Oscillava pericolosamente avanti e indietro, spostato dalla furia della sua proprietaria. «Vergognati! Non sei degna di essere sua nipote!»

«Ma si sbaglia, *madame*» balbettò Sylvia. «Io non voglio vendere l'isola. Sono l'unica che può impedirlo.»

«Che sciocchezza!» si intromise un'altra donna in abito tradizionale. «Hai già mentito a Solenn, ma non riuscirai a ingannarci!»

Anche Veronika adesso era scesa dalla macchina e si era gettata coraggiosamente nella mischia. Di colpo era tutto uno spingere e trascinare, a quanto pareva nessuno voleva lasciarsi sfuggire l'occasione di vedere da vicino l'odiosa ereditiera. Molti le vomitarono addosso la loro rabbia. Disperata, Sylvia guardò l'orologio. Mancava poco alle undici. A meno di un miracolo l'isola era perduta.

«Dov'è Solenn?» gridò Sylvia tra la folla, quando capì che non sarebbe mai riuscita a convincere i manifestanti da sola. «Devo parlare con lei. Dov'è?»

Di colpo calò il silenzio. Poi un bisbiglio attraversò la folla, che alla fine si aprì lasciando aperto un corridoio. Solenn lo attraversò come una regina. Si fermò a due metri da Sylvia, fissandola con sguardo impassibile.

«Cosa vuoi da me?»

«Accompagnami dal notaio, per favore!»

«E perché mai?»

«Per impedire che succeda l'irreparabile! Mentre mi trattenete qui, dal notaio Leclerc stanno firmando il contratto.»

«Ma non possono farlo senza di te, o sbaglio?»

Sylvia fece un passo in direzione di Solenn. Subito delle braccia si allungarono per trattenerla.

«Solenn, per favore, devi ascoltarmi. Non sono io a essere qui per vendere l'isola, ma qualcuno... di cui mi sono fidata. Ho firmato una procura. Sì, è stato un errore, lo so. Purtroppo non posso tornare indietro, ma posso impedire la vendita. Capisci? Solo io posso farlo. Vieni con me, così ti convincerai che sto dicendo la verità. Dobbiamo andare subito, capisci? Non abbiamo tempo da perdere...»

«Basta!» gridò un uomo alle spalle di Sylvia.

«Non la ascoltare!» urlò una delle donne con la corona oscillante.

Solenn alzò una mano e le grida cessarono di colpo. Per un attimo sembrò che stesse riflettendo. Poi chiese: «E chi è questa persona a cui hai firmato la procura?».

Sylvia si sentì avvampare. Poi prese fiato e disse, a voce abbastanza alta perché Solenn potesse sentirla: «Mio marito».

Gli occhi di Solenn mandarono scintille di rabbia. L'aveva infastidita di nuovo. *Sta pensando a Maël con il cuore spezzato*, realizzò Sylvia. *Crede che lo abbia preso in giro...*

«Vieni» disse Solenn, stringendole forte la mano. «Andiamo.»

Poi gridò qualcosa alla folla in una lingua sconosciuta. Immediatamente la strada fu sgomberata e Sylvia seguì Solenn a passo deciso. La mano le faceva male, ma l'unica cosa importante in quel momento era arrivare da Leclerc in tempo per impedire il disastro.

Nell'attimo in cui Sylvia e Solenn entrarono di corsa nell'ufficio del notaio Hervé Leclerc, superando una sbalordita receptionist e ignorando le proteste della segretaria, si sentì riecheggiare uno schiocco. La prima cosa che Sylvia vide fu il luccichio dei bicchieri di champagne illuminati dalla luce del sole che filtrava da due alte finestre, davanti alle quali c'erano tre uomini in completo scuro.

Tutti si girarono a guardarla e Sylvia prese fiato. Era il suo momento.

«Permettete? Sono Sylvia von Gaden» disse, scandendo nettamente le parole. «Sono qui per mettere in chiaro che non ho alcuna intenzione di vendere l'isola!»

Il silenzio era tale che Sylvia riusciva a sentire le minuscole perline di gas esplodere nelle coppe da champagne. Guardò gli uomini a uno a uno.

Il notaio, evidentemente turbato e con la fronte aggrottata. L'uomo snello e abbronzato sulla cinquantina con il completo grigio scuro, che doveva essere un rappresentante dell'investitore, sir James Ashton-Davenport, il quale, a quanto pareva, non si era disturbato a presentarsi di persona. Lo straniero la fissava con espressione quasi divertita, come se lei fosse lì apposta per mettere in scena uno spettacolo che movimentasse un po' quel noiosissimo incontro. E poi Holger, pietrificato, l'unico che non la stava guardando, ma teneva lo sguardo fisso sul bicchiere stretto nella sua mano. Evidentemente i tre stavano per fare un brindisi.

Leclerc fu il primo a muoversi. Appoggiò con cautela il bicchiere sulla scrivania e si rivolse a Sylvia. «*Madame*» disse, poi lanciò uno sguardo a Solenn e si corresse: «*Mesdames*, sono spiacente, ma... il contratto è appena stato legalmente siglato. Qui ci sono tutti i documenti. Il signor Brown ha firmato in rappresentanza del suo mandante, e il signor von Gaden in sua vece. Ma... non capisco, non è stata lei a incaricare suo marito?».

Il cuore di Sylvia si fermò per un istante, prima di ricominciare a battere come impazzito. Troppo tardi. Erano arrivate troppo tardi.

«Quella procura non è più in vigore» disse. «Ho cambiato idea e non ho mancato di comunicarlo espressamente a mio marito, il quale però mi ha...» *Mentito*, voleva dire, ma le si ruppe la voce. Voleva davvero annunciare il fallimento del suo matrimonio davanti a quegli uomini e a Solenn?

Di colpo Holger ritornò in sé. La trafisse con uno sguardo che avrebbe potuto risvegliare delle pietre. «Ma, amore, non capisco» disse in tono angelico, «mi avevi affidato...»

«*Monsieur le notaire*» lo interruppe Solenn con voce profonda e tranquilla, «se la legittima proprietaria non è d'accordo con la vendita, il contratto deve essere annullato.»

Confuso, Leclerc spostò lo sguardo da Solenn a Sylvia. Sembrava che si stesse divincolando come un'anguilla. «È difficile» spiegò. «L'acquirente ha già versato un anticipo e l'accordo preliminare era vincolante. I documenti sono in regola, me ne sono assicurato. Un annullamento è possibile soltanto se tutte le parti coinvolte sono d'accordo. Signor Brown?»

Si voltò verso Holger e il rappresentante del signor Ashton-Davenport. Holger scosse impercettibilmente la testa, ma il signor Brown se ne accorse a stento.

«Non ne vedo il motivo, signor notaio» disse nel suo miglior francese, sebbene appesantito da un forte accento britannico. «Ha detto lei stesso che la procura della signora è valida e che il contratto è stato sottoscritto legalmente. Il mio datore di lavoro ha già versato una caparra di due milioni. Mi rincresce molto, signora von Gaden. Non avevo idea che ci avesse ripensato. Ma per quanto possa dispiacermi, gli affari sono affari.»

«Sporgeremo denuncia» annunciò Solenn. «Mai mettersi

contro i bretoni. Non vi lasceremo realizzare i vostri piani sulla nostra isola. E se in ultima istanza...»

«Abbiamo già ottenuto tutti i permessi di costruzione» la interruppe l'inglese. «Lei crede davvero che sir James Ashton-Davenport farebbe un investimento simile senza alcuna certezza? Perdonatemi, purtroppo devo andare!»

Posò il bicchiere ancora pieno sulla scrivania, prese la sua ventiquattrore di pelle e si avviò verso la porta. Ma Sylvia gli bloccò il passaggio, guardandolo dritto negli occhi.

«Signor Brown» disse, con tutta la cortesia di cui era capace, «la prego, si comporti da gentiluomo e ci permetta di ridiscutere questo contratto. Non può immaginare quanto sia importante per me.»

Per un attimo le parve di vedere gli occhi dell'uomo scintillare. Divertiti. Poi il suo sguardo tornò quello dell'uomo d'affari. Deciso e duro. «E lei non immagina quanto mi dispiaccia rifiutare la proposta di una donna così affascinante. Ma, ahimè, ho le mani legate. Adesso, se vuole scusarmi, ho un aereo che mi aspetta.»

Detto questo lasciò la stanza. Sylvia aveva la sensazione che il terreno stesse franando sotto i suoi piedi. Spostò lo sguardo su Holger. Aveva ancora in mano il bicchiere di champagne e la fissava come se gli avesse appena spezzato il cuore.

«Sylvia» disse, con il tono di un maestro che si rivolge a un'allieva particolarmente indisciplinata. «Non mi hai lasciato altra scelta. Non so cosa ci sia che non va in te, ma sembri impazzita. Cerca di capire, *dovevo* farlo. È nel nostro interesse...»

Sylvia si sentì invadere da una furia improvvisa e incontrollabile. Lo raggiunse in pochi passi, gli strappò il bicchiere di mano e lo fece volare attraverso la stanza descrivendo un arco per poi infrangersi sul pavimento in pietra.

«Forse volevi dire nel *tuo* interesse» gridò. «E hai il coraggio di sostenere davanti a dei testimoni di aver agito contro il mio espresso volere?»

«Non sostengo proprio nulla» ribatté lui. «A parte il fatto che ti comporti in modo strano. Ritorna in te, Sylvia! Ritorna alla tua vita e dai un taglio a questa follia bretone!»

Il primo impulso della moglie fu di tirargli un ceffone, ma decise di non farlo. Non sarebbe caduta così in basso. Si limitò a voltargli le spalle.

«Mi dia la mia copia del contratto!» disse a Leclerc, in tono freddo.

Il notaio alzò le mani. «Signora von Gaden, suo marito... Ma certo, se vuole posso farle preparare una copia autenticata.»

«Dovrebbe vergognarsi» riecheggiò la voce indignata di Solenn. «L'ho avvertita, Leclerc. Se fosse un vero bretone non avrebbe mai permesso una cosa simile. Ma lei non è uno di noi. E le garantisco che se ne pentirà.»

Sylvia lanciò un'ultima occhiata a Holger.

«È finita, Sylvia» disse lui, in tono conciliante. «Vieni, andiamo a casa.»

Ma la moglie lo ignorò completamente e uscì dall'ufficio del notaio insieme a Solenn.

11

L’esodo

Quando Solenn aprì la pesante porta d’ingresso dello studio notarile, per un attimo Sylvia rimase accecata dalla luce del sole. Uscì barcollando e, quando scorse la folla radunata, tutti quegli sguardi speranzosi puntati su di lei, si sentì venir meno. Un attimo dopo Maël le si materializzò accanto, pallido e preoccupato.

«Com’è andata?» chiese a Solenn, senza staccare gli occhi da Sylvia.

«Siamo arrivate tardi. Il marito di Sylvia aveva già firmato il contratto.»

Dolore e delusione si dipinsero sul volto di Maël. Quando distolse lo sguardo, Sylvia capì che non si trattava soltanto della vendita dell’isola. Erano state le parole «il marito di Sylvia» a spezzargli il cuore. Quando lo vide scendere i gradini e tornare da un gruppo di persone tra cui Rozenn, Pierrick, Gwen, Coco e Manuel, capì che non lo avrebbe rivisto mai più. *Avrei dovuto dirglielo io*, pensò, mentre lottava disperata contro le lacrime. *Non avrebbe dovuto scoprirlo in questo modo.*

Alla fine era successo. Tutto era perduto. Non appena i manifestanti lo scoprirono si sollevò un boato. Gente che non aveva mai visto iniziò a fischiare e insultarla, impedendo a lei e Solenn di passare.

«Smettetela subito!» gridò la bretone, e immediatamente la

massa si tranquillizzò. «Lasciate in pace la nipote di Lucie! Ha commesso un errore, ma non è colpa sua.» Adesso sulla piazza regnava il silenzio assoluto. «Il contratto è stato firmato, ma noi continueremo a lottare. Impediremo a questo investitore di distruggere l'isola. Ne è il proprietario sulla carta, ma non sarà mai sua!»

La piazza rispose con grida di giubilo.

«A Parigi!» intonarono alcune delle donne in costume tradizionale, le punte dei copricapi che svettavano simili a fari tra la gente.

«A Parigi!» rispose la folla in delirio. Poi Solenn intonò una canzone, seguita da tutti i presenti. Anche se Sylvia non le capiva, le parole sembravano solenni e potenti, chiare e solide come i menhir, come il cielo bretone e il suo popolo.

O Breizh, ma Bro, me gar ma Bro.
Tra ma vo mor vel mur n he zro.
Ra vezo digabestr ma Bro!

Erano le parole dell'inno nazionale bretone. Alcuni tenevano gli occhi chiusi mentre lo intonavano, altri una mano poggiata sul cuore. Il canto riuscì evidentemente a sciogliere la tensione, e quando ebbero finito molte persone si voltarono, si fermarono a chiacchierare in piccoli gruppi oppure andarono a casa. Presto sulla piazza rimasero soltanto Solenn e i suoi amici e collaboratori. E Sylvia.

«Immagino che tu voglia tornare in Germania» le disse la compagna di sua zia.

Lei scosse la testa. «No» rispose, decisa. «Il mio posto è qui con voi. Voglio aiutarvi a combattere. Tutto questo non sarebbe dovuto accadere.» Solenn alzò le sopracciglia e le rivolse uno sguardo indagatore. «Ovviamente» aggiunse Sylvia, un po' a disagio, «soltanto se volete che resti. Lo capirei se...»

Ma l'espressione di Solenn si era addolcita. «Sei la benvenuta da noi» sussurrò. «Lucie ti voleva bene. Fai parte della famiglia, qualunque cosa sia successa. Se vuoi puoi restare! Ma non sarà facile.» Poi si congedò e tornò dai suoi.

Veronika e Laurent raggiunsero Sylvia. Avevano l'aria al tempo stesso preoccupata e delusa.

«Avete già sentito, vero?»

«Accidenti, è colpa loro che ti hanno trattenuta così a lungo!» si lamentò Veronika. «Avresti fatto in tempo, avresti potuto...»

«Lasciamo perdere» la implorò Sylvia, allo stremo delle forze. «Siete stati fantastici, entrambi. Senza di voi non sarei mai arrivata. Io... penso di aver bisogno di sedermi...»

«Assolutamente» convenne Veronika. «Dobbiamo mangiare qualcosa.»

«Andiamo da qualche altra parte» li pregò Sylvia. «Finché resteremo qui non troverò pace.»

Si spostarono verso l'interno. Più si allontanavano dalla costa, più il paesaggio si modificava. Antichi alberi ricoperti di muschio fiancheggiavano la strada, le chiome unite davano l'impressione di attraversare un tunnel di luce verde chiaro. Alla fine oltrepassarono un ponte in pietra e arrivarono in un villaggio dove decisero di fermarsi in un piccolo ristorante.

Ordinarono una zuppa di gamberi di fiume, un pâté dal profumo celestiale e, per finire, crêpe *au beurre salé*, la specialità della casa, e caffè. Sylvia aveva l'impressione che il mondo avesse preso a girare vorticosamente, e non capiva come facesse Veronika a sembrare così vivace e riposata. Quando arrivò il cibo tutti tacquero e si concentrarono a mangiare.

«Cosa ne dici» chiese la sua amica, appena placata la fame, «torniamo a Le Mans dopo pranzo? Secondo Laurent la Mini può essere pronta in due giorni.»

Sylvia annuì. «Mi sembra sensato. Voi due andate, io resto qui.» Veronika la guardò, perplessa. «Ho lasciato sull'isola la macchina con cui sono arrivata la prima volta» spiegò. «E poi... credo che avranno bisogno di me. In fondo è colpa mia se si trovano in questa situazione, non posso sparire come se nulla fosse.»

Veronika continuava a fissarla. «Quindi pensi di poter fare qualcosa? Se hai bisogno di una mano resto con te.»

Ma l'altra scosse la testa. «Vero, sei la migliore amica che si possa desiderare. Quello che hai fatto per me è incredibile. Ma adesso penso di dover andare avanti da sola. Ho combinato un casino e devo cercare di rimediare.»

Veronika annuì. «E con Holger?» chiese alla fine.

Sylvia abbassò lo sguardo sul suo piatto. Di colpo le era passata la fame.

Le tornò in mente il ripugnante sorriso sul volto del marito. Rivide il bicchiere di champagne attraversare la stanza come al rallentatore e infrangersi in una miriade di schegge. «Cosa c'è da dire?» disse alla fine. «Ha ottenuto quello che voleva.» Il tono sarcastico della sua voce quasi la spaventò.

Veronika la guardò comprensiva. «È un pezzo di merda. Scusa, ma è vero.»

Sylvia ripiegò il suo tovagliolo e lo sistemò accanto al piatto. «Hai ragione» sentenziò.

In quel momento non era in grado di soppesare le ripercussioni che quella storia avrebbe avuto sulla sua vita. *È un terremoto*, pensò, *uno tsunami*. E lei ignorava cosa sarebbe sopravvissuto alla tempesta.

Era pomeriggio quando Laurent e Veronika la accompagnarono sull'isola. Sulla terraferma, non lontano dalla passerella, videro l'armata già in attesa di prendere possesso dell'isola: ruspe, bulldozer e altri macchinari. A Sylvia venne la pelle d'oca. C'era la bassa marea quando attraversarono il ponticello, le onde accarezzavano dolcemente le fondamenta della strada. Nessuna traccia della tempesta che aveva infuriato solo pochi giorni prima. Non avrebbe mai pensato di tornare con l'umore così a terra. Come aveva potuto lasciarsi raggirare in quel modo da Holger? Perché aveva firmato quella procura che si era trasformata in una condanna? Se lo era chiesto più di una volta negli ultimi giorni, convinta tuttavia che i suoi desideri contassero qualcosa per il marito. Convinta di potersi fidare di lui.

Con sua grande sorpresa, l'isola brulicava di attività. Tre camion occupavano il parcheggio e una ventina di persone erano impegnate a caricarli, soprattutto di piante, le cui radici erano protette da una spessa stoffa. Le camelie che davano il nome all'isola.

Oddio, l'esodo è già iniziato, pensò Sylvia.

Facendosi coraggio, scese dalla macchina e prese la valigia. Eccolo di nuovo, il vento che le scompigliava i capelli, sferzandole il viso. L'odore del mare, delle alghe e di salsedine. La natura era rimasta la stessa. Per il resto niente era come prima.

«Sicura che non vuoi che resti?» chiese Veronika, guardandosi intorno a occhi spalancati. «Laurent può benissimo tornare da solo e occuparsi della mia auto.»

Ma Sylvia scosse la testa. «Vero, è molto carino da parte tua, ma come ho detto devo cavarmela da sola.»

Veronika annuì, senza troppa convinzione. «Promettimi di chiamarmi se hai bisogno di qualcosa. O se cambi idea.»

«Te lo prometto» replicò Sylvia, abbracciando stretta la sua amica. «Grazie» sussurrò tra i boccoli rossi che le solleticavano il naso. «Grazie di tutto!»

Sylvia rimase a guardare Laurent e Veronika che si allontanavano, poi attraversò il portone ed entrò in casa. Solenn sedeva al tavolo della cucina, il viso cinereo.

«Cosa succede?» le chiese.

Solenn le allungò un documento dall'aria ufficiale. «Ci cacciano via» annunciò. «Ce l'hanno consegnato appena rientrati.»

Sylvia lo lesse rapidamente: era un ordine di sfratto. Solenn e gli altri avevano tre giorni di tempo per abbandonare il lavoro di una vita.

«Per questo i camion...» balbettò Sylvia.

«Abbiamo mobilitato ogni risorsa possibile, ma non riusciremo mai a spostare tutte le piante in tre giorni.»

«Dobbiamo opporre resistenza» obiettò Sylvia. «Hai un avvocato?»

L'altra scosse la testa. «Non ne abbiamo mai avuto bisogno. E poi... non posso permettermelo, Sylvia. Questo trasloco è già una spesa enorme. Non potrei pagare un avvocato.»

«Ma io sì. Assumeremo il migliore. Se vogliamo lottare abbiamo bisogno di qualcuno che se ne intenda.»

Solenn le rivolse uno sguardo così inconsolabile da spezzarle il cuore. «Sono stanca» disse. «Da quando Lucie è morta è tutto così... Non ho più la forza di andare avanti, Sylvia. Pensano tutti che io sia una roccia, ma la verità è che non so più per cosa combattere.»

Sylvia si sedette accanto a lei e le posò una mano sulla spalla. «Per quello per cui avete lavorato tutta la vita» disse, sincera, «per tutto ciò che Lucie amava. Per i vostri sogni, e per il vostro amore.»

Con grande sgomento di Sylvia, Solenn scoppiò in lacrime.

Appoggiò entrambi i gomiti sul tavolo, tenendosi la testa tra le mani. I singhiozzi erano così violenti da scuoterla in tutto il corpo. Sylvia rimase in silenzio, continuando ad accarezzarle la schiena e costringendosi a respirare regolarmente. Avrebbe voluto piangere anche lei, ma si trattenne. Qualcosa le diceva che era la prima volta che Solenn riusciva a sfogarsi dalla morte della sua amata Lucie. Alla fine si era lasciata andare. Era rimasta forte fino a quella mattina, nonostante fosse accaduto il peggio. Aveva parlato con la folla e persino preso le difese di Sylvia. Si era mostrata combattiva e coraggiosa, ma chi avrebbe consolato lei? Chi l'avrebbe sorretta ora che la corazza che si era costruita cominciava a dare segni di cedimento?

Dopo qualche minuto Solenn riuscì a calmarsi. Riprese fiato, sfilò un fazzoletto dalla tasca del grembiule da lavoro e si asciugò le lacrime. «Scusami» sussurrò.

«E per cosa?» Aspettò che Solenn si riprendesse. E prima che la situazione potesse diventare troppo imbarazzante, aggiunse: «Allora, conosci un avvocato che possiamo chiamare?».

Più tardi, a cena, Sylvia notò che gli altri la evitavano di proposito. Maël non era nemmeno andato a tavola, e non si aspettava diversamente. A dire il vero era sollevata di non dover sostenere il suo sguardo. Gwen aveva gli occhi gonfi di pianto e si comportava come se Sylvia non esistesse. Pierrick guardava dritto davanti a sé, di pessimo umore e senza pronunciare una parola. Coco, invece, la fissava apertamente, con aria ostile.

«Dove verranno portate le camelie?» chiese Sylvia dopo cena, di nuovo sola con Solenn.

«Abbiamo preso in affitto un appezzamento sulla terraferma, fin da quando è iniziata a girare voce della vendita. Per ogni evenienza. Non è l'ideale ed è troppo piccolo, ma secondo Maël per il momento può andare. Possiamo lasciarne qualche dozzina da mia sorella. Rozenn mi ha anche offerto di andare a vivere da lei.»

Sylvia sentì un peso sul cuore. Bernard Millet, l'avvocato che aveva deciso di assumere, non le aveva dato grandi speranze. Sylvia non ne era al corrente, ma Ashton-Davenport aveva notificato a Solenn l'imminente sfratto già qualche settimana prima. Avevano lasciato trascorrere troppo tempo prezioso e diversi termini giuridicamente utili. «Dovranno portarci via di peso» aveva annunciato Coco a cena. Ma Sylvia sapeva che la compagna di sua zia non lo avrebbe accettato.

«Vieni» disse Solenn, prendendo il suo cardigan blu scuro dallo schienale della sedia, «usciamo un po', finché possiamo.»

Passeggiarono in silenzio nel giardino. Sylvia non si stupì nel vedere Solenn dirigersi verso la sepoltura di Lucie. Era una serata mite. Le aiuole emanavano un odore di terra che si mescolava a quello del mare.

Cosa ne sarà della tomba di Lucie? si domandò Sylvia, triste. Non riusciva a capacitarsi che a breve lì ci sarebbe stato un albergo.

«Ho visto uno dei progetti per il resort» disse Solenn, interpretando i suoi pensieri. «Questo posto resterà com'è. Tutto quest'angolo.» Solenn descrisse un semicerchio con la mano. «Anche la casa e i vecchi arbusti di camelie. Il resto verrà sradicato per far posto alla struttura dell'albergo. La villa verrà integrata nella nuova struttura. Tutto intorno alle mura del giardino costruiranno dei bungalow.»

La gola di Sylvia iniziò a bruciare. Era tutta colpa sua. Era lei l'unica responsabile. «Cos'è successo esattamente al testamento di Lucie?» chiese, di colpo.

Solenn la guardò di sbieco. «È sparito» rispose. «Quel tumore nella sua testa... Diventava sempre più strana. Dimenticava le cose, oppure le spostava. Il testamento non è l'unico documento che nelle ultime settimane ha "nascosto molto bene", come diceva lei.»

«E immagino che abbiate cercato ovunque.»

Solenn scoppiò in una risatina amara. «Oh sì, puoi credermi. Abbiamo messo sottosopra ogni singolo cassetto, armadio e angolino nascosto. Niente. Forse alla fine lo ha bruciato. Non lo so. Resterà un mistero.»

La mattina seguente Sylvia si svegliò prima dell'alba. Lei e Solenn erano andate a letto presto, e aveva dormito come un sasso. Adesso si sentiva riposata e piena di energie.

Dopo una lunga doccia si avvicinò alla finestra. Era ancora buio, ma all'orizzonte iniziava a fare capolino una sottile striscia violacea. Di colpo il cielo notturno si tinse di un profondo blu scuro. Sylvia decise di godersi quell'alba magica. Scese le scale senza far rumore e uscì dalla cucina. I suoi passi scricchiolavano sulla ghiaia, mentre camminava attraverso le camelie diretta verso sud.

E lì le si aprì una vista desolante. Al posto delle camelie fu accolta da una serie di buche nel terreno. Un tappeto di foglie strappate testimoniava uno sradicamento frettoloso. Gli esemplari rimasti sembravano confusi e tristi, come se si stessero chiedendo dove fossero le loro sorelle.

Più in basso, all'altezza dei cespugli più giovani, era anche peggio. Intere file mancavano, gli arbusti più recenti erano stati spiantati, le radici impacchettate, ed erano stati sistemati da un lato, pronti al trasporto. *Una scena avvilente*, pensò Sylvia con gli occhi umidi.

Un movimento non lontano dalla tomba di Lucie la fece

sobbalzare. Maël. Non si era accorto di lei. Il cuore iniziò a batterle come se volesse schizzarle fuori dal petto. Cosa poteva dirgli?

Ecco... Maël si era irrigidito. L'aveva vista. Si voltò di colpo e iniziò a camminare nella direzione opposta alla sua, verso i campi già sgomberati. Sylvia non si chiese perché stesse andando lì. Era ovvio che volesse evitarla. Costernata, decise di allontanarsi. Qualunque cosa stesse facendo, non intendeva certo imporgli la sua presenza.

Lo capiva. Anche se, d'istinto, avrebbe voluto parlargli e provare a chiarire. Ma chiarire cosa, in fondo? Fino a una settimana prima non aveva idea che il suo matrimonio fosse pieno di bugie. Eppure era stata con Maël. Aveva perso una buona occasione dopo l'altra per dirgli la verità. In fondo, doveva ammetterlo, aveva preferito non farlo. Non voleva che lui sapesse che era sposata. E adesso la odiava.

Sylvia lasciò il giardino recintato e fu subito investita dalle raffiche di vento. Si legò i capelli con il foulard e si avviò in salita lungo la strada percorsa due volte insieme a Maël, una volta fino alle coltivazioni e l'altra fino alla nicchia nascosta tra gli scogli. Lottando contro il vento riuscì a scalare la collinetta e raggiungere il punto da cui si vedeva l'intera isola.

A est riluceva un'alba spettacolare, i cui riflessi tingevano di rosso le nuvole. Ma l'idillio era ingannevole. Sebbene il sole non fosse ancora sorto, infatti, il pendio occupato dalle coltivazioni di camelie era piuttosto trafficato. Sylvia scorse Coco che dava indicazioni ad alcuni aiutanti. Nel frattempo, sulla passerella avanzavano camioncini e furgoni variopinti, evidentemente di volontari che mettevano a disposizione i propri mezzi per il trasporto delle camelie. Presto Sylvia sentì i motori gemere nello sforzo di inerpicarsi su per la collinetta.

Voltandosi, si ritrovò in un vialetto che conduceva dalla strada principale alle coltivazioni. Preferiva non essere vista. Anche se Solenn era stata così buona da sollevarla da ogni responsabilità per le sorti dell'isola, non si aspettava che lo facessero anche gli altri. Le tornò in mente l'incontro con Maël in giardino e avvertì una stretta al cuore. Continuò a camminare, senza rendersi conto, almeno all'inizio, di dove stesse andando. Soltanto quando ebbe quasi raggiunto uno degli spuntoni di roccia più esterni capì che il sentiero a sinistra conduceva verso la piccola insenatura nascosta.

Con il viso in fiamme e un nodo in gola ripensò a quello che era successo tra lei e Maël soltanto pochi giorni prima in quel posto. Proprio in quel momento i raggi del sole spuntarono all'orizzonte, accecandola. Il vento si abbassò di colpo. Davanti a lei un uccello nero piombò giù dalla scogliera, scomparendo tra i flutti. Gli scogli, di solito di un freddo grigio chiaro, scintillavano dorati nella luce del mattino. L'uccello riemerse in superficie tenendo stretta nel becco la sua preda argentea.

Sylvia si guardò intorno. Sul mare aperto un banco di nubi luccicava come madreperla, cambiando colore man mano che scivolava verso sud. Il cielo era di un violetto intenso. Più il sole saliva, però, più il colore sbiadiva.

L'isola, il cielo, il mare. Quella mattina a Sylvia appariva tutto di una bellezza quasi dolorosa. Ripensò a Holger e alla loro vita insieme. Tutto quello che per lei era stato importante negli ultimi dieci anni le sembrò futile e insignificante. Cosa avrebbe fatto adesso? Il suo matrimonio aveva un futuro? Le sembrava impossibile. Come poteva tornare con un uomo che l'aveva tradita in quel modo?

Ma cos'altro le restava? Dove sarebbe andata quando anche

l'ultima camelia avesse lasciato l'isola? Non ne aveva idea. In vita sua non si era mai sentita spaesata come quella mattina...

Sylvia si diede una scossa. Non poteva permettersi di piagnucolare, non ne aveva il diritto. Si voltò rapida e percorse il sentiero all'indietro. Sulla strada principale incrociò molte altre macchine. Salivano vuote e scendevano cariche. Petali rossi, bianchi e rosa si sollevavano per lo spostamento d'aria causato dal loro passaggio, per poi atterrare sui pochi cespugli che fiancheggiavano la strada.

Nel cortile davanti alla villa un gruppo di uomini e donne si era riunito intorno a Solenn. Già da lontano i gesti agitati suggerivano che fosse in corso una discussione concitata. Il suo cuore accelerò i battiti. Forse era meglio restare lì in disparte. No, si disse poi, sarebbe stato da codarda.

«No» sentì dire a Solenn in tono deciso, mentre si avvicinava, «non ci penso nemmeno. Potete bloccare l'accesso all'isola, se volete. Ma io non ho intenzione di restare qui ad aspettare che mi trascinino via con la forza.»

«Allora vuoi arrenderti?» chiese uno degli uomini, deluso, ma con il chiaro intento di provocarla.

«Solenn ha ragione» intervenne una delle donne più anziane. «Non possiamo chiederle una cosa simile, ma dobbiamo comunque provare a bloccare le ruspe.»

«Eccome!» esclamò un uomo.

«Porterò tutta la mia classe» annunciò una donna sulla quarantina. «Che vengano pure con le loro ruspe. Voglio proprio vedere se oseranno investire sedici bambini delle elementari.»

Gli altri scoppiarono in una risata rabbiosa, stringendo i pugni.

«Qualcuno dovrebbe informare la stampa» propose Sylvia, entrando nel cerchio. «Queste immagini dovrebbero comparire su tutti i giornali, e anche in televisione. Se vogliamo dare risonanza a questa ingiustizia ci sarebbe di grande aiuto.»

Di colpo tutti si ammutolirono e fissarono Sylvia con sguardo diffidente.

«Il solo fatto» ribatté uno degli uomini «che lei osi essere ancora...»

«Stai calmo, Brioc» lo zittì Solenn. «Lei è qui per aiutarmi...»

«Per aiutarti? Ma se questo disastro è colpa sua!»

«Capisco» disse Sylvia, cercando di controllare il tremito nella voce, «che sia furioso con me. Ma non ero d'accordo con quello che ha fatto mio marito e adesso vorrei almeno cercare di riparare...»

«Riparare?» gridò l'uomo che Solenn aveva chiamato Brioc. «Non c'è niente da riparare! Lei ha causato una catastrofe, un...»

«Brioc, *s'il te plaît*» lo interruppe la maestra. «Smettila di gridare! Se vuoi saperlo, penso che ci voglia molto più coraggio per restare, dopo quello che è successo. Cosa faresti al suo posto? Andresti a nasconderti, scommetto. Lo faremmo tutti.» Brioc aprì la bocca, poi sembrò cambiare idea e la richiuse. «Se vuole davvero aiutarci, *madame*» proseguì la donna rivolgendosi a Sylvia, «è la benvenuta.»

«Si chiama Sylvia» intervenne Solenn, «ed è una di noi. È la nipote di Lucie e non lascerò che voi...»

«D'accordo» borbottò Brioc, allungando la mano a Sylvia.

«Brioc Lenneck. Capitano di porto.»

«E io sono Morgane Prigent» si presentò la maestra, porgendole anche lei la mano. «Dirigo la scuola elementare. Penso che abbia perfettamente ragione sull'avvertire la stampa. L'ultima cosa di cui l'investitore ha bisogno è la cattiva pubblicità. Telefonerò a mio fratello. A cosa serve se no avere un giornalista in famiglia?»

«Éric?» chiese il capitano. «Ma non vive a Parigi?»

«Appunto!» ribatté Morgane con un sorriso soddisfatto. «Adesso andiamo, abbiamo parlato abbastanza, c'è ancora molto da fare!»

Mentre gli altri si avviavano verso i campi, Morgane entrò in casa insieme a Solenn e Sylvia.

«Cosa vuoi portare?» chiese la maestra.

Solenn sospirò. «Non posso spostare tutto da Rozenn, non ha abbastanza spazio» disse, guardandosi intorno perplessa.

Poi si ammutolì. Una mosca andò a sbattere ronzando contro la finestra. Dall'esterno proveniva lo sciabordio ritmico delle onde contro gli scogli.

«Che ne pensi di affittare un magazzino?» le propose Sylvia. «Un posto dove puoi lasciare i mobili e le tue cose fin quando non saprai dove...» Si interruppe. Faceva troppo male pensare al futuro.

«Il vecchio Quéméneur ha un enorme fienile ormai in disuso» disse Morgane. «A quanto ne so è vuoto. Posso chiedergli se vuole affittartelo.»

Solenn si lasciò sfuggire uno sbuffo sprezzante. «Proprio lui!» bofonchiò.

«Andiamo, Solenn!» replicò Morgane. «Dimentica il passato. Lucie non sarebbe affatto felice di sapere che gli porti ancora rancore.»

«Ma ha...» protestò Solenn.

«Lo so!» la interruppe la maestra. «Ma sono certa che gli dispiace. Dagli la possibilità di fare un gesto gentile.»

Solenn si voltò e diede una scrollata di spalle. «Per me va bene» si arrese, e Morgane, sollevata, si preparò per andar via.

«Forse dovresti ingaggiare una ditta di traslochi» propose Sylvia. «Non abbiamo molto tempo, e in questi casi è meglio lasciar fare a dei professionisti. Delle spese mi occupo io» disse, alzando una mano per bloccare le proteste di Solenn. «Mi sembra che i volontari siano abbastanza impegnati con le camelie.»

Morgane annuì ancora una volta in segno di assenso prima di uscire.

«Hanno portato questa per te» disse Solenn a Sylvia, porgendole una busta grande e spessa. Il mittente era l'ufficio notarile François et Hervé Leclerc. Sylvia strappò la busta. Era la copia del contratto di vendita. La rimise a posto, sdegnata. «E poi è arrivata una telefonata» continuò Solenn. «Dalla Germania. Un certo signor Waldner. Ha detto di richiamarlo. Usa pure il telefono dell'ufficio, sembrava importante.»

«Cos'è successo?» chiese Thomas.

«Holger lo ha fatto davvero» gli spiegò Sylvia. «Ha venduto l'isola contro il mio volere. Sono persino venuta qui per fermarlo, ma...» Fu costretta a deglutire per sciogliere il magone che le era venuto al ricordo della scena umiliante dal notaio. «Sono arrivata troppo tardi.»

Thomas borbottò qualcosa di incomprensibile, che suonava come un'imprecazione sussurrata. «E il pagamento?»

«Da contratto dovrebbe arrivare fra cinque giorni. Ma c'è già stato un anticipo di due milioni.» Sentì Thomas emettere un gemito. «Credi» chiese Sylvia con il cuore in gola «che sarebbe davvero capace di usare quei soldi per ripagare i suoi debiti?»

«*Tu* sei sposata con lui, non io» ribatté lui, contrito. «Ma non credo. Si tratterebbe pur sempre di appropriazione indebita.»

«Non so più cosa pensare, sei sposato con una persona da dieci anni e poi... Non puoi parlargli tu? In fondo sei il suo avvocato e consulente fiscale.»

«Non più» rispose Thomas. «Questa mattina mi ha informato di poter fare a meno di me. Mi ha licenziato, Sylvia. E non so cosa questo possa significare per te.» Lei era senza parole. «Quando torni a Monaco?»

«Non subito» rispose la donna, evasiva.

«Non va bene, Sylvia. Proprio in questo momento dovresti essere qui.»

«Puoi occupartene tu al posto mio, Thomas?» lo implorò. «Qui hanno bisogno di me.»

«Ma devi parlare subito con Holger!»

«Parlare? Parlare non è servito a nulla, a parte farmi mentire ancora» sbottò. «Abbiamo discusso, e mi ha promesso di non vendere l'isola. Ha detto di aver trovato dei compratori interessati alla *finca*. È riuscito a mentirmi guardandomi negli occhi, dicendomi che stava partendo per l'Andalusia. E invece è volato a Quimper per concludere l'affare alle mie spalle...» Sylvia dovette fermarsi. Lei, abituata ad avere sempre tutto sotto controllo. Proprio lei, adesso, era seduta nell'ufficio di Solenn e riusciva a stento a parlare tra i singhiozzi.

«È terribile, Sylvia» disse Thomas, comprensivo. «Ma è tuo marito. Forse sta attraversando un periodo difficile...»

«Smettila!» lo pregò Sylvia, pulendosi il naso. «Non stiamo parlando di un adolescente in piena tempesta ormonale.»

«Tutti possono passare un brutto momento» cercò di tranquillizzarla il suo amico. «Devi restare lucida, come hai sempre fatto. Torna qui, Sylvia! Dovete chiarire le cose.»

Thomas stava prendendo sul serio il suo ruolo di testimone, come faceva con tutto il resto. Sylvia si ritrovò a sorridere, nonostante tutto. «Sembra quasi che tu sia dalla sua parte. Eppure ti ha licenziato, o no?»

«Sì che mi ha licenziato. Motivo ulteriore di preoccuparsi.»

Sylvia cercò di tornare in sé. Adesso capiva i suoi clienti che perdevano la testa di fronte al rischio di insolvenza. Era tutt'altro che facile conservare la razionalità. «Per favore, chiama tu Holger» disse alla fine. «Chiedigli di trasferire l'anticipo e il resto del pagamento su uno dei miei conti.»

«Lo farò» promise Thomas. «Inviami il contratto, così posso contattare l'acquirente e chiarire la situazione.»

«Grazie. E se ci riesci fagli presente che preferirei annullare la vendita.»

«Farò il possibile» le assicurò Thomas.

Dopo la telefonata Sylvia aiutò Solenn a fare i bagagli. Morgane era tornata con una buona notizia. Quéméneur le avrebbe messo a disposizione il fienile a costo zero per tutto il tempo necessario. Inoltre le aveva fatto recapitare delle scatole e un camion per il trasporto. Sylvia si mise a svuotare la dispensa. Nel frattempo Solenn si occupava dell'ufficio. Più tardi quella sera, quando non riuscivano più a reggersi in piedi, sedettero insieme al tavolo della cucina davanti alla bottiglia di *lambig*. Erano stanche morte, ma troppo scosse per poter dormire.

«Ti aiuterò a trovare un altro posto per il vivaio» promise Sylvia. Solenn la guardò dubbiosa. «Lo so, nessun posto sarà come quest'isola. Ma in qualche modo dovete continuare.»

«Ne sei così sicura?» Sylvia lanciò a Solenn uno sguardo terrorizzato. «Per me in realtà è finito tutto quando Lucie è morta. Senza di lei... non so come spiegarlo... Per me quest'isola e Lucie erano una cosa sola. E adesso che ci cacciano via ho la sensazione di essere arrivata al capolinea.»

«Ma... ma...» balbettò Sylvia, sbigottita. «Cosa vuoi fare allora?» Solenn alzò le spalle e bevve un sorso di liquore. «E le camelie?»

«Se ne occuperà Maël. Lui è giovane. Io invece sono stanca, Sylvia. Non hai idea di quanto mi senta stanca e impotente.»

«È tutta colpa mia. Lucie non avrebbe mai voluto che ti arrendessi.»

Solenn annuì tristemente. «Hai ragione» sospirò. Poi guardò Sylvia e un timido sorriso le illuminò il viso. «Le assomigli tanto, sai? Quando ti guardo mi sembra di vedere Lucie venti o trent'anni fa. Anche per questo, nonostante tutto, non riesco ad avercela con te. Quando la incontrai, anni fa, pensavo di aver toccato il fondo. Non era facile per una donna che amava le donne. La Bretagna è una regione conservatrice. Le persone sono legate alle tradizioni, alle cose che non cambiano mai. Adesso è diverso, negli anni hanno imparato ad amarci e apprezzarci per quello che siamo. Voglio dire, per quello che eravamo. E ora che Lucie non c'è più mi sento di nuovo a un passo dal baratro.»

Sylvia deglutì. Aveva conosciuto Solenn come una donna forte e orgogliosa. E adesso si stava aprendo con lei. *Ma ci sono io*, avrebbe voluto dirle. *Sarò una nipote anche per te, se me lo permetti.* Ma non osò dirlo ad alta voce.

Solenn sembrava essere sull'orlo di una crisi di pianto, ma riuscì a dominarsi, distese lentamente le mani sul ripiano in legno del tavolo e strinse quelle di Sylvia. «Grazie» disse. «Grazie di essere rimasta. Morgane ha ragione. È un gesto coraggioso.» Poi la lasciò andare, e sembrò che avesse ritrovato le energie. Forse non era più forte e sicura di sé come il giorno in cui Sylvia l'aveva conosciuta, ma ce la stava mettendo tutta.

«Dovremmo andare a dormire» propose Sylvia. «Domani ci aspetta una lunga giornata.»

Solenn annuì e si alzò. «Buonanotte, Sylvia, a domani.»

Si avvicinò alla porta, si voltò a guardarla con un sorriso e lasciò la cucina. Poco dopo, Sylvia sentì chiudersi la porta del piano terra che conduceva all'appartamento privato di Solenn e Lucie. Trasse un sospiro di sollievo. Solenn sembrava aver superato la crisi. *Ma chi può dirlo*, pensò Sylvia. *Forse il peggio deve ancora arrivare.*

12

Il testamento di Lucie

Il giorno successivo trascorse troppo in fretta. Morgane era riuscita ad assoldare altri volontari, mentre Sylvia coordinava i lavori in casa, preparando liste e piani in modo che se a Solenn fosse servito uno degli oggetti immagazzinati nel fienile di Quéméneur non avrebbe fatto fatica a trovarlo.

«Cerchiamo di mantenere la stessa disposizione dei mobili» propose a Morgane, «e lasciamo degli spazi tra le scatole allineate, in modo che siano più facili da raggiungere e aprire.»

«A questo punto posso trasferirmi direttamente nel fienile» scherzò Solenn.

Sylvia rise, sollevata. La bretone aveva ritrovato il suo senso dell'umorismo, ed era un bene.

La sera di mercoledì sedevano entrambe nella cucina vuota. Nella stanza dall'aria quasi estranea, spazzata e ripulita da un paio di ragazze, erano rimasti soltanto il grande tavolo e un paio di sedie. Degli altri mobili che erano stati lì non restava che l'alone scuro sul pavimento. Qualcuno doveva aver inscatolato anche il *lambig*, quindi Solenn fece apparire da chissà dove una bottiglia di vino rosso, un cavatappi e due calici.

«Spero sia ancora buono» disse, aprendo la bottiglia. «Lucie lo ha comprato anni fa, lo teneva da parte per un'occasione speciale.» Versò il liquido scuro e denso nei bicchieri. Profumava quasi di frutti di bosco, con un aroma straordinario.

«Cos'è successo tra te e Maël, esattamente?»

Colpita e affondata. Eccola lì, la domanda che aveva tanto temuto. «È stato... non lo so... È stato più forte di me, Solenn» rispose con un filo di voce. «Non mi era mai successo niente di simile... Io...»

Si sentì arrossire e abbassò lo sguardo, imbarazzata. Tra loro calò il silenzio, ma Solenn continuava a fissarla.

«Voglio raccontarti una cosa» disse alla fine. «Su Maël. È successo anni fa, io e Lucie ci eravamo appena trasferite qui, e un giorno è comparso questo ragazzo. Per tutto il primo anno pronunciò a stento una parola. Era timido, ma molto attento quando si trattava delle piante. Lo soprannominammo l'ombra di Pierrick, perché lo seguiva ovunque. E poi, quando iniziai a piantare i primi bulbi, prese a seguire anche me.»

Sylvia ascoltava attenta. Ricordava che Rozenn le aveva raccontato una storia simile.

«Lo abbiamo adottato» proseguì la donna. «Non sulla carta, ovviamente. A una coppia lesbica non sarebbe stato permesso, non all'epoca. Ma a noi i documenti non interessavano. Maël apparteneva a questo luogo, il suo posto era con noi, e lui lo aveva capito persino prima di noi. A un certo punto cominciò ad aprirsi, ma non disse mai una parola sui primi dodici anni della sua vita. E noi non abbiamo mai fatto domande. Capii che aveva avuto i suoi motivi per scappare di casa quando riuscimmo a contattare sua madre e a stringere un accordo con lei. Da noi trovò la casa e l'amore di cui aveva bisogno, un amore basato sul rispetto e mai troppo invadente.»

Solenn bevve un sorso di vino e restò ad assaporarlo sovrappensiero, prima di continuare il racconto.

«Non lo pressammo e lo sostenemmo nei suoi obiettivi. Aveva voglia di imparare e un talento straordinario con le piante.

Le camelie sotto le sue mani prosperano, come se parlasse la loro lingua.» Solenn sorrise, e di nuovo una luce sembrò accendersi dentro di lei, modificando i suoi tratti. «Poco a poco riuscì a fidarsi e si aprì. Poi si innamorò di una ragazza, una turista di Parigi. A volte noi anziani pensiamo di capire le cose meglio dei giovani. E Lucie mi rimproverò, mi disse che mi comportavo come una madre gelosa. Ma avevo ragione, purtroppo. Quella ragazza voleva soltanto divertirsi. La magia dell'isola, il romanticismo emanato dalle camelie, non so cosa sia stato. Comunque non durò molto. Maël ne soffrì terribilmente. Ricadde di nuovo nel silenzio. Non parlò per mesi, chiuso in se stesso. Finché non gli proposi di andare a studiare botanica in una delle migliori università del mondo.»

Sylvia alzò lo sguardo, sbalordita. «Davvero? Maël ha studiato all'università?»

Solenn sorrise, gelida. «Sì» rispose in tono distaccato. «Non è un giardiniere semianalfabeta, come forse avrai pensato tu. Maël ha un dottorato, avrebbe potuto continuare la carriera accademica se avesse voluto, e adesso, chissà, sarebbe diventato un professore o un ricercatore in qualche prestigiosa università a Londra o a New York. Invece ha deciso di tornare qui.» Solenn strinse le labbra e Sylvia si sentì ancora più in colpa. «Da quando ha sentito di tuo marito» continuò, «sembra aver di nuovo perso la parola. Si esprime a monosillabi. Sento che si sta di nuovo ripiegando su se stesso.» Sylvia ripensò al mattino precedente, quando lo aveva incrociato in giardino alle prime luci dell'alba. E alla sua espressione davanti all'ufficio del notaio, quando Solenn gli aveva rivelato l'esistenza di Holger. «Qualunque cosa ci sia stata tra voi, per lui sembra essere stata importante.» Solenn si alzò. «Buonanotte, Sylvia» disse, si avvicinò alla porta che dava in cortile e la aprì.

«Ma dove stai andando?» le chiese Sylvia.

Una folata di vento gelido attraversò la stanza, facendola rabbrividire.

«È la mia ultima notte sull'isola, voglio stare con Lucie.» Poi uscì e la porta si richiuse con un tonfo.

Quella notte Sylvia non riuscì a dormire. Le parole di Solenn le riecheggiavano nella mente. *Per lui sembra essere stata importante...* E non poteva fare a meno di porsi la domanda che Solenn aveva sottinteso, evitando di fargliela a voce alta: *E per te?*

Si rigirava irrequieta da un lato all'altro. Al solo pensiero di Maël, il suo corpo iniziava a fremere di desiderio. Era stato davvero soltanto questo? Una folle attrazione fisica? Eppure aveva pensato a Maël costantemente, ogni singolo giorno fin dal suo arrivo sull'isola. Non le era sembrato di conoscerlo da sempre, da prima di incontrare Holger e persino da prima di Robert? Cos'era quel sentimento? Era amore?

A un certo punto Sylvia si arrese. Si alzò, infilò il cardigan di lana mohair e accese il fuoco nel camino. *L'ultima volta*, pensò. *L'ultima notte.*

Si avvicinò alla finestra e cercò di individuare Solenn nel buio, ma se era davvero accanto a Lucie i rami del vecchio arbusto di camelie l'avrebbero nascosta alla sua vista. Si sentì invadere dall'inquietudine. Doveva preoccuparsi per Solenn? E se avesse cercato un modo per restare sull'isola per sempre? Se avesse avuto in mente di farsi del male?

Devo andare di sotto a controllare, pensò. Ma non si mosse. Sentiva di non avere alcun diritto di disturbare quell'ultimo addio. Solenn era una donna orgogliosa. E quella notte apparteneva a lei e Lucie.

Sylvia si concesse di pensare al futuro. L'indomani restavano da sgomberare la sua stanza e l'appartamento di Solenn e sua zia, tutto il resto era stato fatto. E poi sarebbe stata ora di dire addio a quel paradiso.

Intristita, tornò a letto, dove cadde in un sonno inquieto.

Fu svegliata da un violento frastuono. Era giorno, ormai, anche se il cielo era coperto, e al piano terra fervevano le attività.

Quando scese di sotto notò che la porta dell'appartamento di Lucie e Solenn era aperta. Un uomo della ditta di traslochi stava trascinando fuori una pesante cassettiera.

«Queste cose restano qui» sentì dire dalla voce calma e decisa di Solenn. «L'armadio è fissato al muro. E il letto... Immagino di doverne comprare uno nuovo.»

Poi comparve sulla soglia e fece un cenno di saluto a Sylvia. Era pallida e aveva gli occhi cerchiati, ma sembrava determinata come sempre.

«Puoi aiutarmi a staccare il dipinto dalla parete?» le chiese. «È piuttosto pesante.»

Sylvia si voltò verso il quadro. Lo sguardo enigmatico di Lucie sembrava in qualche modo consapevole, come se avesse previsto tutto già da tempo. Era un ritratto a mezzo busto con un giardino sullo sfondo. Lei indossava un elegante cappello di paglia a tesa larga e teneva una camelia dai petali rosa tra le mani. La luce era concentrata sul viso e sui fiori. Probabilmente il dipinto non si sarebbe potuto considerare un capolavoro, ma irradiava una grazia naturale. Il pittore era riuscito a restituire molto bene il suo soggetto.

Insieme sollevarono la tela, circondata da una pesante cornice in legno, e la staccarono dal chiodo.

«È bellissimo» commentò Sylvia. «Chi lo ha fatto?»

«Hendrik van Outen, un pittore olandese che aveva una casa vicino Avens... Ormai tanti anni fa. Non so nemmeno se venga ancora da queste parti. Era un grande ammiratore di Lucie.» Solenn sorrise, guardando il quadro. «Seguiva la tecnica degli antichi maestri olandesi. Lucie ha posato un paio di volte per lui come modella, ma poi ha iniziato ad annoiarsi. Per ringraziarla ci regalò questo quadro.»

Solenn andò nella sua stanza e tornò con un ampio lenzuolo. Sylvia la aiutò ad avvolgerlo con cura intorno al quadro, in modo che non rischiasse di rovinarsi. Ma all'improvviso Solenn si fermò.

«Vuoi tenerlo tu?» chiese all'improvviso.

«Ma... Ma no!» balbettò Sylvia. «È tuo.»

«A dire il vero no» rispose secca la bretone. «L'erede sei tu.»

«No, non posso, Solenn» obiettò Sylvia. «Il quadro è un ricordo di Lucie...»

Solenn scosse la testa. «I miei ricordi di Lucie vanno molto al di là di questo quadro.» Inspirò a fondo. Sylvia capì che era combattuta. «Sai cosa mi ha detto Lucie prima di morire, in uno dei suoi ultimi momenti di lucidità? "Lasciami andare, Solenn! Niente reliquie. Non venerare i morti: io non sarò tra loro. Vai avanti quando non ci sarò più. La vita è come un fiume, non dimenticarlo mai!"» Inspirò di nuovo, poi guardò Sylvia e sorrise. «Come se avesse previsto tutto. Quindi ti chiedo di prendere il quadro. Non saprei comunque dove appenderlo da mia sorella. E l'idea di stiparlo nel fienile di Quéméneur insieme ad altre pile di oggetti mi mette i brividi.»

Sylvia la guardò, esitante. Era seria? «Ti faccio una proposta» disse alla fine. «Lo terrò da parte per te. E se un giorno volessi riaverlo...»

«Va tutto bene, Sylvie. È giusto così.»

Solenn si alzò, accarezzò teneramente la tela, poi si voltò e uscì di casa.

Sylvia rimase sola. Non sapeva bene cosa fare con il dipinto. Per il momento lo sistemò contro la parete nell'angolo accanto al camino. Lì era al sicuro, nessuno rischiava di inciamparci. Più tardi avrebbe chiesto a Pierrick di aiutarla a sistemarlo nel bagagliaio della Porsche. Ma dove lo avrebbe portato? E dove sarebbe andata lei, quando fra un paio d'ore avrebbero svuotato tutto?

Solenn si sarebbe trasferita da sua sorella. Gli altri sarebbero tornati alle loro case. Non sapeva dove sarebbe andato Maël. E lei?

Sylvia uscì di casa attraversando il pesante portone di legno che aveva sempre visto chiuso, e che invece adesso era stato spalancato per poter portare fuori casse e mobili. Dava direttamente sul parcheggio, fuori dalla zona recintata. Superò i camion dove gli operai della ditta di traslochi stavano assicurando il carico con delle cinghie. I suoi piedi la condussero fino al porticciolo dove pochi giorni prima si era imbarcata con Pierrick. Finalmente nascosta alla vista di tutti, si sedette su un grosso scoglio grigio.

Torna qui! aveva detto Thomas. *Dovete chiarire le cose*. Aveva ragione. Eppure Sylvia non si sentiva pronta. Non ancora. Qualcosa la teneva ancora legata all'isola. Ma cosa? Presto sarebbero partiti tutti. La villa era stata svuotata, le piante sradicate. E anche se in giardino, per ragioni di tempo o di spazio, erano state abbandonate molte camelie, il rigoglio di qualche giorno prima sembrava un lontano ricordo. Eppure ogni singola fibra del suo corpo si opponeva alla partenza. No. Sarebbe rimasta. Almeno un'altra notte. Avrebbe salutato l'isola da sola, a modo suo. Doveva prendere congedo dal luogo che l'aveva stregata. E da una donna che purtroppo non aveva mai davvero conosciuto.

«Sei sicura?» le chiese Solenn quando le comunicò la sua decisione. La fissò insistente, con la fronte aggrottata.

«Sicurissima» rispose Sylvia, in tono fermo.

«Perché?»

Lei fece spallucce. «È una sensazione, non riesco a spiegarla. Come se avessi ancora qualcosa da fare qui.»

Solenn rifletté un attimo sulle sue parole. «Ricorda quello che ha detto Lucie» disse alla fine, «dobbiamo lasciarla andare.» Sylvia annuì. «Dobbiamo continuare a vivere, in un modo o nell'altro. Anche tu. Forse dovresti tornare da tuo marito. Ne sei innamorata?»

Sylvia la guardò, sconvolta. Pensava di essersi abituata al modo di fare diretto, quasi brusco, di Solenn.

«Non lo so» rispose. «Pensavo di sì, ma non ne sono più convinta. Per niente.»

Solenn la stava fissando, come se fosse in attesa di una spiegazione.

«Al momento non so nemmeno cosa sia l'amore» confessò Sylvia. «Ammesso che io lo abbia mai saputo.»

E tra sé pensò: *Basta guardarti... Voglio dire, è chiaro a tutti che hai amato e ami ancora Lucie in modo così incondizionato. No, io non ho mai amato Holger allo stesso modo.*

«Quando lo proverai te ne accorgerai» rispose Solenn con un sorriso. «Ti pioverà addosso con una tale evidenza, si impossesserà quasi di te, impedendoti di vedere e sentire. Sarà molto più forte della tua ragione. E ti spingerà a fare la cosa giusta. Anche se sembra quella sbagliata.»

Poi Solenn si allontanò da lei, dirigendosi verso le ultime

macchine rimaste. Era tutto pronto per la partenza. In piedi, accanto al vecchio Peugeot, c'era Maël. Guardò nella loro direzione, fingendo di non vederla. Aspettava Solenn.

«Non restare troppo» la ammonì la donna. «Se iniziano i lavori sulla passerella poi non potrai più attraversarla con la macchina.» L'altra annuì. «Stammi bene, Sylvie» si congedò Solenn, abbracciandola e baciandola con affetto su entrambe le guance. Poi si voltò, raggiunse Maël e salì sul furgone.

Fu l'ultimo veicolo a lasciare l'isola. Sylvia rimase a lungo a fissare la coda che si era formata. Prima il rumore dei motori fu inghiottito dalla risacca. Poi i veicoli diventarono sempre più piccoli, fino ad approdare uno dopo l'altro sulla terraferma e scomparire alle spalle dei bulldozer che erano lì in attesa. Sylvia era sola. Sola con il vento, il mare, l'odore di alghe e di salsedine, gli uccelli, le camelie e la vecchia casa vuota. E con la tomba di Lucie.

Il sole scomparve dietro una coltre di nuvole grigio scuro. Sylvia rabbrividì. La strada era ancora aperta. La marea stava iniziando a salire, tuttavia la passerella sarebbe stata agibile ancora per un paio d'ore. Scosse la testa energicamente. No. Non se la sarebbe data a gambe. Sarebbe rimasta, proprio come aveva deciso.

Fece una lunga passeggiata in giardino, fermandosi accanto a ogni singola siepe di camelie sopravvissuta. Soltanto poche erano ancora rigogliose, la stagione della fioritura si avviava ormai alla fine. Sylvia terminò il giro fermandosi accanto alla tomba di Lucie, ma faceva troppo freddo per sedersi sulla panchina. I fiori rossi intorno alla lapide erano quasi tutti appassiti.

Si allontanò dalla sepoltura di sua zia e si avviò verso casa. Faceva uno strano effetto avere quell'immenso edificio vuoto tutto per sé. Salì le scale ed entrò nella stanza dove aveva vissuto. Anche quella era stata sgomberata, ma sembrava che qualcuno avesse dimenticato le tende di lino ricamate. Nella camera deserta ricordavano un sudario.

Di colpo a Sylvia venne in mente di non essersi affatto preoccupata di dove avrebbe dormito quella notte. Lasciò la sua vecchia camera da letto e, con qualche esitazione, iniziò ad aprire una porta dopo l'altra. C'erano altre tre stanze sullo stesso piano, tutte vuote. Poi scese nuovamente al piano terra. La porta dell'ala privata di Lucie e Solenn era spalancata. Un pezzetto di carta a forma di triangolo giaceva sulla soglia, simile a una freccia che la invitava a entrare. Alla fine superò l'imbarazzo e attraversò la porta. Si sorprese a realizzare che stava camminando in punta di piedi.

Esplorò i tre locali e il piccolo bagno. Uno fungeva probabilmente da salotto, come suggerivano gli allacci per radio e televisione alla parete. In un angolo era stato lasciato un tavolino basso con un decoro a mosaico. Alcune pietre erano rotte. Forse era per questo che Solenn non lo aveva fatto portare via. A destra e a sinistra del tavolo si aprivano due porte. Sylvia aprì la prima e trovò una vecchia scrivania con due sedie girevoli malconce, la parete era occupata da uno scaffale vuoto e nell'angolo spiccava una lampada a stelo con il paralume rovinato. Schiacciò il pulsante di accensione con gesto meccanico, e la lampadina si illuminò con un tremolio.

La terza stanza era occupata da un immenso letto a baldacchino con tende in mussola, che dovevano essere state bianche in origine, ma ormai erano ingiallite. Il delicato motivo a fiori della carta da parati era quasi del tutto sbiadito.

Sulla parete di fronte si trovava un grosso armadio a parete di legno scuro e, in un angolo accanto al camino, una vecchia sedia la cui fodera logora era stata in parte strappata. Sylvia si appoggiò con circospezione, ma la sedia resse il suo peso. Le stanze private di Lucie e Solenn erano state svuotate per ultime, e nessuno si era preso la briga di pulire. Sylvia recuperò dalla cucina una scopa, lasciata lì perché quasi del tutto priva di setole. Spazzò con attenzione la stanza, poi trascinò il pesante quadro dall'ingresso alla camera da letto, lo appoggiò alla parete davanti alla sedia e lo scoprì. Di colpo smise di sentirsi sola. Le piaceva avere addosso lo sguardo benevolo di Lucie, che sembrava sempre seguire l'osservatore.

Sylvia rimase seduta a lungo, avvolta nel suo cardigan di lana. Le sembrava di essere fuori dal tempo. Non c'era internet né campo per il cellulare e ormai anche la rete fissa era stata staccata. All'esterno la marea si stava alzando lentamente e presto le prime onde avrebbero lambito la passerella. Era in completa solitudine su quella striscia di terra. Fuori avanzava il crepuscolo e, nella penombra del giorno prossimo alla fine, il viso di Lucie appariva ancora più espressivo.

Sylvia si alzò e si stiracchiò. Prese la lampada dalla stanza accanto e decise di accendere un fuoco. Sulla mensola trovò una scatola di fiammiferi. Si ricordò che nella sua camera doveva esserci ancora un cesto con un paio di ciocchi di legna, così andò a prenderlo. Poco dopo nel camino crepitavano le fiamme. Sylvia le osservò soddisfatta e si riscaldò le mani. Possibile che Solenn avesse lasciato una vecchia coperta di lana da qualche parte? Si alzò per controllare nell'armadio.

Soltanto una lunga fila di grucce vuote. Qualche vestito che Solenn non aveva portato con sé: un golf grigio scuro mangiato dalle tarme, un consunto cappotto di popeline, che probabilmente andava di moda trent'anni prima. Sylvia aprì un'altra anta dell'armadio e passò a esaminare altri scaffali, trovò un vecchio pullover e una tovaglia macchiata, una scatola di cartone con scampoli di pizzo ingiallito, un cesto per il cucito con delle matasse di filo attorcigliato, un cuscinetto per gli aghi, un delicato ditale in porcellana e uncinetti di tutte le misure. Sotto il cesto, una pila di riviste di cucito appartenute probabilmente a Lucie. D'altronde le riusciva difficile immaginare Solenn con in mano un ago. Quando prese una delle riviste per sfogliarla, le pagine si staccarono. La carta era diventata troppo fragile.

Sopra l'asta appendiabiti c'era un altro scomparto, ma era troppo in alto perché Sylvia riuscisse a vedere cosa contenesse. Con gesto rapido e deciso trascinò il tavolino dalla stanza accanto fino alla camera da letto, controllò che reggesse e ci salì sopra. Era troppo buio, Sylvia non riuscì a vedere niente. Tastò nell'oscurità fino in fondo all'armadio e si ritrovò tra le mani qualcosa di morbido. Una coperta! Quando la tirò fuori, un cappello di paglia a tesa larga cadde sul pavimento. Un elegante copricapo da donna con un nastro di seta rosa legato in un fiocco sul retro. L'intreccio della falda si era sciolto in un punto, ma qualcosa di quel cappello la colpiva. Le sembrava di averlo già visto. Scese dal tavolino e, notando uno specchio sulla parte interna dell'anta dell'armadio, decise di provarlo. Le stava a pennello. E di colpo le tornò in mente dove lo aveva già visto: era lo stesso che indossava Lucie nel dipinto.

Sylvia alzò lo sguardo, confrontando la sua immagine allo specchio con quella del ritratto e non riuscì a trattenere un'esclamazione di sorpresa. Per quanto la sua somiglianza con la zia fosse già evidente, con il cappello in testa sembrava sua sorella gemella. Lucie continuava a fissarla intensamente dalla tela e Sylvia non riusciva a liberarsi dalla sensazione che volesse dirle qualcosa. Qualcosa di importante... Ma cosa?

Confusa, si sfilò il cappello dalla testa e lo guardò da tutti i lati. Stava per rimetterlo nell'armadio quando notò che il nastro di seta si inarcava in modo innaturale sul davanti. Sylvia tastò la stoffa liscia. Nascondeva qualcosa. Cosa poteva essere?

Con cautela infilò un dito sotto il nastro, sfiorando quella che sembrava carta. Provò a estrarla, ma senza successo. Probabilmente zia Lucie l'aveva cucita nella stoffa.

«Che significa, zia Lucie?» chiese Sylvia con un filo di voce.

Decise di andare in fondo alla cosa, noncurante delle proteste della sua parte razionale. *Ti rendi conto che ti comporti in modo molto strano, vero?* le chiedeva in tono critico. *Sei rimasta sola su un'isola abbandonata, rovisti tra roba vecchia e ti domandi cosa potrebbe nascondersi sotto il nastro di un cappello rotto.* L'altra parte di sé, però, estrasse il cesto da cucito dall'armadio, scovò un paio di forbici e staccò con accortezza il nastro di seta dalla falda. Un ultimo taglio, e il foglio di carta ripiegato attentamente per corrispondere alla larghezza del nastro cadde sul pavimento. Sylvia lo prese con il cuore che le batteva all'impazzata. Non capiva perché.

Srotolò il foglio, lo lisciò e lo portò accanto alla lampada per poterlo leggere meglio. Le lettere sembravano danzare sulla pagina alla luce fioca della vecchia lampadina. Sylvia si lasciò cadere sulla sedia. La prima pagina era stata scritta a mano con calligrafia ordinata. *Testamento.*

Sylvia era intontita, mentre Lucie sembrava fissarla divertita dal suo ritratto.

«L'hai nascosto veramente molto bene!» sussurrò Sylvia. «Cucirlo in un vecchio cappello...»

Probabilmente mentre cercava quel documento Solenn si era ritrovata decine di volte il cappello tra le mani, senza mai notare lo strano rigonfiamento sul nastro. Oppure era già finito nell'angolo più lontano dell'armadio e nessuno ci aveva fatto caso.

E adesso era troppo tardi.

Lo era davvero? Sylvia balzò in piedi e guardò il documento tra le sue mani. Non era possibile che l'improvvisa riapparizione del testamento cambiasse tutto? Se Solenn era la legittima proprietaria, e Sylvia non aveva ragione di dubitarne, allora... Appunto, allora cosa? Allora... la vendita non avrebbe avuto valore legale, giusto?

Sylvia avvicinò la lampada alla sedia, prese di nuovo posto e iniziò a leggere.

Le mie ultime volontà

Io sottoscritta, Lucie Hofstetter, dispongo con il seguente documento che tutti i miei beni mobili e immobili, i miei conti e soprattutto l'isola, nota come «Isola delle Camelie», registrata presso il catasto di Quimper con il codice 84993b, compresi gli immobili e il vivaio annessi, dopo la mia morte diventino proprietà di Solenn Marï Lambaol. Maël Riwall e Pierrick Tanguy avranno diritto di residenza a vita sull'isola. Inoltre nomino Maël Riwall erede di Solenn Marï Lambaol alla sua morte, ovvero la mia intera proprietà diventerà sua di diritto al decesso dell'attuale erede.

A mia nipote Sylvia Hofstetter, residente a Monaco di Baviera, lascio in eredità i diritti di vendita sulla camelia Sylviana, chiamata così in suo onore.

Queste sono le mie ultime volontà, sottoscritte in presenza dei seguenti testimoni:

Morgane Prigent, direttrice della scuola elementare
Brioc Lenneck, capitano di porto
Rozenn Draoulec, ceramista

Seguivano le firme di Lucie e dei testimoni, con data e luogo. Sylvia non vedeva ragione di dubitare dell'autenticità del documento.

Doveva informare assolutamente Solenn della sua scoperta! Forse c'era ancora speranza. In fondo Sylvia non era la legittima proprietaria dell'isola al momento della vendita. Balzò in piedi e si diresse all'ingresso, spalancò la porta che conduceva al parcheggio e corse verso la rampa di accesso alla passerella. Troppo tardi. Il ponticello era già sommerso dall'acqua, le onde si erano richiuse sopra il passaggio. Delusa, tornò in casa. Non sarebbe riuscita a tornare sulla terraferma prima del mattino dopo. Tra lei e la possibilità di comunicare la buona notizia c'era ancora una lunga notte.

Agitata, attraversò le stanze deserte della villa ascoltando il rimbombo dei suoi passi. Da quando gli altri erano andati via le sembrava quasi di vivere in un sogno. Nella sua immaginazione vide la casa e il giardino tornare a vivere. E lei? Avrebbe partecipato a quella rinascita?

Nella sua testa regnava il caos più totale. Era ora di fare chiarezza. Aveva bisogno di un piano, di una strategia. E per elaborarla doveva capire meglio come stavano realmente le cose. Doveva tornare per un attimo la Sylvia von Gaden fredda e razionale che era sempre stata.

Il contratto di vendita... Non lo aveva nemmeno letto. Sylvia corse alla sua valigia e con mani tremanti tirò fuori la busta nella quale Leclerc le aveva inviato la sua copia. Poi accese il computer, prese posto accanto al camino e si mise al lavoro. Esaminò il documento paragrafo per paragrafo.

Arrivata all'ultima pagina, il voluminoso contratto le sfuggì dalle mani. Adesso aveva nero su bianco ciò che era sempre stato chiaro, sebbene si fosse rifiutata di accettarlo. La parte contraente nell'accordo con Ashton-Davenport non era Holger, ma lei. Lui aveva semplicemente venduto l'isola a suo nome, aveva agito come mediatore, null'altro. Era Sylvia la proprietaria, e di conseguenza era lei, ufficialmente, a dover ricevere il pagamento anticipato di due milioni di euro. Il fatto che Holger li avesse trasferiti su uno dei suoi conti e non su quello di Sylvia era irrilevante.

L'euforia per aver ritrovato il testamento si dissolse appena realizzò di essere la sola e unica responsabile per la vendita di un bene che non le apparteneva. Se il contratto fosse stato dichiarato nullo lei avrebbe dovuto restituire a sir James Ashton-Davenport i due milioni di euro.

«Oddio» sussurrò nel silenzio della vecchia casa.

Rimase seduta in quella che era stata la stanza da letto di sua zia, con lo sguardo fisso davanti a sé. Il ritratto di Lucie le sembrava improvvisamente distante, uno strato di colore su una tela. Niente di più.

All'esterno, il vento infuriava intorno alla villa. L'Atlantico scagliava furioso le sue onde contro l'isola. Le sembrava di sentire l'acqua alzarsi di livello. Fu assalita da un familiare terrore che era convinta di aver superato ormai da anni. La paura di tornare povera. Di dover ricominciare da zero.

Da studentessa non le era costato grossi sacrifici vivere di yogurt, mele e cracker. A quel tempo aveva uno scopo, ed era sicura che presto si sarebbe lasciata alle spalle quelle privazioni. Adesso aveva raggiunto un'età in cui pensava di potersi sentire arrivata. Aveva lavorato sodo, messo da parte dei risparmi. Insieme a Holger, qualche anno prima, aveva comprato il fantastico appartamento affacciato sull'Englischer Garten senza dover chiedere un mutuo. Non voleva avere debiti, per lei era fondamentale. E questo valeva anche per il futuro. L'attico era la sua assicurazione, un investimento, una riserva di valore. Ma sarebbe bastato?

I suoi risparmi le avevano garantito sonni tranquilli negli ultimi anni. Il cuscinetto sembrava sufficiente per un atterraggio morbido in tempi difficili. Da poco aveva calcolato che con quello che era riuscita a mettere da parte avrebbe potuto vivere vent'anni senza lavorare, se non avesse avuto pretese troppo esose, ovvio. Era ciò a cui aveva sempre aspirato. Fin da bambina si era ripromessa di non vivere una vita priva di mezzi. Per questo si era impegnata nello studio, diplomandosi con il massimo dei voti e portando a termine in contemporanea due percorsi universitari. Guadagnava da sola da quando aveva quattordici anni, per non dover dipendere da nessuno. Aveva persino scelto suo marito seguendo questa strategia. E proprio lui, adesso, la stava spingendo in un abisso di debiti?

Ma perché, in fondo? le sembrò di sentire la voce di Holger. *Non ce n'è ragione. Nessuno sa dove sia il testamento. Nessuno ti accuserà mai di niente. Solenn ti ha perdonata, e prima o poi sarà tutto dimenticato. Puoi aiutarla a trovare un nuovo posto dove vivere, puoi sostenerla economicamente. Ti saranno grati per averlo fatto. Non sarai così folle da rovinarti con le tue stesse mani proprio adesso che tutti hanno già lasciato l'isola?*

Sylvia si portò le mani alle orecchie, ma la voce era nella sua testa. Non poteva contestare la vendita. Sarebbe stata la sua fine, un colpo del destino dal quale non si sarebbe mai ripresa, a prescindere da quanto avesse lavorato duramente. Non avrebbe mai più avuto una vita da privilegiata, questo era certo.

I ciocchi carbonizzati nel camino crollarono uno sull'altro con un sonoro schiocco. Le fiamme rossastre guizzarono un paio di volte, prima di spegnersi. Fuori il vento dell'Atlantico continuava a infuriare. Sylvia si alzò e sistemò con attenzione un pezzo di legna sulla brace, poi rimase a osservarlo mentre le fiamme lo lambivano, prima timidamente e poi sempre più vivaci. Si voltò verso il tavolino con le piastrelle sbeccate, dove aveva posato il testamento di zia Lucie. Un semplice gesto, e il documento sarebbe bruciato tra le fiamme. Come se non fosse mai esistito. Nessuno le avrebbe mai chiesto nulla. Era dato per perso, perché dissotterrare la cosa? Perché riaprire vecchie ferite?

Sylvia emise un gemito. Non poteva. *Perché no?* le domandò l'odiosa voce nella sua testa. *È così facile, in fondo.* Il ritratto di Lucie sembrava essersi risvegliato, come se stesse seguendo con interesse la sua lotta interiore. Sylvia dovette resistere all'impulso di andare a coprirlo con il panno. Oppure girarlo contro la parete.

Poi, di colpo, si sentì sopraffare dalla furia. Cosa aveva combinato Lucie? Perché si era presa la briga di cucire il testamento in un vecchio cappello e spingerlo in fondo all'armadio? Perché non lo aveva dato in custodia a Solenn o Morgane? Le avrebbe risparmiato un sacco di problemi! Un giorno avrebbe ricevuto una lettera che la informava di aver ereditato una camelia che portava il suo nome, e fine della storia. Sylvia scoppiò in una risata amara. Poi si portò le mani al viso, si lasciò cadere sulla sedia e cominciò a piangere disperata. Pianse e pianse finché non si addormentò, sfinita.

Si svegliò tremando per il freddo. Impiegò un attimo a capire dove si trovava. Era ancora sulla sedia, ma la coperta di lana le era scivolata dalle ginocchia. Il fuoco si era spento. E sul tavolino campeggiava ancora il testamento.

Si stiracchiò gemendo, la gamba sinistra si era addormentata e formicolava mentre il sangue riprendeva a scorrere nelle vene. Aveva sete. Avrebbe voluto prepararsi un tè, ma era impossibile, così andò in bagno e si accontentò di bere acqua gelida dal rubinetto. Il suo stomaco brontolava per la fame. Sylvia si ricordò della scorta di emergenza di cioccolata che teneva sempre in valigia. Ne mangiò mezza tavoletta, poi prese di nuovo il testamento, decisa a rileggerlo. Solo allora si accorse della seconda pagina nascosta sotto quella che aveva già letto. Si inumidì pollice e indice per staccare i due fogli. Era una lettera. In cima c'era scritto: *Cara Solenn, per favore inoltra questa lettera a mia nipote a Monaco. Grazie. Con amore, la tua Lu.*

Sylvia trattenne il respiro. A quanto pareva le comunicazioni di Lucie dall'aldilà non erano ancora terminate. Riprese posto sulla sedia e cominciò a leggere:

Cara Sylvia,

non ci sentiamo ormai da tantissimo tempo. Come sicuramente saprai, dopo il mio divorzio la famiglia Hofstetter ha tagliato i ponti con me. Forse a un certo punto gli animi si sarebbero calmati, ma quando mio padre scoprì che avevo deciso di passare la mia vita al fianco di una donna, mi informò che mi considerava morta. Anche tua madre ha assunto lo stesso atteggiamento, purtroppo, e ne ho sofferto molto. All'epoca eri soltanto una bambina e ho sempre sperato che ci saremmo riviste quando fossi diventata grande e avessi potuto farti una tua idea su di me e la mia vita.

Ma non hai mai risposto alle mie lettere, e la cosa mi addolora. Ti porto nel cuore da quando eri piccola e mi era ancora permesso di far parte della tua vita e non riesco ancora a rassegnarmi all'idea che tu abbia accettato ciecamente il giudizio della nostra famiglia, senza darmi la possibilità di presentarti la mia nuova

vita e le persone che amo. Con il tempo ho iniziato a pensare che ormai hai la tua vita e non hai più tempo per la tua vecchia zia. Così ho imparato anche io a lasciare in pace il passato.
Sono...

C'erano delle parole cancellate, poi la lettera continuava:

...Sylvia, morirò presto. Nella mia testa si sta insinuando la morte. La sento strisciare nella mia vita. Inizio a preoccuparmi del futuro, di quello che succederà quando non ci sarò più. Io e Solenn...

Ancora due parole cancellate e illeggibili.

Siamo come due metà di una mela. Sarà difficile per lei. È una donna forte e a qualcuno potrebbe sembrare dura, ma sotto la scorza ha un'anima dolce e fragile. È per questo che ti chiedo, cara Sylvia, di starle accanto, se potrai.
Ho sperato tanto che saresti venuta a trovarci prima o poi. Ti avrei chiesto di dare un giudizio sulla nostra attività. Sei una consulente di successo, e so che il Jardin aux Camélias avrebbe un grande potenziale. A me e Solenn è sempre bastato così. Ci guadagnavamo da vivere, e non desideravamo di più. Ma vorrei che le nostre camelie durassero, mi piacerebbe che continuassero a fiorire e prosperare dopo la mia morte, diffondendosi in tutto il mondo.
Sarei stata così felice di rivederti, Sylvia. Sei sempre stata la mia preferita. E sono sicura che non prenderai male la mia richiesta. Per questo ti ringrazio fin da oggi.

Con affetto,
tua zia Lucie

Sylvia rimase a fissare quelle righe che, a differenza del testamento, sembravano essere state scritte con grande sforzo. C'erano dei passaggi in una calligrafia più sicura, seguiti poi da righe malferme e numerose cancellature, più o meno evidenti. Sylvia avvertiva quasi la fatica che doveva aver fatto sua zia per scriverle. E le si stringeva il cuore all'idea di quanto poco sarebbe costato a lei rispondere a una delle sue lettere, in tutti quegli anni. In fondo si prendeva del tempo ogni settimana per una lunga telefonata con Veronika.

Perché non le era mai venuto in mente di contattarla, finché era ancora viva? E senz'altro avrebbe potuto accettare il suo invito e andare a trovarla.

Quella notte, Sylvia imparò quanto amaro potesse essere il rimpianto. La sensazione di aver commesso un imperdonabile errore insieme alla consapevolezza di non potervi porre rimedio. E la triste presa di coscienza di quanto sarebbe stato importante per lei mantenere i contatti con il suo unico familiare ancora in vita. Il senso di perdita e di abbandono che aveva provato subito dopo aver appreso della morte di Lucie la colpì di nuovo con forza. Però ormai era troppo tardi. Non poteva più fare nulla.

A parte una cosa: Lucie le aveva chiesto di stare accanto a Solenn.

Sylvia accarezzò dolcemente la pagina. Era quello il vero testamento di Lucie. Per lei era ovvio che sarebbe stata la sua compagna a portare avanti la loro attività, ma sospettava che avrebbe avuto bisogno di aiuto.

All'improvviso Sylvia si sentì tranquilla. Lanciò un'occhiata all'orologio. Erano le due e mezza. Ripiegò con cura il testamento di sua zia e lo infilò insieme al contratto di vendita nella busta. Ripose il tutto, insieme al computer, nella borsa. Poi indossò una maglietta pulita dalla sua valigia, afferrò uno dei cuscini e si distese sul letto. Si era appena messa addosso la coperta di lana quando si addormentò profondamente.

La tempesta dentro di lei era finita. Sapeva cosa fare. E per farlo aveva bisogno di riposare.

13

La manifestazione

Quando Sylvia lasciò la casa, la mattina dopo, con la valigia in una mano e il computer nell'altra, il sole stava sorgendo sulla terraferma. Tra le camelie gli uccelli cantavano, come se volessero infonderle coraggio. Si guardò intorno un'ultima volta e attraversò il portone d'ingresso. Si avvicinò alla macchina, nel cui portabagagli aveva già sistemato il ritratto di Lucie, protetto dal panno e dalla coperta di lana. Dopo un attimo di esitazione tornò nella vecchia villa a prendere il cappello di paglia dall'armadio. Poi chiuse la porta.

L'Atlantico si era ritirato, e dalla riva proveniva l'ormai familiare odore di alghe e salsedine. Sylvia socchiuse gli occhi contro i primi raggi del sole, ancora basso sull'orizzonte, e notò che sulla passerella c'era già un certo andirivieni. Inforcò gli occhiali da sole, avviò il motore e partì. Più si avvicinava alla terraferma, più le era chiaro cosa stesse succedendo.

Un'immensa marea umana stava occupando la strada. Avanzava cantando, reggendo cartelli e striscioni. Sylvia ridusse la velocità e si sporse dal finestrino per guardare meglio. Una schiera di bambini. Morgane aveva mantenuto la promessa di coinvolgere i suoi allievi. Due bimbi di sei anni al massimo alzavano orgogliosi un cartello con la scritta: NON DISTRUGGETE LA MIA PATRIA!

«Buongiorno, Sylvie!» esclamò la direttrice, staccandosi dal gruppo di bambini.

Sylvia scese dalla macchina per salutarla. «Stanno già arrivando, allora?» chiese preoccupata, cercando di intuire cosa stesse accadendo sulla costa.

«Non ancora. Ma noi siamo pronti. E non è tutto. Vedi lì in alto?»

Morgane indicò due grossi veicoli parcheggiati sulla scarpata davanti all'accesso della passerella.

«Sì. Cosa...?»

«Sono delle emittenti nazionali!» esclamò Morgane piena di orgoglio. «Mio fratello ha fatto tutto il possibile. Il fior fiore dei media francesi è qui oggi. E anche la stampa locale, ovviamente.» Si guardò intorno con aria battagliera. «Lascia che vengano» annunciò. «Siamo pronti.»

Sylvia annuì con approvazione. «Dovete bloccarli il più a lungo possibile» disse, seria.

«Certo.» Morgane la guardò attentamente negli occhi. «C'è... Lo dici per un motivo particolare?»

Sylvia si morse il labbro inferiore. Lanciò uno sguardo ai bulldozer e alle ruspe, ancora fermi. Non erano neanche le sette, probabilmente i primi operai sarebbero arrivati alle otto.

«Sì» disse alla fine. «Ho trovato il testamento.»

L'altra la fissò incredula. «Come, scusa? Stai parlando di... del testamento di Lucie?»

«Proprio quello» rispose Sylvia, togliendosi un peso dal petto.

Adesso non si poteva tornare indietro. Nessuna esitazione. Lo aveva detto a voce alta. E si sentiva sollevata.

Un ragazzo con gli stessi occhi grigio-azzurri di Morgane si avvicinò a loro.

«Posso presentarti Éric, mio fratello? Lavora per "Le Figaro".»

Morgane spostò lo sguardo, pensierosa, da Sylvia a suo fratello mentre si presentavano.

«Solenn è qui?» chiese Sylvia.

Morgane scosse la testa. «Non sta molto bene» spiegò. «Come è comprensibile. Le abbiamo detto di restare da sua sorella. Se le ruspe dovessero riuscire a raggiungere la passerella... Volevamo risparmiarle lo spettacolo.»

«Devo andare da lei» disse Sylvia.

«Già» annuì Morgane. «Ma...vorresti rilasciare prima un'intervista a Éric? Voglio dire... abbiamo delle novità!»

Sylvia esitò. Il giovane giornalista la stava guardando con interesse.

«Penso che dovrebbe saperlo prima Solenn.»

«Hai ragione» convenne Morgane. «Sai dove abita Rozenn?»

Sylvia scosse la testa. La direttrice chiamò subito una ragazza. «Yvonne verrà con te per farti strada» disse.

Al settimo cielo, la ragazza salì sulla Porsche rosso fiammante sotto gli sguardi invidiosi delle sue amiche. Gli studenti aprirono un varco che Sylvia attraversò lentamente. Più si avvicinavano alla terraferma, più Sylvia si stupiva del numero di persone di tutte le età che si erano riunite per salvare l'isola.

«In fondo gira a sinistra» le indicò Yvonne, guidandola tra le strade affollate. GIÙ LE MANI DALLA NOSTRA ISOLA lesse Sylvia su un cartello e BRETONI, DIFENDETE LA BRETAGNA! su un altro.

Rozenn abitava non lontano dai menhir che Sylvia aveva trovato per caso durante la sua passeggiata, il giorno in cui aveva scoperto le bugie di Holger. *A quel punto avrei ancora potuto fermarlo*, pensò. *Se avessi saputo di cosa era capace, avrei*... Ma decise di scacciare quei pensieri inutili. Non ripeteva sempre ai suoi clienti che era uno spreco di energie rimproverarsi per errori passati, per azioni che era impossibile modificare? Bisognava guardare avanti e salvare il salvabile, finché c'era tempo. Ed era quello che aveva intenzione di fare...

«Vedi le palme lì in fondo?» Yvonne interruppe i suoi pensieri. «Se svolti a destra trovi il laboratorio di Rozenn.»

Sylvia aveva già visto le palme in Bretagna, ma quelle piante in un paesaggio nordico la sorprendevano sempre. Maël le aveva spiegato che la corrente del golfo garantiva un clima mite, ideale per la vegetazione rigogliosa della zona e per le camelie. Eppure le sembrava sempre una sorta di miraggio. Svoltò nella stradina suggeritale da Yvonne e, sotto un biancospino, vide vasi color giallo senape, rosso intenso e blu cobalto, anfore e brocche di diverse forme e dimensioni da cui spuntavano sempreviví, lavanda e bergenie. Tra fiori e foglie si intravedeva un'insegna in ceramica con il nome di Rozenn.

«Come fai a tornare indietro?» chiese Sylvia alla sua giovane accompagnatrice. «A piedi è lontano!»

Yvonne scoppiò a ridere. «*Pas de problème*» disse, scendendo dall'auto. Si abbassò verso il finestrino di Sylvia e aggiunse: «Oggi vanno tutti alla manifestazione, troverò un passaggio». Poi alzò le braccia, una macchina si fermò, la fece salire e ripartì.

La ghiaia scricchiolò sotto le ruote della Porsche, mentre Sylvia percorreva lentamente il vialetto. La villa di Rozenn si trovava a qualche centinaio di metri dalla strada, su una piccola collina, e sembrava la casetta incantata di una fiaba. Le pareti erano ricoperte di glicine. I fiori viola chiaro si stavano appena schiudendo, formando un incantevole contrasto con il granito della facciata. Le ali di piante rampicanti che percorrevano le pareti della casa lasciavano appena lo spazio sufficiente per la porta d'ingresso e le finestre. A destra e a sinistra, dei gradini che conducevano all'ingresso, delle ortensie crescevano rigogliose in due aiuole marrone scuro. Sul prato che fiancheggiava il vialetto d'accesso crescevano mughetti e margherite. Quando scese dall'auto Sylvia notò diverse splendide camelie, ancora in fiore grazie alla protezione del biancospino.

La porta si aprì, lasciando uscire Rozenn. «Benvenuta» disse, invitandola a entrare. «Stiamo facendo colazione, vieni pure!»

L'allestimento armonico dell'esterno continuava all'interno della casa. Anche lì, come sull'isola, le pareti erano state lasciate nude, nella pietra tipica della regione. Il pavimento era ricoperto di assi di legno e le stanze pullulavano di vasi prodotti nel laboratorio di Rozenn. Una porta a vetri conduceva dalla cucina inondata di luce alla terrazza, ma Sylvia non era in vena di soffermarsi sulla bellezza del giardino sul retro attraverso il quale si raggiungeva il laboratorio di ceramica in fondo alla tenuta. Aveva occhi soltanto per Solenn, che sedeva pallida e con profonde ombre scure sotto gli occhi arrossati al tavolo della cucina. *Sembra un albero sradicato e piantato altrove in tarda età*, pensò Sylvia. La donna che sull'Isola delle Camelie le era sempre sembrata sicura di sé, nella cucina della sorella le appariva debole e spaesata.

«Com'è andata la notte sull'isola?» chiese Rozenn, aggiungendo un coperto alla tavola e versando una tazza di caffè per Sylvia. «Starai morendo di fame, a quanto ho capito sei rimasta lì senza viveri, giusto?»

Sylvia annuì e accettò un croissant. «Proprio così» disse, guardando Solenn che la fissava con aria triste. «Ma ne è valsa la pena.» Addentò il croissant, pensando a come dare la notizia. Poi decise di non perdere altro tempo. Tirò fuori la busta dalla borsa del computer. «Ho trovato una cosa.» Sylvia sorrise a Solenn. «Una cosa che pensavi di aver perso.»

Sfilò il testamento dalla busta e lo porse alla compagna di

sua zia, che fissò sbalordita prima il foglio e poi Sylvia. «Che cos'è?» chiese, come se non si fidasse dei propri occhi.

«Il testamento di Lucie.»

Solenn contemplò il documento ripiegato davanti a lei, scosse la testa incredula, poi lo prese di nuovo e lo lisciò con affetto.

«Questo... questo è...» Con grande stupore di Sylvia, gli occhi le si riempirono di lacrime. «Non riesco a crederci.» Continuava a scuotere la testa. Poi guardò Sylvia con i suoi grandi occhi scuri, scintillanti di lacrime. «In quale anfratto lo hai trovato?»

«Era cucito nel cappello di paglia di Lucie» spiegò Sylvia. «Sotto il nastro di seta. Il cappello che indossa nel ritratto.»

«Quel vecchio cappello!» esclamò Solenn. «Da non crederci. Sì, ci era molto affezionata. Anche se era rotto, continuava a indossarlo per andare in giardino. Non lo vedevo da tempo. Che fine aveva fatto?»

«Era in fondo all'armadio, nel ripiano in alto. L'ho trovato mentre cercavo una coperta di lana. Quando ho tirato la coperta è caduto a terra. L'ho portato, comunque, è in macchina.»

Solenn afferrò un fazzoletto e si asciugò gli occhi. Scosse la testa un'altra volta e fissò il testamento. Sylvia e Rozenn si scambiarono uno sguardo e le lasciarono il tempo di riprendersi.

«Il fatto che tu lo abbia trovato...» disse Solenn con voce tremante, chiudendo gli occhi. «Anche se adesso è troppo tardi...»

«Non ne sono così sicura» la interruppe Sylvia. «Vorrei parlarne con l'avvocato. Immagino che ci siano le basi per considerare nullo il contratto di vendita. In fondo l'isola non era mia. E non si può vendere qualcosa che non ci appartiene, giusto?» Prese un secondo croissant.

Solenn sgranò gli occhi. «Tu... vuoi dire che...» mormorò, senza riuscire a terminare la frase.

«Ripeto, dobbiamo parlarne con un esperto. Ma per il momento dovrebbe bastare a fermare l'inizio dei lavori. Se vuoi chiamiamo subito il signor Millet. Che ne dici?»

Solenn si prese un momento prima di rispondere. Lasciare l'isola l'aveva affaticata. «Non ho chiuso occhio per tutta la notte» ammise alla fine. «È così silenzioso qui, niente vento, niente rumore del mare. Mi sembra che mi manchi la colonna sonora della mia intera vita. Avevo la sensazione di aver commesso un terribile errore, anche se non avevo altra scelta...»

D'istinto Sylvia prese la mano di Solenn e la strinse. «Sistemeremo tutto» le disse, con il cuore che cominciò a battere come impazzito.

La paura per quello che la aspettava le toglieva quasi il respiro. Il panico arrivava a ondate. Sapeva di andare incontro alla sua rovina. Aveva potuto scegliere tra finire sul lastrico e rimanere benestante rinunciando per sempre alla felicità e senza potersi più guardare allo specchio. E aveva preso la sua decisione. Adesso doveva salvare il salvabile. Almeno per Solenn. «Chiamiamo l'avvocato?» propose.

Solenn annuì. Rozenn portò il telefono e Sylvia compose il numero. Per fortuna il signor Millet rispose subito. Gli spiegò la situazione e poi rimase ad ascoltare il silenzio che occupò la linea per diversi secondi.

«Devo vedere i documenti» disse alla fine Millet. «Venga qui, tra un'ora dovrei avere un momento libero, un cliente ha appena disdetto.»

«Venite a vedere!» gridò Rozenn dal salotto adiacente alla cucina, appena Sylvia ebbe riattaccato. «Dovete vederlo!»

Rozenn aveva acceso la televisione. Sullo schermo un bulldozer si dirigeva verso una folla che cantava i versi intonati da Solenn davanti all'ufficio del notaio.

«Sono i ragazzi di Morgane» esclamò Solenn. «E cantano il nostro inno!»

Il bulldozer si fermò.

Gli adulti aiutavano i più piccoli ad arrampicarsi sul pesante veicolo. Sylvia individuò i due bimbetti con il cartello NON DISTRUGGETE LA MIA PATRIA! In men che non si dica il bulldozer era ricoperto di bambini. Innervosito, il conducente uscì dalla cabina di guida. Un attimo dopo una giovane madre gli aveva messo suo figlio sulle spalle.

«Le proteste contro i progetti di edificazione sull'Isola delle Camelie, un gioiello paesaggistico nel sud della Bretagna, continuano in modo pacifico» dichiarò il reporter. «Questa mattina circa seicento persone si sono presentate qui per ostacolare l'inizio dei lavori.»

Poi fu inquadrata Morgane, alla quale il reporter porse il microfono.

«La costruzione di un orrendo resort a cinque stelle sull'isola infrange, a nostro parere, tutte le norme sulla protezione ambientale» esclamò Morgane, infervorata. «Un enorme campo da golf distruggerebbe migliaia di nidi di uccelli, per non parlare della flora unica al mondo di quest'isola.»

Seguivano immagini della passerella, completamente occupata dai manifestanti. Mentre la voce del giornalista descriveva i piani della grande catena alberghiera con sede in Inghilterra, sullo schermo comparvero una vecchia ripresa aerea dell'isola e altre immagini dei manifestanti. Su un cartello si leggeva: SOLENN! LOTTIAMO PER TE! Poi il servizio si concluse.

Sylvia si voltò verso la compagna di sua zia, che fissava lo schermo commossa e stupita al tempo stesso. «Andiamo» le disse, in tono dolce. «Facciamo in modo che non stiano manifestando inutilmente!»

Un'ora dopo Solenn e Sylvia sedevano davanti alla scrivania di Bernard Millet a Quimper e lo guardavano nervose mentre esaminava pagina per pagina il contratto di vendita. Alla fine l'avvocato si sfilò gli occhiali da lettura e guardò Sylvia pensieroso.

«Le è chiaro» domandò «che se chiedesse l'annullamento del contratto agirebbe contro il suo interesse?»

Sylvia annuì. «Abbiamo bisogno di un provvedimento urgente contro i piani edili del compratore» aggiunse. «Le ruspe sono già pronte. Devono essere fermate immediatamente!»

Nel primo pomeriggio Sylvia e Solenn raggiunsero i dimostranti, ancora impegnati a presidiare la passerella. Insieme rilasciarono un'intervista nel corso della quale mostrarono il testamento di Lucie e raccontarono di come Sylvia lo avesse trovato nella casa ormai sgomberata. La novità diede nuovo slancio alla gente del posto. Si erano organizzati in modo che bambini e persone anziane potessero tornare a casa ogni due ore per riscaldarsi, dal momento che il vento soffiava impietoso sul mare. Il secondo turno intonò con ancora maggiore coinvolgimento le tradizionali canzoni bretoni: *La Jument de Michao* e *Dans les prisons de Nantes*. La seconda, in particolare, parlava di un ragazzo ingiustamente arrestato e della figlia del guardiano della prigione che, innamoratasi di lui, lo aiuta a scappare.

Intorno alle tre del pomeriggio la situazione iniziò a precipitare. Due bulldozer e un camion si avvicinarono alla ruspa bloccata dalla folla, come per darle manforte. Continuavano ad avanzare, lenti e inesorabili, avvicinandosi alla gente, finché non si sentirono le prime grida. Solenn si spaventò e fu sul punto di chiamare la ritirata, quando Sylvia intercettò un paio di inviati della televisione. Sotto una pioggia di flash delle macchine fotografiche dei giornalisti, i mezzi pesanti cominciarono ad arretrare, scatenando grida di giubilo tra la folla.

«Pensate» gridò loro Brioc, il capitano di porto, «Lorrick della *gendarmerie* mi ha appena detto che l'azienda che ha comprato l'isola voleva sporgere denuncia. Secondo loro la passerella sarebbe proprietà privata e dunque dovremmo andarcene. Lorrick ha spiegato loro che si tratta in realtà di suolo pubblico, e di conseguenza i cittadini possono occuparlo per tutto il tempo che vogliono. Soltanto l'isola è privata. E a quanto ne sa, sull'isola non c'è anima viva.»

«Ma mi sembra di aver visto Lorrick qui da qualche parte, no?» gridò Solenn in risposta.

Brioc annuì con un ghigno. «Anche un poliziotto è un libero cittadino, non credi?»

Verso le cinque Bernard Millet in persona si presentò a consegnare il provvedimento d'urgenza. Uno dei tecnici della troupe televisiva gli fornì un microfono e l'avvocato rilasciò la sua dichiarazione nel silenzio più totale.

«Come comunicato oggi stesso al tribunale competente, la vendita dell'Isola delle Camelie si è basata su presupposti errati. Il testamento appena ritrovato della defunta proprietaria Lucie Hofstetter, sulla cui autenticità non sussistono dubbi, indica chiaramente Solenn Marï Lambaol come erede legittima dell'isola. La vendita effettuata a nome di Sylvia von Gaden, nipote e presunta erede della signora Hofstetter, manca pertanto, secondo il tribunale regionale, dei fondamenti legali. Inoltre la mia cliente, Solenn Marï Lambaol, contesta la vendita. Finché un tribunale indipendente non si sarà espresso al riguardo, il tribunale regionale stabilisce che nessuna operazione edilizia possa essere intrapresa, né sull'isola né sulla passerella.»

Il resto della dichiarazione fu sovrastato dalle acclamazioni della gente. Gli abitanti arrivati da tutta la costa per esprimere la propria solidarietà alla causa urlarono a squarciagola la loro gioia. Qualcuno iniziò a distribuire palloncini ai bambini, che li gonfiarono e li passarono agli altri. I più coraggiosi iniziarono persino a usarli per decorare i grossi mezzi dell'impresa edilizia. Di colpo la musica risuonava ovunque. Ai canti si unì il suono delle cornamuse e di uno strumento simile a un vecchio oboe. La folla iniziò a muoversi. Sylvia, in piedi accanto all'avvocato Millet e a Solenn, dietro il furgone della troupe televisiva che li proteggeva dal vento, osservò meravigliata i manifestanti prendersi per mano, formare un semicerchio e iniziare a ballare a ritmo di musica.

Poi Sylvia si sentì afferrare il polso. Erano Morgane e Brioc. Trascinarono lei e Solenn in mezzo alla folla danzante, tra cui c'erano giovani donne con abiti alla moda e vecchie bretoni in costume tradizionale con i loro vistosi copricapi, e anche Sylvia si abbandonò al ritmo. Fissava le gambe delle sue vicine, cercando di seguirne i passi, e scoprì che era più facile di quanto credesse. Quando alzò lo sguardo, si ritrovò a fissare dritta nell'obiettivo di una telecamera. Abbassò la testa, confusa. E se Holger l'avesse vista al telegiornale, a casa a Monaco?

Ma quel pensiero svanì di colpo quando, sollevando di nuovo lo sguardo, i suoi occhi ne incontrarono altri due che la stavano fissando intensamente. Erano gli inconfondibili occhi verde-azzurro di Maël. E sì, stavano sorridendo.

14

L'inglese

La spontanea *Fest Deiz*, come l'aveva definita Solenn, diventò sempre più scatenata, come se volesse trasformarsi in una festa popolare a tutti gli effetti. Sylvia osservò con la coda dell'occhio Maël farsi strada lentamente tra la folla fino a raggiungerla. Poi però si accorse che una ragazza lo stava abbracciando da dietro, tenendolo stretto a sé. Provò una fitta al cuore. Cosa si era messa in testa? Maël era un uomo attraente nel fiore degli anni. Di certo le ammiratrici non gli mancavano...

D'istinto si allontanò dalla folla gioiosa.

«Signora von Gaden?» Sylvia si voltò. Sulle prime non riconobbe l'uomo alle sue spalle, poi però si ricordò dove lo aveva visto. Era il signor Brown, il rappresentante legale di sir Ashton-Davenport, che aveva firmato il contratto dal notaio Leclerc. «Posso rubarle un attimo?» Sylvia annuì e lo seguì. «Mi manda sir James» esordì lui. «Vorrebbe invitarla da lui.» Sylvia fissò l'inglese con aria perplessa. «Nel suo albergo in Cornovaglia. Per parlare.»

Lei aggrottò la fronte. «Dica pure al signor Ashton-Davenport che se vuole parlare con me sa dove trovarmi.» E fece per andarsene.

«Aspetti, per favore!» insistette il signor Brown. «Non sia così avventata. La legge è dalla nostra parte. Questo testamento di provenienza sospetta non cambierà le cose. Ci saranno dei processi. Andranno avanti per anni, mandandovi sul lastrico. E alla fine daranno ragione a noi. La procura che ha firmato è legalmente valida. E al momento della vendita le autorità francesi avevano riconosciuto lei come erede legittima. Tutto questo non può essere ignorato, signora von Gaden.»

«E allora perché il signor Ashton-Davenport vorrebbe incontrarmi?»

L'uomo sembrò combattuto. «Temo» rispose «che si sia fatta un'idea sbagliata di lui. Tutto questo» aggiunse, indicando con un ampio gesto del braccio la festa in corso, «non è giusto nei suoi confronti. In fondo ha concluso una transazione perfettamente legale. Invece qui viene trattato come un furfante. Dovrebbe dargli una possibilità, sentire la sua versione dei fatti.»

«E immagino» ribatté Sylvia «che *tutto questo*, come dice lei, danneggi la sua immagine. Le foto dei bambini arrampicati sulle sue ruspe diffuse dai principali organi di stampa non gli faranno certo fare una bella figura.»

Il signor Brown le rivolse uno sguardo cupo. «Possibile. Comunque vorrebbe parlarle a quattr'occhi. Senza clamori.»

Sylvia si girò verso la folla festante. Cercò Maël con gli occhi, senza vederlo da nessuna parte. Poi spostò lo sguardo sul mare, fino all'Isola delle Camelie. Una finestra rifletteva la luce del pomeriggio, indirizzandole contro un raggio di sole, come per farle l'occhiolino.

«Ci penserò» concesse Sylvia. «Entro due ore al massimo le darò una risposta.»

L'uomo fece un cenno di approvazione e le porse il suo biglietto da visita. «Mi chiami» disse. «L'aereo privato di sir James è a Quimper. Nel giro di un'ora sarebbe in Cornovaglia.»

Poi si voltò e se ne andò.

«Cosa voleva quell'uomo da te?» chiese Solenn, quando Sylvia le si avvicinò.

«Dobbiamo tenere un consiglio di guerra con Millet» replicò Sylvia.

«Allora dobbiamo sbrigarci, stava per andare via.»

Un paio di minuti dopo sedevano nella limousine dell'avvocato. Mentre Millet le accompagnava a casa di Rozenn, Sylvia gli riferì dell'invito di sir James Ashton-Davenport.

«Non dovresti andarci da sola» commentò Solenn, preoccupata. «Potrebbe accompagnarti Maël.»

«No» disse Millet. «Darebbe una cattiva impressione. In fondo anche Maël Riwall beneficerebbe del nuovo testamento. Il nostro contraente lo considererebbe un atteggiamento fazioso, e avrebbe ragione.»

«E lei?» chiese Sylvia. «Non potrebbe venire lei con me? Voglio dire, come consulente legale?»

«Io sono stato assunto come avvocato di Madame Solenn» ribatté lui. «Temo che debba andare da sola. Ma le do un consiglio: non firmi niente e non stringa alcun patto vincolante senza averne parlato prima con me.»

«Certo che no» gli assicurò Sylvia. Nel frattempo erano arrivati a casa di Rozenn. Sylvia aveva appena aperto la porta, quando le balenò in mente un'idea. Sentiva che qualcosa le stava sfuggendo, e finalmente aveva capito. «Ah, poco fa Brioc ha detto che la passerella è suolo pubblico e come tale non può essere sgomberata. È vero?»

Solenn la guardò sorpresa. «Non ce ne siamo mai preoccupati molto» rispose, pensierosa. «Abbiamo sempre curato noi la manutenzione, e spesso la gente del posto ci ha prestato i macchinari necessari... Nessuno si è mai chiesto a chi appartenesse. Perché ti interessa saperlo?»

«Che valore può avere un immobile, se non lo si può raggiungere?»

Un timido sorriso si aprì sul viso di Solenn.

Millet annuì, con approvazione. «Dobbiamo controllare all'ufficio del catasto. E verificare se la strada di accesso all'isola sia stata inclusa erroneamente nella vendita.»

Al secondo piano del laboratorio di ceramica Rozenn aveva ricavato un paio di stanze per gli ospiti che dava in affitto nella stagione turistica. Una delle due, dipinta completamente di blu, era stata assegnata a Sylvia. Era accanto a quella di Solenn e offriva una vista mozzafiato sull'Atlantico. Ma lei immaginava che per Solenn dovesse essere doloroso avere una camera affacciata sulla sua vecchia casa.

«Come pensi di muoverti?» La compagna di zia Lucie era in piedi sulla soglia della sua stanza, indecisa sul da farsi.

«Chiamerò il signor Brown per dirgli che accetto l'invito di sir Ashton-Davenport.»

L'altra la guardò preoccupata. «Spero» disse, mentre si girava per andarsene, «che tu stia facendo la cosa giusta. E che non debba pentirtene.»

Poi scese al piano di sotto. Più tardi Sylvia la vide affaccendarsi con un paio di cesoie intorno ai cespugli di fiori di Rozenn.

Nel tardo pomeriggio Sylvia salì insieme al signor Brown a bordo del Boeing 747-81 VIP, che l'avrebbe accompagnata nel cuore dell'impero di sir James Ashton-Davenport. Erano gli unici passeggeri, ma con grande sollievo di Sylvia l'avvocato la lasciò da sola. Era così stanca che si addormentò qualche minuto dopo il decollo e si svegliò soltanto quando l'aereo toccò la pista di atterraggio, dove li aspettava una Bentley. Mezz'ora dopo gli pneumatici dell'auto scricchiolavano sulla ghiaia di un lungo ed elegante viale. Sylvia contemplò impressionata la tenuta, simile a un castello con le sue innumerevoli torrette e finestre a bovindo. Un maggiordomo in livrea andò loro incontro a passo regolare e le prese la valigia. Nell'ingresso furono accolti da una signora elegante in abito grigio.

«Benvenuti a Parceval Manor» disse, ossequiosa. «Il volo è andato bene?» Sylvia annuì con fare cordiale. «Se lei è d'accordo» continuò la governante, «le mostro la sua suite. Sir James la aspetta a cena fra mezz'ora.»

Sylvia la seguì nell'atrio pavimentato in marmo di diversi colori, su per una scalinata con corrimano di legno riccamente intarsiato e lungo ampi corridoi con arazzi alle pareti. Alla fine la sua accompagnatrice si fermò davanti a una porta a doppio battente, con fregi laminati in foglia d'oro.

La governante aprì entrambi i battenti. Sylvia trattenne il respiro. Il salotto della suite aveva all'incirca le dimensioni del suo attico di Monaco, più o meno duecento metri quadrati. Il pavimento era ricoperto di marmi colorati, tra i quali dominava il rosato. Le pareti erano rivestite di seta dello stesso colore. La chaise longue e la poltrona sistemate accanto al camino erano foderate di grigio argenteo.

«Il marmo è indiano» spiegò la governante, non senza una punta di orgoglio. «Il padre di sir James lo ha portato dall'India. La camera da letto è da questa parte» continuò, dirigendosi a passo deciso verso la porta accanto al camino.

Entrando, Sylvia notò che la sua valigia era già stata sistemata sul ripiano per i bagagli, accanto a un immenso letto a baldacchino che avrebbe potuto ospitare comodamente una famiglia di cinque persone. In quella stanza dominava il verde, le pareti erano decorate con affreschi dai motivi paesaggistici.

Su ognuna era raffigurata una diversa stagione: di fronte al letto un rigoglio estivo di fiori, farfalle e uccelli...

«Meravigliosa...» sussurrò Sylvia.

«Spero che si sentirà a suo agio» disse la governante. «Il bagno è qui accanto. Non esiti a chiamarmi se dovesse aver bisogno di qualcosa. Qui c'è il campanello. Sir James ci tiene molto che lei si goda il soggiorno. Verrò a prenderla tra mezz'ora.»

Sylvia si concesse qualche minuto per guardarsi intorno nella sontuosa suite, poi andò a rinfrescarsi. A differenza delle altre stanze, il bagno era moderno e assomigliava più a un centro benessere che a una stanza.

Dopo la doccia e con i capelli lavati e acconciati, indossò un tubino in cachemire color crema con una semplice collana di perle pregiate. L'aveva comprata anni prima per sua madre, con il primo stipendio da consulente, nella gioielleria in cui la mamma aveva lavorato da giovane. Per tutta l'infanzia Sylvia aveva sofferto perché sua madre, pur avendo sviluppato un particolare gusto per gli oggetti di lusso, non poteva permetterseli. Non avrebbe mai dimenticato la sua espressione quando aveva aperto l'astuccio con la collana...

E poi era stata proprio una caduta sul lavoro a causare alla donna il trauma cranico che se l'era portata via. Da allora Sylvia conservava con particolare affetto quella collana e tutti i gioielli che negli anni le aveva regalato. Ogni volta che la indossava ripensava alla lunga e difficile strada che aveva percorso. Quella sera le perle di sua madre le apparivano come un avvertimento, un monito a non abbandonare così in fretta tutto ciò che aveva faticato a ottenere. Le sembrava quasi di sentire la sua voce sussurrarle all'orecchio di non agire in modo avventato. *Pensa a quello che è successo a me. Non fare lo stesso errore!* sembrava dirle.

Sylvia si guardò allo specchio. I suoi grandi occhi azzurri la fissavano preoccupati. Si allontanò dall'immagine riflessa, applicò il mascara, un po' di fard e delineò la forma a cuore delle sue labbra con un rossetto rosso che le faceva risaltare il colore della pelle. Pronta. Provò allo specchio un'espressione disinvolta e sicura di sé. *Molto meglio!* si disse per farsi coraggio. *Adesso non farti prendere dall'ansia.*

In quel momento bussarono alla porta. Era la governante, che condusse Sylvia lungo un'ala laterale sul retro della tenuta. Soltanto allora si accorse con stupore dell'immensa serra, una costruzione moderna in vetro e acciaio, adiacente all'edificio storico.

La governante precedette Sylvia lungo una scala a chiocciola in metallo. Al piano superiore digitò una combinazione numerica su una tastiera. Una porta in vetro blindato si spalancò senza alcun rumore. Entrarono poi in una spettacolare stanza in penombra, che in un certo senso sembrava fluttuare nel vuoto.

L'unica fonte di luce era un candelabro a più bracci posato al centro di una tavola rotonda. Damasco bianco, cristalli pregiati e posate in argento scintillavano sulla tavola apparecchiata per due. All'altro capo della stanza Sylvia intravide la sagoma di un uomo girato di spalle.

«Sylvia von Gaden, sir» disse a bassa voce la donna, prima di ritirarsi.

Soltanto allora Sylvia notò l'esotico rumore di sottofondo. Un polifonico schioccare, frullare e stridere di uccelli mai visti in Europa. Si accorse dell'umidità e del profumo di piante tropicali. Qualcosa di bianco con una cresta color corallo svolazzò sulla sua testa, scomparendo nell'oscurità che avvolgeva i confini della stanza.

«Benvenuta, signora von Gaden» disse l'uomo, voltandosi

verso di lei. Sir James Ashton-Davenport si avvicinò alla tavola. Era molto alto, con un fisico slanciato e allenato. Si muoveva con una sicurezza che Sylvia aveva già avuto modo di ammirare in altre occasioni negli inglesi dell'alta società. Sir James le porse la mano. Stringendola, avvertì il suo palmo morbido e setoso e la sua breve stretta decisa. «Sono felice che sia venuta» aggiunse. «Posso mostrarle la mia foresta amazzonica privata?»

Fece un ampio gesto con il braccio, invitandola a seguirlo nell'oscurità. Dopo pochi passi raggiunsero una balaustra affacciata sulle cime degli alberi tropicali, le cui radici affondavano nel terreno una ventina di metri più in basso. Si accorse che si trovavano su un mezzanino, una specie di matroneo immerso nella serra, che continuava poi in una stretta passerella sulla foresta vergine. Tra i rami volavano, gettando gridi, molti altri uccelli: pappagalli, cacatuidi e uno stormo di calopsitte che sbatteva le ali con grande fracasso.

«Spero che non abbia paura degli uccelli» disse sir James.

«Certo che no» rispose Sylvia, sorridendo involontariamente. Finora aveva assistito a spettacoli simili soltanto al giardino botanico.

Si chinò sulla ringhiera e tra i rami degli alberi tropicali intravide delle orchidee, con i sontuosi boccioli che si estendevano in cascate davanti ai suoi occhi, uno più colorato dell'altro.

«Amo cenare qui» riprese sir Ashton-Davenport. «Mi ricorda la mia infanzia. Mio padre era un diplomatico, sono cresciuto in tutti i Paesi tropicali possibili e immaginabili.» L'uomo azionò un telecomando nascosto nella tasca della giacca e, come per magia, delle luci ben nascoste si accesero, illuminando la serra. La penombra verdastra si fece più definita. Osservando il suo ospite, Sylvia realizzò che era più giovane di quanto si aspettasse. Si era immaginata un uomo anziano, invece accanto a lei c'era un bell'uomo sulla quarantina che la guardava interessato con i suoi occhi ambrati. I capelli scuri stavano ingrigendo sulle tempie. Aveva una ruga profonda tra le sopracciglia, e la sua bocca carnosa aveva un'espressione decisa. «Mangiamo qualcosa» disse, rompendo il silenzio in cui erano caduti e avvicinandosi alla tavola. Un cameriere entrò silenzioso nella serra spingendo un carrello. «Non voglio annoiarla con una lunga cena da infinite portate» disse il padrone di casa. «So bene che in Francia si mangia molto meglio che sulla nostra povera isola, che non è certo famosa per la sua cucina. E poi abbiamo altro da fare, dico bene?» Sylvia continuava a tacere. Sir James doveva soltanto dirle cosa voleva da lei. Il tempo non le mancava, avrebbe pazientato. «Ho pensato di farle fare un piccolo viaggio tra i continenti in cui ho vissuto. Mangi pure quello che la attira di più.»

Sylvia prese posto sulla sedia indicatale da sir James. Il cameriere le avvicinò il carrello, dove riconobbe ciotoline con riso e curry indiani, piatti di meze arabe ed empanadas sudamericane. Portate di carne dall'aroma inebriante e gamberi fritti. C'era anche una scelta di sushi. Sylvia realizzò di colpo di essere affamata. Prese del vino bianco e ordinò una caraffa d'acqua. Sir James parlò a lungo della sua passione per la foresta amazzonica, le raccontò di numerosi viaggi e spiegò il funzionamento del sistema di areazione, umidificazione e riscaldamento della serra, mentre Sylvia mangiava in silenzio ascoltando la sua voce profonda e piacevole.

Mentre bevevano una tazza di cioccolata calda, alla quale il cameriere aveva aggiunto della frutta candita arrivata, stando al suo ospite, direttamente dall'Iran, si decise a chiedere: «Perché mi ha chiesto di venire qui, sir James? Non per illustrarmi il funzionamento della sua serra, immagino».

L'inglese si immobilizzò e le rivolse un'occhiata divertita. Evidentemente non era abituato a interlocutori che infrangevano le regole del suo gioco e partivano all'offensiva, ma non sembrò troppo turbato. Nel frattempo Sylvia stava cercando da un'ora di far quadrare l'immagine dell'investitore senza scrupoli con quella dell'uomo affascinante e sicuro di sé che chiacchierava allegro davanti a lei, come un bambino intento a descrivere il proprio parco giochi.

«Perché le ho chiesto di venire qui?» ripeté la domanda, appoggiandosi allo schienale della sedia. «Perché mi piacerebbe capirla.»

«Lei vuole capire me?»

«Esatto» rispose lui, bevendo un sorso di cioccolata, «mi piacerebbe molto. Di solito non faccio fatica a comprendere le motivazioni dei miei avversari. Ogni persona ha una buona ragione per volere qualcosa. Invece lei, signora von Gaden... Non ho la minima idea di quale interesse lei stia tutelando. Se sono stato bene informato, di certo non il suo. E questo rende la cosa affascinante. O irritante, se vogliamo. Mio padre diceva sempre che non c'è niente di più inquietante di un nemico imprevedibile.» Sylvia non riuscì a trattenere un sorriso, ma era un sorriso triste. «Per questo le chiedo» continuò l'inglese, «perché mi ha venduto l'isola per poi rivolerla indietro?»

«Dopo esserci stata ho deciso di non venderla. Non si sarebbe mai dovuto arrivare alla sottoscrizione del contratto. Mio marito ha agito contro la mia volontà.»

Sir Ashton-Davenport annuì lentamente, i suoi occhi si strinsero e la ruga tra le sopracciglia diventò più profonda. «E, mi dica, non trova scorretto scaricare su di me i suoi problemi di coppia?»

Sylvia decise di ignorare il colpo basso. «La vendita, inoltre, si basa su presupposti errati» aggiunse. «Come sono certa avrà saputo, è stato accertato che non sono la legittima erede dell'isola. È emerso un testamento che getta nuova luce sulla vicenda. Di conseguenza il nostro contratto è nullo.»

Sir James tacque. Le parole di Sylvia aleggiavano nell'aria carica di umidità come gli uccelli che continuavano a svolazzare rumorosi sulle loro teste.

«Vede» disse lui alla fine, «è proprio questo che non capisco. L'autorità francese competente l'ha dichiarata erede legittima di una proprietà dal valore milionario. E lei fa di tutto perché questo patrimonio le venga portato via? Perché non combatte per tenerselo? Da quel che mi ha detto mi sembra molto difficile che la sua posizione di erede legittima possa essere contestata.» Si interruppe per un attimo, fissandola intensamente. «Perché vuole a tutti i costi perdere quindici milioni di euro? Me lo spieghi, per favore!»

Sylvia inspirò a fondo. Di colpo l'atmosfera tropicale le risultava sgradevole. Il suo ospite sembrò accorgersene, perché poco dopo iniziò a soffiare un fresco venticello. Sylvia alzò lo sguardo e notò la fessura appena apertasi sul tetto in vetro. «La prego, signora von Gaden» insistette, «vorrei davvero capire!»

Sylvia pensò alle serate con Solenn, alla tomba di Lucie e al senso di pace assoluta provato nel giardino delle camelie. Pensò a Maël e alla sua espressione raggiante mentre si chinava sul fiore che aveva aspettato per anni. Alla notte da sola sull'isola, quando si era sentita così vicina a Lucie, tanto che le sembrava fosse stata lei ad aiutarla a trovare il testamento. Era davvero successo soltanto la sera prima? Ripensò ai volti decisi dei manifestanti, vecchi e bambini, pronti a lottare per la sopravvivenza dell'isola. E poi pensò a Solenn, triste e sradicata, che tagliava rami nel giardino della sorella. E alle parole con cui l'aveva congedata poche ore prima: *Spero che tu stia facendo la cosa giusta. E che non debba pentirtene.* E infine pensò a Holger, alla sua situazione disperata. *Se almeno mi avesse implorata di aiutarlo*, si disse, *invece ha preferito ingannarmi. Non si è fidato di me. E io ho perso la mia fiducia in lui.*

Sylvia fissò il suo ospite, ancora in attesa di una risposta. «Temo che non ci sia niente da capire. Ho delle motivazioni personali che preferisco non condividere con lei.»

Di nuovo tra loro calò il silenzio.

«E queste motivazioni personali hanno a che vedere con sua zia?» chiese lui dopo qualche istante. «O con la sua compagna? Perché forse in quel caso posso aiutarla. Se si tratta del prezzo sono certo che raggiungeremo un accordo.»

Sylvia guardò l'inglese sgranando gli occhi. Poi scosse la testa. «I soldi non c'entrano.»

«Allora qual è il punto della questione?»

«L'isola deve restare com'è» tagliò corto lei. «Niente bulldozer, niente ruspe, niente campi da tennis, niente albergo e niente turismo di massa. È l'Isola delle Camelie. E deve restarlo. È questo il punto della questione.»

Sylvia si rese conto di essersi fatta prendere la mano e di aver assunto un tono secco e quasi aggressivo. La cosa non sembrava disturbare sir James.

«Vorrei mostrarle una cosa» disse, come se non aspettasse altro che uno spunto. Aveva di nuovo in mano un telecomando e di colpo apparve un enorme schermo che Sylvia non aveva notato prima sul quale scorrevano le immagini di un meraviglioso paesaggio tropicale. «Lei parla di distruzione, io di trasformazione. Quello che vede è il mio resort in Messico. Questo era il paesaggio prima del mio intervento, questo lo stato attuale. Le nostre costruzioni e i nostri giardini sono perfettamente integrati nel territorio. Vede? Quasi non si riesce a distinguere il nuovo dal vecchio.» Spense lo schermo. «Si sbaglia» continuò sir Ashton-Davenport. «Io non voglio distruggere proprio niente. Tutt'altro. La mia visione consiste nel rendere accessibili le meraviglie naturali a più persone. Mi dica, signora von Gaden, quanti abitanti c'erano negli ultimi anni sull'Isola delle Camelie? Quattro? Cinque? Forse dieci? Perché non dare la possibilità a molti altri di godere dello splendore di quell'angolo di mondo, di rigenerarsi, di ritrovare se stessi e gioire dei poteri curativi dell'isola?»

Sylvia doveva ammetterlo, era affascinata dalla passione che sembrava aver infiammato di colpo il freddo inglese. Lo schermo si riaccese. Era inquadrata l'Isola delle Camelie da una prospettiva aerea. La telecamera si avvicinava e poi si allontanava per coglierla da una diversa prospettiva. Il suo cuore iniziò a battere impazzito quando vide la casa di Lucie e Solenn, il giardino in pieno rigoglio e il piccolo cottage di Pierrick, quasi invisibile nel verde. Poi la telecamera si allontanò di nuovo, inquadrando le coltivazioni e l'insenatura con la piscina naturale.

«Adesso le mostro» riprese l'uomo «come dovrebbe diventare.» L'immagine dell'isola si bloccò. Una simulazione computerizzata fece apparire nuovi edifici e altre strutture sulla base originale. Era vero, a quanto risultava da quella ricostruzione non sarebbe cambiato molto. Ma Sylvia non si lasciò ingannare. Le era chiaro che il tappeto verde che di colpo ricopriva gran parte dell'isola non sarebbe comparso dal nulla. Si sarebbero dovuti spostare detriti, pietre e la vegetazione preesistente per innestare il terriccio che potesse fare da substrato per quel perfetto rivestimento di erba verde. Sarebbero servite immense quantità d'acqua per mantenere i prati in condizioni ottimali per i golfisti... «Lei parla di turismo di massa» interruppe le sue riflessioni sir James, «ma nei miei resort il numero massimo di ospiti dipende dalla natura del luogo. Devono potersi sentire tutt'uno con la natura che li circonda, senza avere l'impressione di vivere gomito a gomito con gli altri. Le sue preoccupazioni sono prive di fondamento.» Le immagini scomparvero.

La luce nella stanza tornò vivida. L'inglese si servì un'albicocca candita, masticandola soddisfatto. Sembrava molto sicuro di sé. Di certo non sospettava di non avere la minima chance di convincerla. A Sylvia fece quasi tenerezza. «Mi dica il suo prezzo» concluse lui, guardandola negli occhi.

«Il mio prezzo?» chiese Sylvia, sbalordita. «Per cosa?»

«Be', potremmo trattare su diversi dettagli. Per esempio, non ho ancora trovato un manager per il mio resort sull'isola. Forse potrebbe interessarle. Così non dovrebbe separarsi dal luogo in cui è sepolta sua zia. Può assicurarsi che tutto resti come vuole, nei limiti del ragionevole. Naturalmente alcuni parametri devono essere modificati...»

«Ma...»

L'inglese alzò una mano. «O in una delle mie altre destinazioni. Mi sono informato su di lei. È una professionista molto competente, signora von Gaden, le sue referenze sono ottime. Chissà, forse un giorno entrerà in una delle mie aziende. Ho molti progetti, molte visioni...»

«Sir James, io...»

«Mi conceda solo un istante. Per favore, mi ascolti. Il destino della signora Solenn Lambaol non mi è indifferente. Anche se in fondo non dovrebbe toccarmi. Sono pronto a firmarle seduta stante un assegno da tre milioni, mi basta un suo cenno. E questo a prescindere dalle nostre eventuali collaborazioni future.»

«No» disse Sylvia.

«Bene» ribatté l'uomo, impassibile. «Facciamo cinque. E in cambio mi aiuta a risolvere questa situazione.» Sullo schermo erano comparse le immagini delle ruspe circondate dalla folla, bambini che si arrampicavano sui bulldozer e attaccavano palloncini. NON DISTRUGGETE LA MIA PATRIA! si leggeva su un cartello. Poi Sylvia vide l'intervista che lei e Solenn avevano rilasciato, mostrando alle telecamere il testamento di Lucie.

«Questa cosa deve finire» disse sir James, in tono fermo. «Glielo chiedo ancora una volta: mi aiuti a liberarmi dei manifestanti. E mi dia una mano a convincere il sindaco a vendermi la passerella.»

Sulla stanza calò un silenzio di tomba. Persino gli uccelli avevano smesso di cinguettare.

Sylvia non osava fiatare. Allora era vero. La passerella era suolo pubblico. *Che valore può avere un immobile, se non lo si può raggiungere?* aveva fatto notare a Solenn soltanto poche ore prima.

Ecco perché sir Ashton-Davenport voleva parlarle: aveva bisogno di lei. Per quello si era preso il disturbo di invitarla nella sua tenuta. Tutto il resto erano chiacchiere vuote. E lei stava quasi per cascarci.

«Lei mi sopravvaluta, sir James» disse, con falsa modestia. «Anche se volessi, non potrei costringere queste persone a smettere di protestare. Sono bretoni. Pensano con la loro testa, e sono ostinati. C'è un modo di dire, in Francia, *têtu comme un breton*, testardo come un bretone. È solo per merito di Solenn Lambaol che non mi hanno affogata nell'Atlantico. A quella gente non piace che gli stranieri arrivino a occupare la loro terra. Temo che con il denaro non otterrà nulla.»

La temperatura nella serra sembrava essersi abbassata di

colpo. Il silenzio che regnava tra lei e il ricco inglese era diventato glaciale.

I minuti si susseguirono lenti. Sylvia stava per alzarsi e chiedere di essere riaccompagnata in camera quando sir James riprese a parlare. «Alla fine è sempre il denaro a muovere il mondo, signora von Gaden. E la sua assenza è una potente molla, non può negarlo.» Sylvia lo fissò, inquieta. «Lei è una bella donna dal gusto raffinato, si capisce subito. Come si sentirebbe se tutti i suoi beni, le perle e altre cose a cui tiene tanto, le venissero sottratti? Sa cosa significa essere poveri?»

Proprio in quel momento un'enorme farfalla blu brillante, grossa quasi quanto il palmo di una mano, planò sbattendo le ali sul tavolo.

A Sylvia sembrava di sognare. La farfalla svolazzò per un po' intorno alla sua testa, prima di posarsi sulla mano che aveva appoggiato sulla tavola. Le sottili zampette le solleticavano la pelle mentre apriva e chiudeva le ali, mostrandone prima il lato blu intenso e poi quello marrone, con gli occhi simili a quelli di una civetta per intimidire i predatori.

Sylvia sentiva lo sguardo di sir James pesare su di lei. La stava studiando. Mentre contemplava lo splendido lepidottero posato sul dorso della sua mano, non poté fare a meno di pensare che tutta quella bellezza dipendeva dall'incalcolabile ricchezza di cui disponeva sir James Ashton-Davenport. Una ricchezza da cui ben presto sarebbe stata lontana anni luce.

Poi la farfalla si librò in aria e si diresse, come attratta da una forza magnetica, verso la fiamma di una candela. Si udì un leggero sfrigolio e l'insetto cadde senza vita sulla tovaglia. Sylvia emise un gridolino, portandosi le mani alla bocca. Un pungente odore di bruciato le aggredì le narici. Poi incrociò lo sguardo ambrato e impassibile del suo ospite, che la fissava con crescente curiosità, come se fosse una cavia da laboratorio. E proprio in quel momento qualcosa dentro di lei cambiò.

Definitivamente.

Capì con assoluta chiarezza quanto tutto ciò che la circondava fosse ingannevole. Il paradisiaco giardino artificiale, realizzato per il capriccio di un singolo uomo, che non aveva badato a spese per ricreare un'illusione in cui vivere nel mezzo della Cornovaglia. La sua ricchezza lo rendeva felice? Tutti quei soldi che a quanto pareva poteva sperperare ogni volta che ne aveva voglia? Non assomigliava invece a un monarca solitario di un regno autoproclamato? Uno che cenava nella sua foresta amazzonica privata e nemmeno pareva scomporsi se una delle farfalle più belle del mondo cadeva morta sulla sua tavola? Era a quello che serviva essere tanto ricchi?

Cosa aveva scritto Lucie nella sua lettera? *A me e Solenn è sempre bastato così. Ci guadagnavamo da vivere, e non desideravamo di più.* Sua zia aveva capito che con il denaro si possono comprare molte cose, ma non la felicità e la soddisfazione, non la sensazione di essere in pace con se stessi e il mondo. E nemmeno il vero amore.

Sylvia ripensò a tutta la sua vita, agli anni passati al fianco di Holger, a inseguire invano la felicità. Aveva vissuto nella convinzione che una situazione finanziaria stabile l'avrebbe liberata per sempre dalle sue angosce, ma aveva scoperto di essersi sbagliata.

Adesso, però, il futuro non le faceva più paura. Se fino a un attimo prima si era sentita come la farfalla, attratta in modo fatale e inesorabile dalle fiamme, ora era tranquilla. Forte. Non aveva bisogno di tutto quello. Se l'era sempre cavata, anche prima di diventare ricca. Ce l'avrebbe fatta, anche senza perle, appartamento di lusso e consistente conto in banca, se necessario.

Non era come sua madre, che aveva allontanato la sorella soltanto perché aveva scelto una vita diversa da quella che lei considerava normale. Lucie, invece, aveva capito che la felicità si trovava altrove. Aveva saputo seguire il suo cuore.

«Credo» rispose Sylvia alla fine «di sapere molto meglio di lei cosa significa essere poveri, sir James. E proprio per questo non mi spaventa.»

15

Il ritorno

La mattina dopo Sylvia chiese che la colazione le fosse servita in camera. Il maggiordomo le portò pane tostato, marmellata di arance, uova e un forte tè inglese con latte. Sul vassoio c'era anche una grossa busta con lo stemma di sir Ashton-Davenport. Sylvia la fissò, esitante. Cosa aveva in mente quell'uomo? Cosa voleva dirle adesso, per di più senza ritrovarsi a quattr'occhi?

Prese la busta, la aprì e ne estrasse un documento di diverse pagine. *Contratto di risoluzione*, campeggiava sull'intestazione. Lo scorse in fretta. Non c'erano dubbi: le offriva di annullare il contratto di vendita.

Sylvia inspirò a fondo e chiuse gli occhi. Stava succedendo. Cosa avrebbe detto Holger? Lesse la lettera di accompagnamento.

Gentile signora von Gaden,
un buon imprenditore deve saper riconoscere quando è il caso di ritirarsi. Sebbene non comprenda i suoi motivi, li rispetto, e non posso che sottomettermi al suo desiderio di recedere dal contratto di vendita. Invito pertanto il suo avvocato a contattare il signor Brown per discutere i dettagli.
È stato interessante conoscerla.

Sir James Ashton-Davenport

Quando la Bentley riaccompagnò Sylvia in aeroporto era ancora mattina presto. Un'ora dopo atterrò sulla pista di Quimper e prese un taxi fino a casa di Rozenn. Quando entrò e vide Solenn seduta al tavolo della cucina come il giorno prima, le sembrò di essere tornata indietro nel tempo. Era stata in Inghilterra o lo aveva soltanto sognato? Davvero il documento che stringeva tra le mani poteva mettere fine all'incubo? Le sembrava tutto così irreale.

La gioia che esplose quando raccontò alle due sorelle gli ultimi sviluppi si diffuse come un fuoco di fila lungo tutta la costa. Mentre Bernard Millet esaminava la bozza di risoluzione del contratto proposto da sir James in salotto, Sylvia si ritirò nella sua stanza blu per preparare i bagagli.

«Devo andare a casa» spiegò a una costernata Solenn, posando la valigia in corridoio.

«Meglio che porti con lei i documenti» le consigliò Millet. «Deve darli al suo avvocato.»

Sylvia annuì. Thomas Waldner ne sarebbe stato tutt'altro che entusiasta. E Holger...

«Non vuoi restare ancora un po'?» chiese Solenn. «Non riesco ancora a crederci...»

Sylvia attirò a sé la bretone e la strinse. «Purtroppo no, cara Solenn. Ma adesso sapete cosa fare: dovete tornare sull'isola. Mi dispiace per tutto questo scompiglio. Spero che qualcuno ti possa dare una mano...»

«Puoi starne certa!» gridò Rozenn dalla cucina.

Sylvia esitò. Poteva affidare a Solenn un messaggio per Maël? Avrebbe voluto rivederlo, almeno una volta. Gli avrebbe detto che... Già, cosa?

Si morse il labbro e si voltò verso i bagagli, per evitare che Solenn le leggesse negli occhi tutto il suo tormento interiore.

No, doveva andare. Aveva rimesso a posto le cose. Sarebbe stato meglio che Maël la dimenticasse, e viceversa.

E allora perché provava quella dolorosa fitta al petto?

«Sarai sempre la benvenuta sull'isola» disse Solenn con un filo di voce, mentre lei si avviava verso la porta. Sylvia le sorrise, annuendo tristemente. «Dico sul serio» aggiunse, come se avesse percepito il suo dubbio. «Fai parte della famiglia, non dimenticarlo!»

Le prime lacrime arrivarono sulla rampa dell'autostrada per Parigi. Sylvia non riusciva a smettere di piangere, senza sapersene spiegare il motivo. Forse perché non aveva una famiglia da così tanto tempo che nemmeno si era accorta di quanto le mancasse? Perché non avrebbe mai più rivisto Maël? O perché non conosceva un altro posto al mondo dove si sarebbe sentita tanto in pace come sull'Isola delle Camelie?

Le ultime due settimane sono state fin troppo impegnative, si disse. Si fermò in una stazione di servizio in autostrada, bevve un doppio espresso, passò in bagno a darsi una rinfrescata e ripartì. Continuò a guidare per ore. La Porsche inghiottiva un chilometro dopo l'altro e, quando Sylvia arrivò all'altezza della cittadina dove si era fermata a dormire durante il viaggio di andata, si ricordò del matrimonio al quale era stata invitata su due piedi. Non riusciva a credere che fossero passate appena due settimane. Le sembravano due anni, mentre l'intero matrimonio con Holger le appariva come un breve sogno. Cosa aveva fatto in tutto quel tempo? Aveva vissuto davvero? Era sempre stata in viaggio, perennemente indaffarata, eppure le sembrava di non essersi mossa di un passo. Pensò alla giovane coppia di sposi, Chantal e Frédéric, che stava per tornare dalla luna di miele. Come avrebbero affrontato la prova della quotidianità?

Per un attimo fu tentata di fermarsi nello stesso albergo, ma si sentiva ancora abbastanza in forze da continuare a guidare. Lontano dalle grandi città le autostrade francesi erano deserte. Ogni tanto si imbatteva in un casello, inseriva banconote e monete in una macchina automatica poi rimetteva in moto la sua auto sportiva e attraversava i vasti campi e le foreste della provincia francese.

All'altezza di Metz fece una sosta per fare benzina e mangiare un boccone. Non aveva fame, ma si costrinse a ordinare una quiche e un'insalata, abbandonandone metà nel piatto. Un attimo dopo era di nuovo in macchina, e guidava in uno stato di trance. Dentro di lei doveva essersi inserito una specie di pilota automatico, così, dopo aver superato il confine e il Reno, decise di tirare avanti fino a Monaco. Anche se fosse arrivata nel cuore della notte, non avrebbe preso una stanza in un anonimo albergo costringendosi a rigirarsi inquieta tra le coperte all'idea dell'ormai inevitabile incontro con suo marito.

Holger.

Era convinta di conoscerlo. Pensava che l'avrebbe protetta da... Già, da cosa? Invece le aveva fatto più male di quanto avesse creduto possibile. O forse era troppo severa con lui?

Mentre avanzava nelle prime luci del crepuscolo, che avvolgevano il mondo di un azzurro quasi irreale, si domandò cosa vedesse suo marito in lei. Per Sylvia, Holger era sempre stato un serio uomo d'affari. Forse era stato sfortunato. Era forse lei che lo stava tradendo? Che gli stava impedendo di consolidare la sua posizione con quell'eredità?

Ma non era più la sua eredità. Fino a qualche giorno prima aveva sperato di poter tenere l'isola e avviare un grandioso progetto insieme a Solenn e Maël. Ormai aveva rinunciato a tutto. *Hai buttato ogni cosa al vento*, avrebbe detto Holger. Riusciva quasi a sentire la sua voce, a immaginarlo mentre le vomitava addosso quelle parole, dolorose come un ceffone. Lei lo aveva abbandonato? Ma perché non le aveva chiesto aiuto, invece di arrogarsi diritti che non gli spettavano? E cosa era successo ai due milioni di euro di anticipo? Sylvia non osava sperare di entrare in possesso di quel denaro. Sicuramente Holger li aveva già utilizzati per rattoppare il suo debito delle dimensioni di un cratere vulcanico.

All'altezza di Stoccarda iniziarono i rallentamenti. Perché mai alla gente piaceva tanto mettersi in autostrada alle undici di sera? Tra Ulma e Augusta, Sylvia iniziò ad avvertire la stanchezza inevitabile dopo tante ore alla guida. Il suo orecchio sinistro ronzava come se vi si fosse annidato uno sciame di insetti. Si fermò in una stazione di servizio intenzionata a chiudere gli occhi per qualche attimo, ma trovò posto soltanto in mezzo a mastodontici tir, stretti l'uno all'altro come una mandria di elefanti. I camionisti pellegrinavano verso i bagni con le borse da viaggio sotto il braccio, si fermavano a chiacchierare in gruppo oppure si preparavano per la notte. Lì non avrebbe chiuso occhio. Invece di dormire, andò al bar e ordinò un caffè lungo. La caffeina la svegliò abbastanza da permetterle di continuare a guidare.

Erano le due di notte quando finalmente arrivò a Monaco. Non vedeva l'ora di mettersi a letto, ma quando aprì la porta del suo appartamento ed entrò in corridoio fu presa da uno strano senso di inquietudine. Qualcosa non quadrava. Sbatté le palpebre. *Se solo non fossi così stanca*, si disse. Poi lo vide: dall'attaccapanni pendeva un cappotto sconosciuto. No, non sconosciuto. Era della sua amica Sandra. Poi individuò le scarpe. Tre paia, ordinatamente allineate. Sylvia si fermò un attimo, poi tirò un profondo sospiro ed entrò in salotto.

Nell'aria aleggiava il profumo di Sandra. Sul tavolino c'erano due calici usati, i residui di vino sul cristallo somigliavano a gocce di sangue. Quando era tornata a casa l'ultima volta aveva visto due calici sullo stesso tavolino, una bottiglia di vino appena stappata.

Come facevi a sapere che sarei arrivata? gli aveva chiesto. E aveva creduto alla spiegazione di suo marito, al suo «sesto senso». Holger non si aspettava nemmeno lontanamente di vederla tornare. Stava aspettando un'altra persona. Sandra. Non aveva dovuto fare una telefonata urgente poco dopo il suo arrivo?

Sul divano c'era qualcosa di viola scuro. Sylvia lo sollevò con la punta delle dita: un reggiseno di dubbio gusto in fibra sintetica con paillette applicate. Lo lasciò cadere, reggendosi alla spalliera del divano. Di colpo le tornò in mente l'orecchino ritrovato dalla donna delle pulizie tra i cuscini del divano. Era stata così ingenua da credere che Sandra lo avesse perso mentre aspettava lei.

Tornò alla porta d'ingresso, la spalancò e la richiuse sbattendola con tutte le sue forze. Il trucco funzionò. Dalla camera da letto di Holger giunsero dei sussurri. Poi la porta si aprì.

«Cosa... cosa ci fai *tu* qui?» balbettò lui, annodandosi la cintura della vestaglia di seta che Sylvia gli aveva regalato il Natale precedente. «A quest'ora? Perché non hai chiamato?»

Lei non lo degnò di una risposta. Diretta alla porta semiaperta, esclamò: «Alzati, Sandra, mettiti qualcosa addosso ed esci!».

Ci volle un attimo, ma poco dopo Sylvia si ritrovò davanti la donna che aveva creduto sua amica. Nonostante l'aria arrogante non osava guardarla negli occhi.

«Prendi le tue cose e sparisci» le disse con il tono più calmo di cui fu capace.

Le sue orecchie continuavano a ronzare come prima, durante il viaggio. Il cuore le sbatteva forte contro le costole. Non fece caso a Holger che continuava a parlarle, pregandola di non arrabbiarsi e ripetendo che poteva spiegare tutto. Non staccò gli occhi dalla donna di cui si era fidata al punto da darle le chiavi del suo appartamento. Continuò a fissarla mentre raccoglieva le sue cose sparse ai quattro angoli della casa e le impilava nella sua malandata valigia.

«Le *mie* chiavi, per favore» disse Sylvia, mentre Sandra si avviava verso la porta.

La sua presunta amica, la donna a cui si era preoccupata di dare lavoro per aiutarla, tirò fuori le chiavi dalla borsa e gliele restituì. Adesso la stava guardando negli occhi. «Non devi stupirti che tuo marito cerchi altrove quello di cui ha bisogno, visto che lo lasci sempre da solo.»

Sylvia fissò il suo viso borioso eppure così vulnerabile, e di colpo provò pena per lei. Probabilmente non immaginava di avere una relazione con un uomo sull'orlo della bancarotta. Se la vicenda non fosse stata così triste e sconfortante avrebbe persino potuto trovarla comica.

«Va avanti da molto?» chiese.

Sylvia vide Holger alzare le mani sulla difensiva.

«Be', dipende da cosa intendi per molto» rispose Sandra, sfacciata. «Sei mesi?» Poi si voltò e uscì dall'appartamento.

«Non è come pensi.»

Sylvia fissò Holger, senza sapere da dove cominciare. Suo marito andava a letto con una sua amica da sei mesi e se ne usciva con una frase da manuale?

Pensò a Robert, a quando lo aveva sorpreso con un'altra sul divano. Entrambi nudi, avvinghiati, sudati, ansimanti. Per anni si era sforzata di cancellare quell'immagine dalla sua memoria, per non impazzire. Aveva sofferto tanto da arrivare a chiedersi se sarebbe sopravvissuta.

Adesso invece provava soltanto delusione. Le cose stavano così, allora. Lei aveva tradito Holger e lui aveva tradito lei. La loro vita insieme non era stata altro che un castello di carte. E adesso era crollato. Semplice.

«Sylvia» disse Holger, quasi implorante, «non ha niente a che vedere con noi. Questa cosa con Sandra è... Voglio dire, soltanto attrazione fisica. Non avrei dovuto farlo, lo so, ma non cambia le cose tra noi.»

E cosa c'è tra noi? avrebbe voluto chiedergli Sylvia, ma non riuscì a dire una parola. Era troppo stanca per iniziare una discussione in quel momento. Avrebbe finito per dire qualcosa di sbagliato e poi pentirsene.

«Sono sfinita» riuscì a biascicare. «Ho guidato fin qui dalla Francia e ho bisogno di dormire. Ne parliamo domani.»

Holger annuì. Sembrava ferito. Allargò le braccia, ma non per stringerla a sé. Era più un gesto di rassegnazione con un tocco di studiata teatralità.

«Come vuoi» replicò, riabbassando le braccia e dirigendosi verso la sua camera. Si fermò sulla soglia. «Sai, Sylvia» disse, senza guardarla, «è questo che negli anni mi ha logorato. Torni a casa stravolta e non vedi l'ora di andare a letto.» Si girò e la guardò negli occhi. Lei rabbrividì di fronte alla sua espressione dura. «A domani allora» aggiunse, dandole le spalle. «Ti auguro una buonanotte!»

Sylvia riuscì in qualche modo a sfilarsi i vestiti, ma appena sfiorò il letto crollò, come svenuta, in un sonno profondo e senza sogni. Quando si svegliò era già mattino inoltrato. Si concesse una doccia, godendosi l'acqua calda sulla pelle. A occhi chiusi, cercò a tastoni il bagnoschiuma, ma si ritrovò tra le mani un flacone diverso dal solito. Si asciugò gli occhi e guardò meglio. Non era suo, questo era certo. Poi riconobbe la marca usata da Sandra nella sua attività di estetista.

La rabbia divampò di nuovo. Non era abbastanza aver sorpreso quella iena bugiarda a letto con suo marito? Persino nella doccia doveva trovare tracce di Sandra? Holger aveva un bagno in camera, la sua amante non poteva usare quello?

Sylvia chiuse l'acqua e gettò il flacone nel secchio della spazzatura sotto il lavandino. Poi trasalì. Riaprì il coperchio del bidoncino. Sì, aveva visto bene. Due fazzolettini accartocciati, un preservativo usato.

Fu quello a spazzare via ogni dubbio. Doveva separarsi da Holger, il più in fretta possibile.

Devo parlare subito con Thomas, pensò, allungandosi per prendere l'asciugamano. Il bagno era disseminato di indizi del tradimento di suo marito. Capelli scuri nel lavandino. Macchie di rossetto sui suoi morbidi asciugamani candidi. Quando sentì il profumo di Sandra sulla sua vestaglia di seta, fu certa di non potersi più sentire a casa in quel posto. *Meglio così*, si disse. L'inevitabile vendita dell'appartamento le sarebbe apparsa meno dolorosa. In fondo, dove altro avrebbe trovato Holger i soldi per ripagare i suoi debiti senza i milioni di sir James? Lui non sapeva ancora nulla. Era il momento di informarlo.

Si vestì e andò a cercarlo, ma non lo trovò. Sebbene fosse domenica, telefonò a Thomas Waldner e gli chiese di incontrarsi. Avrebbe restituito la Porsche l'indomani. Meglio riportarla al concessionario, prima che la situazione finanziaria dei von Gaden precipitasse.

Sylvia era in piedi nell'ingresso, esitante. In un piatto di legno di noce sopra la scarpiera c'erano le chiavi restituitele da Sandra.

E se ne avesse fatto fare una copia?

Ma quel pensiero svanì dalla sua mente, sostituito da un altro. Holger le aveva dato un'infinità di motivi per non fidarsi di lui. E quella mattina non c'era, nonostante avessero molto da chiarire. Sembrava che avesse ormai rinunciato alla loro relazione da tempo. *L'unica cosa che gli interessava di me nelle ultime settimane*, pensò con amarezza, *era la mia eredità*. Quale sarebbe stata, si domandò preoccupata, la sua prossima mossa?

Era stata fin troppo ingenua e indulgente fino a quel momento. Era ora di finirla. Sfogliò l'elenco telefonico e trovò quello che cercava. Due ore dopo l'appartamento aveva una nuova serratura. Adesso era il turno delle sorprese per Holger.

Sulla strada verso lo studio legale del suo amico, Sylvia si sentì di nuovo decisa e sicura di sé come non le capitava da tempo. Era una giornata meravigliosa. La gente sorrideva, il sole splendeva su Monaco. Sapeva che non la aspettavano tempi facili. Ma non aveva paura. Era giunto il momento di mettere una pietra sopra a tante cose. Si sentiva fiduciosa. *Chissà come andrà a finire*, pensò mentre raggiungeva l'ufficio di Thomas.

Di una cosa era certa: d'ora in avanti avrebbe sempre seguito il suo cuore.

Era tardo pomeriggio quando Sylvia lasciò lo studio legale. Era stravolta, e allo stesso tempo sopraffatta da un senso di libertà ed euforia. Non aveva alcuna voglia di tornare a casa. Anzi, a essere precisi non aveva più nemmeno una casa.

Quasi d'istinto le sue gambe si mossero in direzione dell'appartamento di Veronika. Nel frattempo telefonò all'amica.

«Sylvia!» rispose la voce stupita di Veronika. «Ti ho vista in televisione! Davvero hai salvato l'isola?»

«La vendita è stata annullata. Tu sei ancora con Laurent?»

«Esatto» rispose l'altra, al settimo cielo, «e penso che rimarrò qui ancora un po'.»

Sylvia sorrise. Veronika sembrava felice.

«Non è ancora riuscito a riparare la Mini?»

Veronika scoppiò a ridere. «Certo che l'ha riparata. E ha molti altri talenti... Ma raccontami. Tu dove sei?»

«A Monaco. E volevo chiederti se la tua offerta è ancora valida.»

«Quale offerta?»

«Posso stare da te per un po'?»

Per qualche secondo regnò il silenzio. «Ma certo che puoi. Le chiavi le trovi sotto il vaso di fiori nel cortile sul retro, come sempre.»

«Grazie» rispose Sylvia, con la voce che le tremava a dispetto di tutta la sua sicurezza.

«Va così male?»

«No» rispose l'altra, decisa. «Ho soltanto deciso di separarmi. E comunque presto il nostro appartamento verrà messo all'asta.»

«Be', devo ammettere di essere sollevata» ribatté Veronika. «Voglio dire, che non ci sia altro. Era ora che lasciassi quello stronzo.»

«Posso rimanere a casa tua per un paio di settimane?»

«Certo. Sai, ho la sensazione che d'ora in poi passerò molto tempo qui in Francia.»

«Davvero?»

«Non puoi nemmeno immaginare quanto ti sia grata per avermi trascinata con te in Bretagna. Era la cosa migliore che potesse capitarmi. Altrimenti io e Laurent non ci saremmo mai conosciuti...»

«Allora tutto questo disastro alla fine è servito a qualcosa» commentò Sylvia.

Nel frattempo aveva raggiunto il cortile sul retro. Trovò le chiavi dell'appartamento di Veronika sotto il vaso di fiori.

Come sempre.

16

Il nuovo incontro

Aver fatto cambiare la serratura dell'appartamento sull'Englischer Garten si rivelò una mossa saggia. Holger non se lo aspettava, così come non si aspettava che i salvifici quindici milioni non sarebbero mai arrivati. Il fatto che Sylvia alla fine fosse riuscita a bloccare la vendita dell'isola trattando direttamente con sir Ashton-Davenport lo mandò fuori di testa. La guerra ebbe inizio. Una guerra che Sylvia non avrebbe voluto, ma che fu costretta a combattere.

Nelle settimane successive inserì quello che le piaceva definire il pilota automatico. Aveva un obiettivo: tornare sull'isola il prima possibile. Ogni giorno che trascorreva a Monaco le confermava che non voleva vivere in nessun altro posto al mondo. Laggiù aveva trovato pace e felicità. E ogni minuto che passava acuiva la mancanza delle persone meravigliose conosciute in quel paradiso terrestre. E soprattutto di una: Maël.

Quando arrivi? le scrisse Solenn.

Sylvia, che sarebbe partita volentieri il giorno stesso, si costrinse a essere paziente. Voleva essere libera una volta tornata in Francia. Senza legami. E per farlo doveva mettere in ordine il suo passato. Soltanto in quel modo avrebbe avuto la possibilità di ricominciare.

La vendita dell'appartamento le risultò del tutto indolore.

Non aveva mai riflettuto su quanto poco le sarebbe importato disfarsi della casa e del suo prezioso e ricercato mobilio. Inoltre fu sollevata di scoprire che ne avrebbero ricavato due milioni e mezzo. La metà spettava a lei. Insieme ai suoi risparmi era sufficiente a restituire l'anticipo a sir James.

«Adesso dovrai ricominciare tutto da capo» osservò Thomas preoccupato, una volta sistemate le pratiche burocratiche e presentata la richiesta di divorzio. «Non è giusto. Sai che potresti denunciare Holger per appropriazione indebita?»

Ma Sylvia scosse la testa. Non voleva fargli causa. A prescindere dalla situazione attuale, un tempo erano stati una squadra. Non avrebbe tradito i suoi principi solo perché Holger aveva giocato sporco. «E cosa otterrei?» chiese a Thomas con un sorriso triste. «Mia madre diceva sempre: "Non puoi spremere succo da un limone secco". Dovrei farmi inserire nella lista di creditori dall'avvocato che sta seguendo la sua causa per insolvenza? No, Thomas. Voglio solo lasciarmi tutto alle spalle. E il più in fretta possibile.»

Guardò fuori dalla finestra con sguardo malinconico. Ormai era settembre, e si chiese quanto ancora sarebbe riuscita a resistere lì.

«Se vuoi partire puoi farlo» disse Thomas, intuendo il suo stato d'animo. «Qui è tutto a posto. Manca solo la firma per il divorzio, ma puoi aspettare la convocazione anche in Francia. L'importante è che io riesca a contattarti se ne ho bisogno.»

Sylvia lo fissò, incredula. «Dici sul serio?»

«Vai» rispose lui, sorridendo. «È chiaro che non vedi l'ora.»

Più Sylvia si avvicinava alla costa dell'Atlantico, più i suoi sentimenti si facevano confusi. Immagini del passato si materializzavano di colpo nella sua mente, per poi scomparire. Pierrick con la sua carriola. I menhir sotto il temporale. Il sapore del caramello salato. I capelli color carota di Coco. E poi Maël. La sua voce. Le sue mani, il modo in cui piegava la testa di lato. Le labbra di Maël sulle sue, i loro respiri all'unisono. Le sembrava quasi di averlo davanti. Sarebbe stata la benvenuta per lui? Quella domanda la tormentava da mesi.

Sarai sempre la benvenuta sull'isola... Fai parte della famiglia, aveva detto Solenn.

Sylvia svoltò in un'area di servizio e cercò un parcheggio libero. Diverse famiglie occupavano i tavoli da picnic sull'erba oppure divoravano veloci dei panini accanto alle proprie auto, stiracchiandosi. Le vacanze volgevano al termine, era tempo di tornare a casa.

Quando Sylvia uscì dal bagno realizzò che, a differenza di tutte quelle persone, lei non aveva più una casa. L'unico oggetto che possedeva, il ritratto di zia Lucie, era stipato nel portabagagli della vecchia station wagon acquistata con gli ultimi soldi rimasti. Il suo cuore accelerò, in un attacco d'ansia. E se invece non fosse stata la benvenuta sull'isola? Ma poi si rilassò e mentre si immetteva in autostrada nel suo petto si diffuse una sensazione di immenso sollievo.

Era partita. Non sapeva dove l'avrebbe portata la sua strada. Il futuro era una pagina bianca, non poteva scriverla in un giorno. Era una sensazione sconvolgente. Doveva ancora farci l'abitudine.

Era questa la libertà?

Una splendida giornata di fine estate volgeva al termine. Nei giardini crescevano le ombrelle verde chiaro, le ortensie rosa e blu abbellivano mura e recinti, avvolgendo facciate e fienili. Cespugli di oleandri in fiore fiancheggiavano la strada, filari di agapanti dalle foglie falciformi con i lunghi steli sormontati da petali blu come il cielo incorniciavano un paesaggio sempre più pianeggiante.

Molto prima di arrivare a vedere l'Atlantico, Sylvia ne avvertì l'odore nell'aria. Aveva abbassato il finestrino e ridotto la velocità, respirando la brezza profumata di terra ed erbe aromatiche, con un sentore sempre più intenso di salsedine trasportato dalla brezza.

E poi eccolo davanti a lei. Trasmetteva quasi una sensazione di indolenza, con le vele bianche di innumerevoli barche che scintillavano nella luce del tardo pomeriggio. Gli yacht tracciavano nel blu intenso della superficie dell'acqua strisce bianche e turchese. I marciapiedi e le piazze pullulavano di sedie e tavolini, i negozietti esponevano cartoline e colorati souvenir.

Il sole era già tramontato quando raggiunse la passerella che portava all'Isola delle Camelie. Il ponticello era stato rinnovato, la strada era stata completamente riasfaltata. Sylvia intravide persino un semaforo per regolare il traffico a una sola corsia. Al momento era rosso, e una lunga colonna di veicoli stava rientrando sulla terraferma. Sylvia scese dalla macchina e controllò il livello dell'acqua. La marea si stava alzando, ma non con la stessa violenta furia della primavera. Sembrava non avere fretta. Lei invece sapeva di non avere molto tempo.

Alla fine l'ultima auto raggiunse la terraferma, e il semaforo diventò verde. Sylvia risalì a bordo e partì. Le pareva di guidare direttamente sull'acqua. Aveva quasi l'impressione di essere in uno dei suoi sogni, tanto surreale appariva la sua meta nella luce rossastra del tramonto.

Poi la strada terminò e Sylvia si diresse verso il portone. Per un momento rimase seduta a fissarsi le mani strette al volante. Il cuore le batteva impazzito nel petto. Era passato così tanto tempo. Se pensava alla Sylvia sicura di sé eppure così ingenua che era arrivata lì la prima volta, convinta di essersi persa, stentava a credere di essere davvero la stessa persona. Era cambiata. Doveva essere successo lo stesso a Solenn e a Maël. Si diede una scossa: era inutile indugiare nel passato. Era ora di affrontare il presente.

Quando scese dalla macchina, il vento la accolse come un vecchio amico, scompigliandole i capelli e insinuandosi sotto il suo golf. Scomparsa la luce del sole, l'Atlantico sembrava risvegliarsi e tornare alla sua vera natura selvaggia e impetuosa. Le onde si sollevavano mugghiando, infrangendosi contro gli scogli che delimitavano il porto naturale qualche centinaio di metri sotto di lei.

Il portone era chiuso. A quanto pareva Solenn non si aspettava di ricevere ospiti. Sylvia si guardò intorno e notò che il parcheggio per i clienti era stato ampliato. Proprio in quel momento si accese una luce nella villa. Sylvia inspirò a fondo e si avvicinò. Provò ad abbassare la maniglia della porticina. Era aperta. Attraversò il cortile e bussò alla porta della cucina.

«Entra» sentì dire. «E richiudi subito la porta, Pierrick. Il vento è molto forte stasera.»

Solenn era in piedi in cucina con le spalle alla porta e stava sistemando sui fornelli il bollitore che Sylvia stessa aveva riposto in uno degli scatoloni quando avevano traslocato mesi prima. L'aria profumava di tutte le essenze del mare. Sylvia annusò l'aroma della zuppa di pesce che sobbolliva dolcemente sui fornelli. La tavola era apparecchiata per cinque. Uno dei piatti era per Maël?

«*Bonsoir*, Solenn» disse.

La bretone si voltò sbalordita, poi il suo viso si illuminò. Le andò incontro a rapidi passi e le sfiorò una guancia con la mano. Sylvia si sentì immediatamente a casa.

«Ce l'hai fatta!» disse Solenn, a bassa voce.

Sylvia annuì. Gli occhi le si riempirono di lacrime. Tutta la tensione dei mesi passati si stava sciogliendo. Solenn le prese la mano e la accompagnò a tavola.

«Vieni, siediti. Devi essere stanca. Vuoi un tè, o forse è meglio un bicchiere di vino?»

Sylvia aprì la bocca, senza riuscire a emettere un suono. Si guardò intorno. Era tutto al tempo stesso identico e diverso. Le pareti erano state dipinte di fresco in un tenue color malva. Alle finestre c'erano delle tende nuove.

«Abbiamo approfittato del trasloco» le raccontò Solenn intercettando il suo sguardo «per qualche lavoro di ristrutturazione. Abbiamo fatto un po' di pulizia. Sai, non mi sarebbe mai saltato in mente di spostare i vecchi mobili, ma adesso sono molto soddisfatta.»

Versò per sé e per Sylvia due bicchieri di vino bianco dalle sfumature giallo-dorate.

«Al tuo ritorno!» brindò, alzando il calice. «Sono così felice di vederti!»

Sylvia sentì voci, risate e passi avvicinarsi attraverso il cortile. La porta si aprì ed entrò Pierrick, seguito da Manuel, Coco e un ragazzo con i capelli verdi e il piercing al sopracciglio. Maël non era con loro. Sarebbe arrivato più tardi? O se n'era andato?

Appena videro Sylvia i più giovani si ammutolirono e spalancarono gli occhi. Soltanto Pierrick non sembrava sorpreso.

«Eccoti qui» disse, di buonumore, dandole un affettuoso buffetto sulla spalla.

Anche Coco e Manuel la salutarono, presentandole il nuovo apprendista. Solenn prese un sesto piatto per Sylvia dalla credenza. Lei non ebbe il coraggio di chiedere di Maël, nemmeno dopo, mentre sistemava la cucina e asciugava i piatti insieme a

Solenn, e la bretone le raccontava del vivaio e di quanto andassero bene gli affari dopo l'apparizione in televisione dell'Isola delle Camelie in primavera.

«Il nostro giro d'affari si è quasi raddoppiato. Ci sono giorni in cui i posti nel parcheggio non bastano, malgrado lo abbiamo ampliato. Dovrò assumere altro personale. Anche se in realtà molti vengono qui soltanto per dare un'occhiata e fare un picnic sulla collina, credimi, a volte non so dove sbattere la testa.»

Solenn sfregò l'ultima pentola, la sciacquò con l'acqua calda e la mise a testa in giù a scolare. Poi si asciugò le mani e si girò verso Sylvia. «Sono felice che tu sia qui, Sylvie. Non devi ripartire subito, vero?»

La donna scosse la testa e sorrise. «Non vedevo l'ora di tornare» ammise. «Se per te va bene resto con piacere. Almeno un paio di settimane.»

Solenn le lanciò un rapido sguardo indagatore. Sembrava che volesse dire qualcosa, ma poi cambiò idea. Prese una bottiglia di *lambig* dalla dispensa e continuò a raccontarle degli ultimi sviluppi nel vivaio mentre bevevano insieme lo squisito liquore alla mela.

«Sai» disse Solenn alla fine, «anche se possiamo davvero dirci soddisfatti, certe notti resto sveglia a chiedermi come faremo a star dietro a tutto. Ci sarebbero così tante cose da cambiare. Morgane sostiene che dovremmo aprire un bistrot e dei punti vendita sulla terraferma. Mi gira la testa solo a sentire le proposte! Quello di cui avrei bisogno, Sylvie, è una persona al mio fianco. Qualcuno con esperienza e competenza. So che non dovrei chiedertelo così, già la prima sera, e che tu di certo avrai di meglio da fare che venire a vivere alla fine del mondo, ma...»

Sylvia posò la sua mano su quella della bretone. «No, Solenn, non ho assolutamente nulla di meglio da fare. E non riesco a immaginare niente che mi renderebbe più felice. Insieme ce la faremo, vedrai. Trasformeremo l'Isola delle Camelie in un posto unico.»

Solenn si appoggiò allo schienale della sedia e sospirò, rasserenata. Era raggiante, e il suo sollievo era palpabile. «Allora andrà tutto bene» disse con una sicurezza nella voce che meravigliò Sylvia.

Davvero sarebbe andato tutto bene?

Per qualche istante tra loro aleggiò un silenzio carico di significato. Miriadi di pensieri e parole non dette attraversarono la mente di Sylvia. Si morse le labbra, rimuginò sull'opportunità di fare la domanda che le stava più a cuore, per non... Già, perché non farla? Per paura di mostrare troppa delusione in caso di risposta negativa? Ma in fondo cosa aveva da perdere?

«Dov'è Maël?» si decise a chiedere.

Solenn la fissò e scoppiò in una fragorosa risata. «*Oh, mon Dieu*» esclamò. «Pensavo che non lo avresti mai chiesto.» Poi guardò Sylvia con espressione seria. «Maël è a una conferenza a Londra. È uno stimato professionista, sai, e le opportunità di scambio con i colleghi sono sempre importanti. Torna dopodomani.»

Sylvia si mordicchiò il labbro inferiore. «E... credi sarà d'accordo che io lavori qui?»

Gli occhi di Solenn guizzarono divertiti. «Sai una cosa?» ribatté. «Forse faresti meglio a chiederlo a lui.»

Detto questo si alzò, accompagnò Sylvia nella sua stanza, la aiutò a preparare il letto e le diede la buonanotte.

Sylvia passò il giorno seguente in ufficio con Gwen, a farsi spiegare come era stato organizzato il lavoro fino a quel momento. Decise di mettersi subito all'opera e iniziò analizzando libri contabili e dichiarazioni dei redditi degli anni passati. Così trascorse anche il secondo giorno. Non passò un attimo senza che pensasse all'imminente ritorno di Maël, e puntualmente il suo cuore partiva al galoppo.

Quando rimise a posto i raccoglitori era ormai sera. Gli ultimi visitatori avevano lasciato l'isola e la passerella era di nuovo sommersa dall'acqua. Realizzò con una fitta di delusione che Maël non era ancora tornato. Era colpa sua? Forse aveva saputo del suo arrivo e non voleva vederla...

Chiuse la porta dell'ufficio e uscì in cortile. Non aveva ancora avuto tempo di fare un giro in giardino, quindi si avviò verso la panchina di Lucie. Lì era rimasto tutto come prima. Il rumore delle onde oltre le mura di recinzione, i gridi degli uccelli, il profumo intenso della terra e del mare. Sylvia si sedette e si sentì di nuovo avvolgere da quel senso di pace e inspiegabile tranquillità. Chiuse gli occhi e respirò a fondo, consapevole di aver trovato il suo posto nel mondo. Sarebbe rimasta, a prescindere dalla reazione di Maël. Era lì che doveva stare, e da nessun'altra parte.

Si alzò e percorse i sentieri di ghiaia del giardino. A quell'ora non c'era mai nessuno. Eppure, con sua sorpresa, intravedeva una sagoma giù in fondo, all'altezza dei cespugli più giovani.

Sylvia lo avrebbe riconosciuto ovunque. Era Maël. In ginocchio, concentrato su una piccola camelia. Poi si alzò e guardò verso la terraferma, come se cercasse o stesse aspettando qualcuno. Il cuore di Sylvia batteva così forte che le rimbombava nelle orecchie. Aveva la sensazione che il frastuono si sentisse a miglia di distanza. Doveva chiamarlo? O starsene lì ad aspettare?

All'improvviso Maël si voltò, come se avesse avvertito il suo sguardo. Alla luce della sera il suo viso sembrava scintillare. Le puntò gli occhi addosso e a Sylvia parve che il tempo si fosse fermato. Tutte le sue paure svanirono di colpo. Lo fissò e, malgrado la distanza che li separava, le sembrò di sentirlo. Sulle sue labbra. Nel suo cuore.

Il tempo riprese a scorrere e Maël le si avvicinò a grandi passi. A giudicare dalla sua espressione, Solenn non lo aveva messo al corrente del suo arrivo. Un istante dopo erano uno fra le braccia dell'altra.

«Sylvie» sussurrò, stringendola a sé, accarezzandole i capelli, la schiena, disegnando con il pollice il profilo delle sue sopracciglia, la linea del naso e delle labbra. «Finalmente. Perché mi hai fatto aspettare così tanto?»

Poi non disse più niente. Non le lasciò nemmeno il tempo di rispondere. La baciò, con le sue labbra calde e morbide, come se non volesse più lasciarla.

Epilogo

Sylviana

La sposa lanciò il bouquet in aria con gesto energico. I fiori superarono in volo una schiera di damigelle dalle braccia tese, si capovolsero e descrissero un ampio arco in aria. Se Sylvia non lo avesse afferrato con un ottimo riflesso, il mazzetto di splendide camelie color crema l'avrebbe probabilmente colpita in testa.

«Lo hai fatto apposta!» rise Sylvia, abbracciando Veronika e congratulandosi di cuore con lei.

«Ovviamente» rispose, «ma non sapevo di essere una lanciatrice così brava!»

«Sei tremenda» ribatté Sylvia, in tono affettuoso, prima di abbracciare Laurent e avvertirlo di trattare bene la sua amica, altrimenti avrebbe dovuto vedersela con lei.

«Farò del mio meglio» replicò lui, sorridente. E con un'occhiata al bouquet sentenziò: «Voi siete i prossimi, lo ha stabilito il destino!».

Maël passò un braccio intorno alle spalle di Sylvia e la strinse a sé. Lei si sentì sopraffare dalla tenerezza. Vivevano insieme ormai da un anno nella casa di Maël sull'Isola delle Camelie. Le sue giornate erano piene di lavoro e le notti di passione, ma Sylvia non poteva fare a meno di domandarsi se le cose sarebbero rimaste così per sempre. Le ferite causate dal fallimento del matrimonio con Holger bruciavano ancora. Ma più tempo passava sull'isola, più si rendeva conto di quanto Maël fosse diverso, e di quanto fosse diverso condividere la vita con lui. Era molto più facile. Mentre con Holger era sempre necessario discutere su ogni dettaglio, lei e Maël erano d'accordo quasi su tutto. Quando c'era qualcosa da chiarire, entrambi erano disposti ad ascoltare. E spesso non servivano molte parole per trovare una soluzione. Era una sensazione fantastica.

Ma la cosa più bella, che non cessava di riempire Sylvia di meraviglia, era l'amore incondizionato di Maël. Il suo accettarla per quello che era. Non gli importava che fosse ricca o povera.

Con il tempo la tensione che l'aveva angosciata per anni si era allentata. Come poteva essere semplice la vita! Soltanto adesso Sylvia si rendeva conto di quanta energia si potesse dedicare alle cose importanti quando non si passava il tempo a litigare. E alla fine aveva anche capito perché fosse tutto così semplice: lei e Maël non erano in competizione. Lavoravano per lo stesso scopo: il successo del Jardin aux Camélias.

Quando si svegliò la mattina dopo il matrimonio di Veronika e Laurent, lo sguardo le cadde sul bouquet sopra il comodino. Aveva colto lei stessa le camelie e le aveva portate a Le Mans. I fiori avevano trovato il modo di ritornare sulla loro isola.

Il bouquet... Tra tutte, era stata proprio lei a prenderlo. Si sarebbe sposata di nuovo? Quando aveva firmato le carte del divorzio non lo avrebbe certo immaginato. Ma la vita sull'isola cancellava, giorno dopo giorno, una pagina della delusione, della rabbia e del dolore accumulati nell'anno precedente. Il progetto di dare una nuova vita all'Isola delle Camelie la riempiva di gioia e soddisfazione. Erano ancora agli inizi, ma Sylvia riusciva quasi a vedere i suoi piani prendere forma: il centro visitatori dove far conoscere agli ospiti non solo le camelie, ma anche l'isola in quanto habitat ideale, il bistrot e il negozio di prodotti tipici, tutti legati alle camelie, fino ai negozi sulla terraferma, se possibile in tutta Europa. Era ambizioso, Sylvia lo sapeva, ma sapeva anche che l'ambizione era il presupposto fondamentale per centrare obiettivi eccezionali.

Mancava ancora molto. Il personale, e soprattutto il capitale. Spesso Sylvia si sorprendeva a pensare ai suoi risparmi. Se solo avesse potuto usarli per l'isola! Eppure... Sentiva che ricominciare la sua nuova vita da zero era stata la cosa giusta. Si era lasciata il passato alle spalle. E non era nel suo stile piangere sul latte versato.

A colazione Maël le chiese di accompagnarlo nel vivaio.

«Voglio farti vedere una cosa» disse.

«Un nuovo innesto?» chiese, curiosa.

Lui si limitò a sorriderle con fare misterioso. Sembrava un bambino impaziente di svelare la bellissima sorpresa che aveva preparato.

Mentre attraversavano l'isola, Sylvia pensò al nuovo software che aveva introdotto e per un attimo temette che potessero esserci problemi. Ma no, in quel caso Maël non sarebbe stato così rilassato. Scendendo lungo il pendio Sylvia contemplò le nuove serre che avevano costruito e l'ampliamento dell'edificio amministrativo, al quale presto avrebbero annesso il centro visitatori. Sempre più spesso i clienti realmente interessati all'acquisto chiedevano di poter osservare più da vicino il processo di crescita delle camelie. Sylvia al momento stava lavorando insieme a una giovane artista a un documentario sulla storia delle camelie, le loro varietà e particolarità. Per poter finanziare il tutto di tanto in tanto accettava incarichi da vecchi clienti che avevano promesso di non piantarla in asso. Sebbene non le piacesse lasciare l'isola, i loro onorari erano necessari per i nuovi investimenti. Anche Maël sfruttava ogni invito a partecipare a simposi e conferenze, malgrado preferisse di gran lunga restare sull'isola.

Raggiunsero il parcheggio del vivaio. Era mattina presto, quindi non c'erano ancora turisti. Coco, Manuel e gli altri potevano dedicarsi indisturbati al loro lavoro.

«Vieni» la esortò Maël, accompagnandola alle serre dove Solenn li stava aspettando. La bretone aveva un'aria raggiante. Sylvia notò che indossava il suo abito delle feste.

«Non è ancora Natale, o sbaglio?» chiese Sylvia, sorridendo.

«No» rispose Solenn. «Non è Natale, ma è il compleanno di Lucie. Ed è per questo che abbiamo scelto proprio oggi...»

«Be', è stata una sua idea» intervenne Maël. «Entra!»

Sylvia realizzò di non essere mai stata in quella serra. Le porte erano sempre chiuse, ma non aveva mai chiesto il motivo. Era piena di siepi che le arrivavano all'altezza del ginocchio strette intorno a una meravigliosa camelia dal tronco alto quasi due metri e mezzo, la cui corteccia grigia scintillava. La chioma folta e scura grondava di fiori.

Sylvia trattenne il respiro davanti a tanta bellezza. Nel frattempo era diventata più esperta e sapeva che esistevano tantissime varietà di camelie, da quelle più semplici a cinque petali fino agli esemplari più straordinari. Fiori che ricordavano le rose e altri simili a peonie. Esistevano varietà più pompose, della forma di una dalia, e altre più modeste. Ma i fiori che spiccavano tra il fogliame grigio scuro non assomigliavano a nulla che conoscesse. Già solo il colore era incantevole. Il centro era di un viola così scuro da sembrare nero, con intorno stami bianchi simili a stelle. E all'esterno questo straordinario fiore era circondato da ammalianti petali immacolati, come se la camelia indossasse una collana.

«Non è meravigliosa?» chiese Solenn.

«Un sogno» sussurrò Sylvia, incapace di smettere di guardarla. «È una nuova specie? Non ho mai visto niente di simile. Ha un nome?»

Maël e Solenn si scambiarono un'occhiata soddisfatta. «Si chiama Sylviana» disse Solenn. «Se ricordi il testamento di Lucie saprai che è tua. Porta il tuo nome e Lucie te l'ha lasciata in eredità, insieme a tutti i diritti sulla vendita.» Sylvia deglutì. Ovviamente ricordava il testamento, ma aveva del tutto rimosso quel passaggio. «È uno dei primi incroci realizzati da Maël. Eri ancora un ragazzino, giusto?»

Solenn gli diede un buffetto. Poi si girò di nuovo verso Sylvia. «Lucie aveva deciso già allora che un giorno sarebbe stata tua. All'epoca quest'albero era poco più che un arbusto, unico nel suo genere, con un solo fiore. Maël ci ha lavorato un bel po', per questo vedi tutte queste talee, le piccole Sylviana, come le chiamiamo noi.»

Sylvia era ancora senza parole. Immaginava la zia, più meno alla sua età, che pensava a sua nipote. Fece un paio di conti. A quell'epoca lei doveva aver avuto quindici anni.

«E in tutto questo tempo non ha mai cambiato idea?» chiese.

«Mai» rispose Solenn.

«Poco prima di morire» raccontò Maël, «Lucie venne qui. È stata l'ultima volta. Mi spiegò perché per lei fosse così importante. "Un giorno" disse "Sylvie verrà qui. E voglio che abbia un mio ricordo. So che non ha bisogno di soldi. È una donna di successo, sa cavarsela da sola. Ma immagino che non possieda niente di altrettanto bello."»

Sylvia contemplò l'arbusto di camelie, il suo tronco elegante, i fiori stupendi. Gli occhi le si riempirono di lacrime.

«Lucie aveva ragione» disse Solenn, «sai badare a te stessa.

Ma vediamo tutti quanto ti pesa dover tornare dai tuoi vecchi clienti. Sylviana è il tuo capitale per l'indipendenza. Se c'è qualcuno che può immettere sul mercato una simile rarità e ricavarne il massimo, quella persona sei tu.»

Sylvia si avvicinò alla camelia, prese uno dei fiori tra le mani e affondò il viso tra i petali. Un dolce aroma di muschio e limone le si insinuò nelle narici.

«È anche profumata!» esclamò. Maël annuì. «Come ci sei riuscito?»

Lui abbassò lo sguardo, quasi imbarazzato. «Mi è successo e basta» disse, con modestia. «All'inizio non era così bella, ti ricordi, Solenn? Ma con il tempo e le giuste cure è sbocciata.»

Sylvia guardò l'albero, pensierosa. «Se vendessimo questo come esemplare unico» disse dopo qualche istante «e tenessimo per noi i figli promettendo di non venderli, quanto potremmo chiedere a un collezionista? Per una camelia di cui non esiste altro esemplare al mondo?» Maël alzò le spalle. «Potremmo metterla all'asta» propose Sylvia, riflettendo ad alta voce. «Spargiamo la voce soltanto tra i clienti più abbienti. E investiremmo il ricavato nel vivaio. Che ne dite?»

Nella serra era calato il silenzio. Sylvia sentiva distintamente il ronzio di una mosca in cerca di una via d'uscita.

«Ma è tua» rispose Solenn. «Lucie l'ha lasciata in eredità a te, non perché fosse utilizzata per l'isola.»

«Ma posso decidere io come usarla...» Guardò Maël e Solenn negli occhi. «Lo ha detto Lucie che so badare a me stessa, no? E poi abbiamo tutti lo stesso obiettivo, o sbaglio?»

In quella calda sera di settembre Sylvia e Maël non parlarono molto, ma il loro silenzio era carico di significato. Le parole erano superflue, eppure a un certo punto Maël propose: «C'è il plenilunio, ti va di fare una passeggiata?». La luna illuminava i sentieri in ghiaia, tanto che non ebbero bisogno di una torcia per camminare mano nella mano nel giardino, oltre il portone e fino al ponticello, e si specchiava sulla superficie dell'acqua, dove le onde accarezzavano dolcemente le barche facendole come danzare. L'aria era immobile. «Vuoi fare un giro?» chiese Maël.

Un attimo dopo erano seduti in barca e stavano sciogliendo la fune. Maël remò conducendo la piccola imbarcazione fuori dal porticciolo naturale, nel cono di luce lunare, poi tirò in dentro i remi e afferrò la mano di Sylvia. Voleva dirle qualcosa, Sylvia lo sentiva, quindi lo guardò negli occhi. Lui si schiarì la gola, esitò, prese fiato.

«Non posso offrirti molto» disse alla fine, senza smettere di stringerle la mano, «a parte una vita sospesa tra il mare e questo minuscolo lembo di terra dove crescono le nostre camelie. Ma voglio chiedertelo lo stesso. Vuoi diventare mia moglie, Sylvie?»

Lei ripensò al giorno in cui lo aveva visto per la prima volta, a come il cuore quasi le era esploso nel petto, e capì di aver sempre saputo la risposta. Guardò la luna piena e si ricordò una sera di quello che sembrava tantissimo tempo prima, all'inaugurazione della villa di una star del cinema insieme a Holger. Pensò ai lunghi anni vuoti trascorsi senza Maël, sempre a caccia di modi per guadagnare e di una sicurezza illusoria, che era andata in pezzi al primo scossone. Pensò al tipo completamente diverso di felicità trovato su quell'angolo di universo, tanto inatteso quanto incomprensibile. E non aveva alcuna intenzione di lasciarselo scappare. Voleva restare attaccata alla felicità. E a quell'uomo straordinario.

«Sì, Maël» rispose. «Lo voglio.»

Maël si girò piano sulla barca, lasciandole appoggiare la schiena contro il suo petto. La strinse tra le braccia e rimasero a contemplare insieme la luna e il suo riflesso luccicante tra le onde, sentendosi sempre più come un unico essere senziente e pensante. Due anime che sembravano conoscersi da sempre e che finalmente erano unite.

Da sempre e per sempre.

Ringraziamenti

Scrivere un romanzo è un viaggio.

Numerosi soggiorni in Bretagna e la mia fascinazione per i suoi paesaggi e la sua ricchezza botanica mi hanno ispirato la storia di Sylvia.

Anche se non troverete l'Isola delle Camelie su nessuna cartina geografica, diversi luoghi della Bretagna mi sono serviti da modello per questo paradiso.

Sono particolarmente grata a Marie-Noël Reniero, una bretone pura in esilio andaluso, per aver risposto con pazienza alle mie domande sul modo di vivere e di pensare della sua gente, oltre che sulle loro feste e tradizioni, e per avermi offerto diversi spunti.

Nora Bachmann mi ha assistita in maniera esemplare, spiegandomi tutto ciò che riguarda le questioni patrimoniali e l'insolvenza, e dedicando molto del suo tempo prezioso a sciogliere ogni mio dubbio. Per questo le esprimo la mia riconoscenza dal profondo del cuore.

Voglio inoltre ringraziare la mia agente Petra Hermanns per il sostegno e l'impegno a favore del mio lavoro.

Il mio più sentito grazie a Melanie Blank-Schröder e Friederike Achilles, editor della Bastei Lübbe, che hanno creduto fin dall'inizio nella storia di Sylvia.

A Margit von Cossart per l'appassionato e competente lavoro di redazione.

In ultimo, ma non per importanza, ringrazio mio marito per il suo amore incondizionato, una qualità inestimabile che ha in comune con Maël.

Indice

MISTO
Carta da fonti gestite
in maniera responsabile
FSC® C107127
www.fsc.org

Stampato presso Puntoweb Srl
Ariccia (Rm)